# À flor da terra: o cemitério dos pretos novos no Rio de Janeiro

2ª edição revista e ampliada

# À flor da terra:
# o cemitério dos
# pretos novos no
# Rio de Janeiro

2ª edição revista e ampliada

*Júlio César Medeiros
da Silva Pereira*

Garamond

Este livro recebeu o Prêmio Professor Afonso Carlos Marques dos Santos, em 2006, concedido pelo Arquivo da Cidade do Rio de Janeiro.

Comissão Julgadora: **André Luiz Vieira Campos, Beatriz Kushnir, Ismênia de Lima Martins, Paulo Knauss e Tânia Maria Bessone**

CIP-Brasil - Catalogação na Fonte do
Sindicato Nacional dos Editores de Livros

---

P492a
Pereira, Júlio César Medeiros da Silva
À flor da terra : o cemitério dos pretos novos no Rio de Janeiro / Júlio César Medeiros da Silva Pereira. - 2ª ed. Rio de Janeiro : Garamond, 2014.
196p. ; 14x21cm
ISBN 978-85-7617-381-6
1. Escravos - Tráfico - Rio de Janeiro (RJ) - História. 2. Rio de Janeiro (RJ) - História. 3. Cemitérios - Rio de Janeiro (RJ) - História. 4. Escravos - Rio de Janeiro (RJ) - Ritos e cerimônias fúnebres. I. Instituto do Patrimônio Histórico e Artístico Nacional (Brasil). II. Título.

07-0784.  CDD: 981.531
 CDU: 94(815.31)

---

Revisão **Argemiro Figueredo**
Capa **Estúdio Garamond [Anderson Leal]**
sobre "Enterro de um negro na Bahia", de Johann Moritz Rugendas, 1830
Editoração eletrônica **Estúdio Garamond [Luiz Oliveira]**

Editora Garamond
Rua Cândido de Oliveira, 43, Rio Comprido
Rio de Janeiro RJ Brasil - 20.261.115
Tel (21) 2504 9211
email editora@garamond.com.br

Todos os direitos reservados. A reprodução não-autorizada desta publicação, por qualquer meio, seja total ou parcial, constitui violação da Lei nº 9.610/98.

Para os meus filhos Matheus, Juliana e Pollyana, e para minha esposa e companheira Cristiana. Amo vocês.

# Agradecimentos

Este livro é a soma dos esforços empreendidos por muitos, com o intuito de realizar uma pesquisa histórica para a compreensão de um tema tão hodierno e inquietante quanto a morte. Sei que tal feito não teria sido realizado sem a cooperação de várias pessoas e entidades que colaboraram da melhor forma possível. Dedico esta parte a elas, como devedor incondicional da consideração e do afeto de que fui alvo.

Agradeço a Deus por ter me dado a oportunidade de tomar conhecimento do tema desse livro e me concedido força e graça para que eu não tratasse de um assunto tão delicado de forma rude, nem banalizasse o que outros haviam achado comum.

Agradeço ao Programa de Pós-Graduação em História Social da Universidade Federal do Rio de Janeiro (PPGHIS), pelo suporte e pelo cabedal de conhecimento que me foi confiado. Da mesma forma agradeço a CAPES pela bolsa concedida, que me proporcionou alguma tranquilidade para que eu pudesse me dedicar ao tema.

Algumas pessoas foram de um valor incomensurável para a realização deste trabalho. Dentre elas, quero agradecer ao meu orientador Prof. Dr. José Murilo de Carvalho. Talvez ainda não tenham inventado palavras que possam expressar a gratidão que sinto. Na falta destas, uso outras, que embora não sejam completas, ajudam-me neste momento tão delicado. Agradeço-lhe pela compreensão e pelo apoio. Sua calma me deu a tranquilidade necessária para a produção da pesquisa, enquanto sua sobriedade me fez refletir sobre a necessidade de um rigor metódico e disciplinado no fazer constante do ofício de um historiador.

Sou imensamente grato à Profª. Drª. Cristina Meneguello, do Departamento de História da Universidade de Campinas (UNICAMP), por ter lido os manuscritos deste trabalho, suas críticas e sugestões me ajudaram a ter uma visão mais sóbria sobre os diferentes sujeitos históricos envolvidos na temática da morte e do cotidiano escravo do Brasil oitocentista. Sua amabilidade foi decisiva e suas críticas muito oportunas.

Agradeço ao Professor Dr. Manolo Garcia Florentino pelo auxílio concernente às questões engendradas pelo tráfico escravista inserido na sociedade brasileira. Grande parte deste trabalho, ainda que por meio de outras fontes, dialoga com a sua produção historiográfica.

Agradeço ao embaixador Alberto da Costa e Silva, aos historiadores Mary C. Karasch, João José Reis e Joseph C. Miller, que ouviram pacientemente alguns temas que inquietavam a mente deste aprendiz.

Agradeço à Samantha, amiga de longa data. Quero dedicar-lhe meus sinceros agradecimentos por ter transcrito o documento do abaixo-assinado que se encontra na Biblioteca Nacional e que está em péssimo estado de conservação e quase ilegível.

Agradeço à Ana Beatriz pela indicação de várias fontes do Arquivo Nacional, pela ajuda na pesquisa arqueológica e pelo debate travado em torno desta temática. Com entusiasmo me ouviu, e por vezes me incentivou, ainda que o seu tema de trabalho não caminhe por estas mesmas águas.

De igual forma, agradeço à equipe de trabalho do Departamento Geral de Patrimônio Cultural (DGPC), que atualmente intitula-se Secretaria Extraordinária de Promoção, Defesa, Desenvolvimento e Revitalização do Patrimônio e da Memória Histórico-Cultural da Cidade do Rio de Janeiro (SEDREPACH), órgão da Prefeitura do Rio de Janeiro, dedicado à preservação de acervos culturais, que gentilmente me indicou fontes importantes para o desenvolvimento da pesquisa, assim como à Dra. Beatriz Kushnir, diretora do Arquivo da Cidade, que muito me incentivou e providenciou para que eu tivesse todo acesso possível às fontes do Arquivo Geral da Cidade do Rio de Janeiro.

Ainda no campo da pesquisa, não posso deixar de agradecer à Secretaria Municipal das Culturas e ao Arquivo da Cidade, pelo incentivo prestado à cultura e divulgação do conhecimento, demonstrado, dentre outros meios, pela criação do Concurso de Monografia do Arquivo da Cidade – Prêmio Afonso Carlos Marques dos Santos. Agradeço-lhes por esta oportunidade ímpar de publicar este livro.

Agradeço também à professora doutora Claudia Rodrigues, cujo trabalho muito me inspirou a verificar qual teria sido a percepção da morte para aqueles estrangeiros recém-chegados, deixados à margem dos aparatos simbólicos da "cidade dos vivos", restando-lhes, apenas, um pequeno campo santo de pequenas proporções e de ritos sumários. O Cemitério dos Pretos Novos, de fato, não poderia ser compreendido sem uma análise que levasse em conta todas as questões relacionadas ao bem morrer vivenciado na Corte do Brasil do século XIX.

Agradeço à Cristiana Pereira, minha esposa, amiga e companheira. O seu apoio foi indispensável ao longo destes duros anos. Sua dedicação foi sem medida, pois se as tarefas e obrigações que uma pesquisa séria impõe pôs à prova nossa convivência, ambas foram vencidas pela convicção de que os "melhores passos são aqueles que damos juntos", e neste caso, devo isto a ela, acima de tudo pela sua paciência e compreensão.

A todos que me ajudaram, aos amigos da FFP e aos funcionários dos arquivos por onde escarafunchei documentos, muito obrigado.

# Nota à segunda edição

É inegável que as marcas da nossa ancestralidade africana estão cada vez mais delineadas no corpo e na alma do nosso povo. Nossa mistura étnica autoriza-nos a nos apresentarmos no cenário mundial como portadores de cargas genéticas dos continentes africano e europeu em grande escala. Tal afirmação não é gratuita nem livre de sanções. Essa mesma mistura que nos faz um gigante, também nos torna lentos na hora de agirmos internamente contra os preconceitos e as violências simbólicas, ainda praticadas em nosso meio, por aqueles que desejam negar ou apagar esta marca.

Tal tentativa de apagamento dessa marca não é nova. De forma semelhante tentaram apagar a nossa memória em 1830, quando o cemitério dos Pretos Novos foi extinto, em decorrência da pressão inglesa pelo fim do tráfico atlântico, haja vista que tal cemitério era exclusivo para pretos novos, nomenclatura escravista dada aos escravos recém-chegados ao porto do Rio de Janeiro durante os trezentos anos de escravidão vivenciados no Brasil. Na ocasião, este que fora o maior cemitério de escravos de que se tem registro nas Américas, e quiçá no mundo, foi fechado e o seu nome apagado, não porque os sepultamentos ali realizados fossem feitos de forma precária, ou porque os corpos não eram sepultados e sim deixados "à flor da terra", ou devido à extinção definitiva do tráfico, mas sim pela ação de uma manobra política feita para escamotear a continuação do infame comércio escravista que duraria pelo menos mais vinte anos ininterruptos.

Na verdade, esse não sepultamento, desrespeitando os ditames africanos e cristãos, já consistia nessa tentativa de apagamento, pois um povo sem ancestrais é um povo sem um referencial, sem uma matriz cultural, sem raiz e sem origem. Ao se negar um sepultamento digno aos pretos novos, impedia-se que os vivos possuíssem um referencial simbólico capaz de uni-los frente às atrocidades inerentes à vida em cativeiro.

Felizmente, a despeito de tudo isso, a raiz africana não se apagou e podemos dar para esse fato pelo menos dois motivos: o primeiro é que os escravos que sobreviveram às agruras escravistas conseguiram, de algum modo, manter acesas as marcas étnicas trazidas consigo nos porões fétidos dos navios negreiros, de modo que provavelmente até você, que lê esta nota, poda ser geneticamente oriundo de algum dos pretos novos aqui sepultados.

O segundo é aquele que nos que nos leva a escrever esta nota à segunda edição de *À flor da terra*, pois isto também só é possível porque o livro germinou no coração de pessoas dos mais diferentes segmentos sociais, que se negaram a deixar que o legado ancestral ficasse no esquecimento. Antropólogos, artistas, historiadores, pesquisadores, sociólogos e até mesmo gente da comunidade do entorno se juntaram ao Sr. Petrucio G. dos Anjos e Ana Maria de La Merced, em cuja casa foi descoberto o cemitério, no intuito de somarem forças na luta pela manutenção e proteção da memória dos milhares de pretos novos ali sepultados.

Em 2006, portanto dez anos após o achamento do cemitério, foi criado o Instituto de Memória e Pesquisa Pretos Novos (IPN) com a finalidade propor reflexões, estimular projetos educacionais e de pesquisa para a preservação da memória relacionada aos fatos e acontecimentos do período escravista e os seus desdobramentos nos dias atuais; analisando, assim, suas consequências ao longo do nosso processo histórico, incorporados à diversidade cultural e étnica que compõe o nosso povo brasileiro.

Para tanto, o IPN se vê na obrigação de ser um local de debate, plural e apartidário onde os mais variados pensamentos possam fluir sem as amarras institucionais que entravam a produção do conhecimento; pois entendemos que a cultura e o conhecimento devem estar onde o povo está e chegar ao maior número possível de pessoas a fim de que todos possam participar e serem os próprios agentes históricos encarregados de levarem a semente do conhecimento do nosso passado.

Alguns fatos podem ser lembrados aqui, como esforços por parte de setores políticos no sentido de reparar a falta de apoio recebido pelo IPN durante esses longos anos de lutas; em primeiro lugar, o prêmio *Afonso Carlos Marques dos Santos*, concedido a minha dissertação de mestrado intitulada "À flor da terra: o cemitério dos Pretos Novos no Rio de Janeiro", defendida na Faculdade de Ciências e Letras da UFRJ em 1997, que culminou com a publicação de livro homônimo pela Garamond em parceria com a Prefeitura da Cidade do Rio de Janeiro, foi um exemplo, inegável, do reconhecimento dado à pesquisa. Com efeito, os louros desse trabalho foram uma maior visibilidade do Instituto e de sua luta para não cair no esquecimento.

Mais tarde, em 2010, o IPN foi agraciado com o Prêmio Rodrigo Melo Franco de Andrade, concedido pelo *IPHAN - Instituto do Patrimônio Histórico e Artístico Nacional*, em Brasília, o que veio a contemplar o trabalho de Maria de La Merced à frente dessa instituição. O prêmio é concedido a museus que se destacaram na salvaguarda de patrimônios imateriais.

No mesmo ano, o IPN foi contemplado pela Secretaria de Cultura do Estado do Rio de Janeiro com um novo Ponto de Cultura, concretizando o nosso desejo de sermos uma instituição não só de pesquisa, mas também de transmissão do conhecimento. Desde então oferecemos diversas oficinas sobre temáticas relacionadas à história, arqueologia e sociologia a alunos e professores de diversas instituições. Finalmente, graças às diversas parcerias do IPN, abrigamos, hoje, uma exposição memorial digna da luta empreendida, dando continuidade a pequenas ações que possibilitam ao cemitério dos Pretos Novos receber milhares de pessoas anualmente.

Dentro do grupo que compõe o núcleo de pesquisa do IPN (Instituto de Pesquisa e Memória Pretos Novos), Reinaldo Tavares desenvolveu junto ao Museu Nacional da UFRJ, sob orientação da Prof.ª Dr.ª Tânia Andrade Lima, a dissertação intitulada "*O Cemitério dos Pretos Novos, Rio de Janeiro, Século XIX: uma tentativa de delimitação espacial*" que, dentre outras coisas, dimensionou com sucesso o espaço físico que o Cemitério dos Pretos Novos ocupava quando da sua existência. No campo da História, o mestre em História Social Claudio de Paula Honorato contribuiu muito com as suas pesquisas relacionadas ao mercado de escravos no Valongo, enquanto Carla Marques tem procurado se ater ao problema da Zona Portuária do Rio de Janeiro, um tema atualíssimo e de grande importância para região da Gamboa. Além destes, devemos citar a contribuição de muitos outros pesquisadores, como Suzi Aguiar, responsável pela parte pedagógica do instituto.

No exterior, passamos a contar com a colaboração da pesquisadora Autumn Barrett, do Departamento de Antropologia Histórica do *College of William and Mary*, que acompanhou em sua pesquisa de campo o nascimento do IPN e a luta pela manutenção do espaço de memória, e muito nos incentivou com os relatos da batalha semelhante que ela e outros pesquisadores americanos travaram em relação a campos santos como o The African Burian Ground, de New York.

Assim, hoje somos mais do que quando começamos, menos do que desejamos, mas estamos convictos de que este livro foi uma semente importante nesse processo de construção do conhecimento. Portanto, acreditamos que já era hora de revisitar o Cemitério dos Pretos Novos à luz de tudo que foi produzido sobre o tema, tentando trazer novos esclarecimentos que nos ajudem a compreender melhor a especificidade do campo santo.

Para tanto, esta edição foi ampliada aprofundando temas que não haviam sido abordados à época, por tratar-se de uma dissertação de mestrado que, logicamente, sofria a imposição de espaço e forma. Tentamos também discutir com mais vagar aspectos importantes da cultura da morte, trazendo outros relatos etnográficos que comprovam a importância dos rituais de sepultamento na África, de modo que ficou robustecido o capítulo quatro, em que trato basicamente do continente africano. O tráfico negreiro foi objeto de pesquisas internacionais relevantes para o esclarecimento do translado dos cativos ao longo do Atlântico.

Finalmente, as contribuições arqueológicas descobertas nestes últimos anos foram incluídas e, em alguns casos, corrigidas, pois quando escrevemos o texto original não havia nenhuma pesquisa concluída sobre o assunto em que pudéssemos embasar-nos. Naquele momento coube à História, ou seja, ao trato com as fontes primárias e a interpretação das fontes secundárias, a urdidura daquela trama tal qual se desenvolvia perante os meus olhos, a despeito da descrença de muitos, até mesmo no meio acadêmico, sobre a real existência de um cemitério exclusivo de escravos onde, entretanto, os corpos não eram sepultados.

Temos então a satisfação de trazer ao grande público a segunda edição, revista e ampliada, de *À flor da terra*, acrescido da produção destes últimos anos. Fazemos isto com o sentimento de estar contribuindo um pouco mais para com o entendimento do funcionamento do Cemitério dos Pretos Novos, seu lugar e função, esperando também que o livro continue germinal, no sentido de despertar em cada um o desejo de conhecer cada vez mais esta faceta cruel, mas incontornável do nosso passado.

Boa leitura!

**Julio César Medeiros da Silva Pereira**

# Prefácio

José Murilo de Carvalho

> *"No meio deste espaço [de 50 braças] havia um monte de terra da qual, aqui e acolá, saíam restos de cadáveres descobertos pela chuva que tinha carregado a terra e ainda havia muitos cadáveres no chão que não tinham sido ainda enterrados".*

Assim o viajante alemão G. W. Freireyss descreveu o Cemitério dos Pretos Novos, em 1814. A chuva descobria os cadáveres porque eram sepultados à flor da terra, a um palmo de profundidade. Como consequência da exposição dos cadáveres, agravada pela demora na inumação, um mau cheiro insuportável invadia as redondezas e infernizava a vida dos moradores.

O cemitério destinava-se ao sepultamento dos pretos novos, isto é, dos escravos que morriam após a entrada dos navios na Baía de Guanabara ou imediatamente depois do desembarque, antes de serem vendidos. Ele funcionou de 1772 a 1830 no Valongo, faixa do litoral carioca que ia da Prainha à Gamboa. Funcionara antes no Largo de Santa Rita, em plena cidade, próximo de onde também se localizava o mercado de escravos recém-chegados. O vice-rei, marquês do Lavradio, diante dos enormes inconvenientes da localização inicial, ordenou que mercado e cemitério fossem transferidos para o Valongo, área então localizada fora dos limites da cidade. O Valongo entrou, então, para a história da cidade como um local de horrores. Nele, os escravos que sobreviviam à viagem transatlântica recebiam o passaporte para a senzala. Os que não sobreviviam tinham seus corpos submetidos a enterro degradante. Para todos, era o cenário tétrico do comércio de carne humana.

O cemitério foi fechado em 1830 em decorrência de inúmeras reclamações dos moradores que aos poucos tinham povoado o local e do tratado de extinção do tráfico imposto pela Inglaterra, ratificado em 1827 para entrar em vigor três anos depois. Em tese, se não havia mais tráfico, não podia haver pretos novos e sem esses não podia haver cemitério de pretos novos. A história do tráfico foi outra, mas o cemitério foi de fato fechado. Após 1830, mercado e cemitério saíram do Valongo. O tráfico e a prática do sepultamento à flor da terra deslocaram-se para outros locais. Nos seis anos antes do fechamento, mais de seis mil escravos foram enterrados no Valongo, se se pode assim descrever o tratamento dado aos cadáveres. Projeto da prefeitura do Rio de Janeiro tenta hoje recuperar o que restou do local com a ajuda de pesquisas arqueológicas.

Foram bem estudadas e são bem conhecidas as violências contra os escravos vivos. Mas pouco se sabe sobre as violências contra os mortos, praticadas em locais como o Cemitério dos Pretos Novos do Valongo e em cemitérios semelhantes que devem ter existido em outros portos de grandes desembarques de cativos, antes e depois de 1830. É dessa violência que trata esse livro de Júlio César Medeiros, escrito originalmente como dissertação de mestrado apresentada ao Programa de Pós-Graduação em História Social da Universidade Federal do Rio de Janeiro.

O autor foi feliz no tratamento do tema. Saliento duas entre outras virtudes do texto. A primeira tem a ver com o estilo. Forçado a enfrentar a intensa carga emocional embutida no tema, Júlio César soube manter a sobriedade exigida pelas regras de um trabalho acadêmico. Entendeu, sem dúvida, que a crueza da história em si era suficientemente eloquente e que qualquer recurso retórico adicional serviria apenas para reduzir o impacto de sua brutalidade. O livro de óbitos da Freguesia de Santa Rita, sua principal fonte de dados, aparentando fornecer frias estatísticas, na verdade é ele mesmo um grito de denúncia.

A segunda diz respeito à maneira como o tema é abordado. O cemitério é analisado em suas variadas conexões, em seus múltiplos significados. A principal conexão era, naturalmente, com o tráfico. No Valongo chegavam os escravos novos, lá eram vendidos os vivos, lá eram enterrados os que morriam. Mais tráfico, mais escravos a serem vendidos, e mais cadáveres a serem sepultados. A partir da chegada da corte do príncipe D. João em 1808, cresceu muito a entrada de cativos pelo porto do Rio de Janeiro. Em 1807, entraram menos de 10 mil; em 1822, foram quase 21 mil; em 1828, 45 mil. Só neste último ano, foram enterrados mais de 2 mil pretos novos no Valongo.

Outra dimensão do tráfico importante para o estudo do cemitério era a origem geográfica dos escravos. Nas primeiras décadas do século XIX, além do aumento do número absoluto de escravos, houve também concentração regional. Entraram, em proporção cada vez maior, cativos provenientes da África Central Atlântica, região de predomínio da cultura banto. Ao determinar a cultura dos pretos novos, ficava o autor capacitado para avaliar o que significava para eles o enterro sem ritual, em vala comum e à flor da terra.

Júlio César estuda também a relação umbilical do cemitério com a cidade do Rio de Janeiro e seus habitantes. Traficantes queriam espaço mais favorável a seus negócios, moradores exigiam a retirada do cemitério, primeiro de Santa Rita, depois do Valongo, autoridades preocupavam-se com as condições higiênicas e sanitárias comprometidas pela presença de um campo tão pouco santo.

Mas o ponto forte do livro é a análise que Júlio César faz da violência cultural embutida nas práticas adotadas no Cemitério dos Pretos Novos. A administração do cemitério era responsabilidade da paróquia de Santa Rita, uma entidade católica que cobrava do Estado pelo serviço. Apesar disso, além de serem os enterros feitos em cova rasa, os corpos eram enterrados nus, envoltos e amarrados em esteiras, sem qualquer ritual religioso, reza, encomendação ou sacramento. Ora, muitos dos pretos novos tinham sido previamente batizados, às vezes ainda na África; eram, portanto, católicos e tinham direito a um enterro católico. Os não batizados, mesmo não sendo católicos, mereceriam de qualquer modo algum respeito cristão por sua simples condição de seres humanos. No entanto, os pretos novos, batizados ou não, eram enterrados do mesmo modo que muitos escravos baianos no século XVIII, "como se fossem brutos animais", como denunciou o arcebispo da Bahia, D. Sebastião Monteiro da Vide, nas suas Constituições primeiras do arcebispado da Bahia, publicadas em 1720.

Do ponto de vista dos pretos novos, batizados ou não, o dano moral causado pelas práticas usadas no cemitério era irreparável. Dos barracões do Valongo, eles podiam avistar o local dos enterros. Os que morriam talvez não tivessem tempo de tomar conhecimento do que aconteceria a seus corpos após a morte. Mas sabiam-no seus parentes, amigos e outros companheiros de infortúnio. Na cultura banto, esclarece Júlio César, a morte era assunto muito sério para os indivíduos e, mais ainda, para a comunidade. Ela constituía um elo entre o mundo dos vivos e o sobrenatural. O morto, desde que inumado de acordo com os rituais, incorporava-se à comunhão dos antepassados, passava a integrar a cadeia que unia vivos e mortos. Sem o acompanhamento dos rituais fúnebres, ele se tornava um desgarrado, um sem lugar, ocupado permanentemente em atormentar seus parentes vivos.

Pode-se imaginar a angústia que tal perspectiva despertava nos cativos, tanto mais dolorosa por vir na sequência de outra dor maior, a da escravização. Tanto sofriam os que iam morrer como os que sobreviviam, pois para ambos rompiam-se os laços sociais e culturais.

É este mundo marcado pelo sofrimento de uns e pelo desrespeito de outros, um mundo de práticas desumanas, que Júlio César nos revela, apoiado em documentos de arquivos, em testemunhos de viajantes, em estudos sobre a cultura da morte nas tradições católica e banto. Ao horror dos navios negreiros e das senzalas, será preciso acrescentar agora o do Cemitério dos Pretos Novos.

| | **Introdução** | 19 |
|---|---|---|
| i | **Religiosidade e morte:**<br>**lugares fúnebres no Rio de Janeiro**<br>**dos séculos XVII a XIX** | 33 |
| | i.i    Aspectos geográficos da cidade: um lugar para morrer | |
| | i.ii    Aspectos sociais e religiosos na América Portuguesa:<br>os sacramentos e as irmandades bem presentes<br>na hora da morte | |
| | i.iii    Os lugares dos mortos e suas representações<br>na cultura católica ocidental | |
| | i.iv    Conclusão | |
| ii | **O cemitério dos Pretos Novos e o seu entorno** | 61 |
| | ii.i    Igreja e cemitério, uma combinação útil | |
| | ii.ii    Mercado e cemitério, uma nefasta combinação | |
| | ii.iii    Cemitério e moradores do entorno: mobilização<br>e propostas para o fim do cemitério do Valongo | |
| | ii.iv    Conclusão | |
| iii | **História e arqueologia: revelações e redescobertas** | 93 |
| | iii.i    As doenças que frequentemente faziam os escravos<br>descerem à sepultura | |
| | iii.ii    O Cemitério dos Pretos Novos: padrões de sexo e faixa etária | |
| | iii.iii    As descobertas arqueológicas | |
| | iii.iv    *The African Burial Ground*, um caso diferente | |
| | iii.v    Conclusão | |
| iv | **Viver e morrer em África** | 135 |
| | iv.i    Portos, última parada antes da travessia do Atlântico,<br>a *Kalunga* Grande | |
| | iv.ii    Povos bantófones. Sociedade e cosmogonia. | |
| | iv.iii    Conclusão. | |
| | **Referências bibliográficas** | 178 |
| | **Anexos** | 189 |

# Introdução

> Este livro é uma versão corrigida de minha dissertação de mestrado, apresentada em 2006, junto ao Programa de Pós-graduação em História Social da Universidade Federal do Rio de Janeiro. Ele se ocupa da temática da morte e do sepultamento dos escravos africanos recém-chegados da África, no Cemitério dos Pretos Novos, no Rio de Janeiro. Nosso foco é o processo de criação e extinção desse campo-santo, entre 1722 e 1830. Procuramos realizar ao longo do texto uma análise dos fatos que revelam a especificidade do cemitério, a possível ausência de paramentos fúnebres no local, o embate travado entre moradores e poder público, bem como a sua relação intrínseca com o tráfico de escravos. Sendo a escravidão um campo privilegiado para se pensar a nossa sociedade, sobretudo em momentos de tensões e contradições sociais, o estudo do cemitério pode constituir uma proposta no mínimo desafiadora.

A morte não é um tema novo. Segundo Francis Haskel[1], Michelet, que teria sido uma das fontes de inspiração de Lucien Febvre, desejava, de alguma forma, fazer com que os mortos tivessem uma voz audível na sociedade de sua época. Ou seja, ele julgava que o papel do historiador era o de "dar vida ao passado". Michelet, assim como vários historiadores do século XIX, foi suplantado no tocante à prática e a questões epistemológicas. Entretanto, não se pode negar que, para além de todas as dificuldades que a questão implica, cada historiador, em seu tempo e a seu modo, reconstrói o que, segundo o seu entender, teria sido o passado.

Para circunscrevermos da melhor forma possível nosso campo, procuramos o referencial teórico de recentes estudos sobre a morte, empreendidos pela história social e das mentalidades, centrados na produção francesa a respeito das diversas atitudes e sensibilidades coletivas diante da morte. Os principais deles foram realizados por Philippe Ariès, e Michel Vovelle.[2] Ao lado destes, outros historiadores, tais como Jacques

---
1 HASQUEL, Francis. *History and its Images: art and the Interpretation of the past*. New Haven: Yale University Press, 1993, p. 240.
2 Para um panorama das diversas atitudes frente à morte, ver: ARIÈS, Philippe. *O homem diante da*

Revel e Carlo Ginzburg, ambos no campo da microanálise, também são fundamentais para o tipo de abordagem e o tratamento dispensado às fontes. No Brasil, os estudos empreendidos no campo da escravidão, tais como os de Mary C. Karasch, Manolo Florentino, José R. Pinto de Góes e Robert W. Slenes, foram de igual valia no tocante ao entendimento do funcionamento do trafico transatlântico e sua influência no cotidiano escravo.

O estudo da religiosidade não pôde ser deixado de lado já que, sem ele, a decifração do catolicismo dito "barroco" seria um passo irrealizável. Os trabalhos de Mariza Soares e Marina de Mello e Sousa nos dão a chave para o entendimento desta questão tão peculiar que é a nossa religiosidade. Ao lado destes nomes, ressalto os trabalhos realizados por João José Reis e Claudia Rodrigues. Os mesmos foram importantíssimos para a criação de um diálogo para o tema da morte no Brasil imperial.

Disseram certa vez que "a morte havia ocupado os sociólogos, antropólogos, pintores, poetas e agentes funerários, mas não os historiadores". Hoje, esta afirmação não é mais verdadeira, haja vista o interesse cada vez maior pelo tema por parte da historiografia. Isso se deu, sobretudo, por causa de um movimento que caminha na direção de resgatar momentos do cotidiano, uma outra faceta da história de pessoas simples que trazem nos atos mais corriqueiros demonstrações de comportamento que nos ajudam a entender como os homens se relacionam entre si. Estes momentos podem tratar da lida diária, da fadiga, das alegrias e frustrações, dos desencontros e contradições, das esperanças e ilusões, dos imponderáveis da vida, do nascimento e, por que não dizer, da morte.

Os trabalhos sobre a morte compõem o campo de referência deste livro. A partir deles construímos o cenário no qual os atores sociais desempenham seus papéis e se movimentam. Esta interdisciplinaridade nos proporcionou maior abrangência do cotidiano do homem. Sabe-se que na Alta Idade Média, "o moribundo desempenhava o papel central num drama sobrenatural".[3] Ele encenava, conduzia, e mesmo administrava a própria morte e o único modo de salvar a sua alma era ter uma "boa morte". Daí talvez a expressão: *L'art de bien mourir*, que foi amplamente usada no meio artístico. Como exemplo, tomemos uma das obras mais populares no século XV, *Ars moriendi*, que retratava um homem no leito de morte, cercado por santos e demônios que reivindicavam a posse de sua alma, com as mãos cruzadas, rosto voltado para o oriente, expirando a alma que é recebida nos céus. Este quadro ilustra muito bem o pensamento do homem medievo a respeito da morte e todas as suas implicações.

---

*morte*. Rio de Janeiro: Francisco Alves, 1989. **3** Idem, p. 237.
3 Idem, p. 237.

Huizinga chamou esta "boa morte" de "ideal cultural", visto que, no mesmo período, muitas pessoas morriam vitimadas pela peste negra, pela miséria, e tinham seus corpos abandonados pelos campos sem cerimônia ou rituais. Este tipo de morte era uma morte indesejada, carregada de ignomínia e humilhação. Contudo, o problema não estava na morte, e sim na forma pela qual o homem a encarava e para ela se preparava, já que a morte não era estranha ao cotidiano medieval, antes fazia parte da vida em comunidade.[4]

O homem moderno, no entanto, segundo Philippe Ariès, perdeu esta capacidade de presidir à própria morte. Ela deixou de ser algo inexorável e passou a ser intermediada, sobretudo, pela figura do médico, que ocupa hoje o lugar dantes preenchido pelo padre. Este pode ser um indicativo da mudança de comportamento do homem ocidental frente ao momento derradeiro da vida: a morte torna-se um fato asséptico, longe do espaço do lar e da realidade cotidiana.

Segundo Ariès, as atitudes ocidentais perante a morte se dividiriam em quatro etapas: a morte "mansa", do primeiro milênio da era cristã; a morte "pessoal", dos 750 anos seguintes; a "vossa morte" que expressava uma preocupação da família com os seus, período que foi do século XIX até o começo do século XX; e a "morte proibida", que vigorou nestes últimos trinta e poucos anos. Para além de todas as críticas que se possa fazer a este modelo de análise,[5] e com certeza, pertinentes, é preciso notar que o autor avança quando demonstra um "mapeamento da zona desconhecida da consciência humana", sobretudo para o primeiro século d.C. Sobre este tema, Ariès analisa os costumes fúnebres dos primeiros cristãos, que invertiam a prática dos patrícios romanos que sepultavam seus mortos extramuros. Com o advento do cristianismo, o morto voltou a ter um contato com os vivos e assim permaneceu por muito tempo. O problema de sua análise talvez seja o de ter pensado as atitudes da sociedade de uma forma tão compartimentada. Mas este fato não tira o mérito do seu trabalho.

Ainda segundo este autor, por volta do século XIV as sepulturas não são mais apenas covas que pertencem a alguém, ou a uma família, algo que se passe de geração a geração, mas paulatinamente passavam a representar um monumento, uma peça de um jogo em que a intenção era proclamar aos vivos as virtudes imperecíveis dos seus habitantes, já que o

---

[4] Idem, p. 238. O mesmo autor chama atenção para o fato de que as pessoas se apropriavam do espaço dos cemitérios para jogar passa-tempos, apascentar gado, beber, dançar e até manter relações sexuais.
[5] Robert Darnton observa que Ariès, ao estudar as atitudes do homem diante da morte, toma por modelo o homem letrado pertencente a certa elite europeia, assim Ariès ignora as mudanças de atitude ocorridas ao longo do tempo, vivenciadas por outras pessoas, de outras classes. Por outro lado, Vovelle, segundo Darnton, por usar como fonte os testamentos, consegue analisar estas mudanças com mais profundidade. Cf. DARNTON, Robert. *O beijo de Lamourette: Mídia, cultura e revolução*. São Paulo: Companhia das Letras, 1995. pp. 245; 249.

desejo de ser lembrado após partir desta vida motivou a construção dos grandes túmulos.

Na longa duração, o tempo quase imóvel do qual nos falou Braudel, algumas mudanças foram acontecendo no tocante ao comportamento do homem diante da morte. Lentamente, as concepções sobre o "fim da vida" e "vida eterna" foram sofrendo várias alterações. A ideia de que as pessoas ressuscitariam coletivamente passou a dar lugar à ideia de que alguns, de acordo com a sua vida terrena, poderiam se deparar no além com Satanás, o "chifrudo" a lhes atormentar eternamente no inferno. Parece que tal ideia proliferou no imaginário da época, principalmente por volta do século XIV.[6] No intuito de fugir do tridente do "astuto", devia-se buscar uma vida mais regrada e comedida e, sobretudo, submetida a um aferimento, ou seja, uma balança na qual os atos são medidos e pesados.

Com efeito, a figura da balança passou a decorar o interior dos templos no intuito de lembrar aos fiéis que deveriam ter sempre em mente que os seus atos estavam sendo pesados por Deus e que os batismos e confissões não eram mais, por si sós, garantidores de uma vida eterna feliz, nem garantia da salvação.[7] A hora da morte é a hora de se colocar tudo em dia e de se preparar para caminhar sozinho em direção ao além, seja ao encontro de Deus ou do diabo. Era a hora do Juízo Final.[8]

O importante a partir de então era ser enterrado próximo dos santos e dos mártires, junto à igreja e, se possível, dentro dela, muito embora ela não pudesse comportar todos. Esse fenômeno se estenderá por toda a Idade Média e foi amplamente verificado no Brasil. Desta forma, tanto na Europa como no Brasil, os poderosos faziam valer o seu status até mesmo na hora da morte, sendo inumados dentro das igrejas, ao passo que os pobres eram sepultados nos adros, ou ao lado da igreja, não tão perto como gostariam de estar de seus santos.

Uma outra mudança pôde ser notada. Com o passar dos anos, as sepulturas que na Idade Média podiam se dizer "coletivas", assim como as festas, a "morte" e a "ressurreição", cederam lugar às sepulturas individuais, assim como individual era a responsabilidade de encarar o juízo eterno. Por volta do século XIV, as obras de arte não são mais as catedrais nem os castelos e sim os túmulos. O importante consistia em subtrair os seus à vala comum. Mais tarde, entre os séculos XV e XVII, se daria a apropriação dos túmulos,[9] que já passariam de geração a geração e, gradativamente,

---

[6] RODRIGUES, José Carlos. Sentidos, sentimentos. In: Alceu, A Revista de Comunicação, Cultura e Política, pp. 50-51.
[7] Philipe Ariès, Op Cit. pp. 37-41.
[8] RODRIGUES, José Carlos. Sentidos, sentimentos. p.51.
[9] Idem.

o indivíduo e as famílias vão se apropriando do lugar do enterro. O movimento inverteu-se. Os "poderosos", que dantes eram enterrados dentro das igrejas, ao menos na Europa, passaram a construir igrejas para nelas depositar os seus restos mortais.[10]

Em suma, pode-se notar que a partir do século XIV até o século XIX, mesmo o sepultamento, ou seja, o local de inumação, vai se diferenciando de acordo com a classe social à qual pertence o morto. A desigualdade terrena se reflete na hora derradeira em que a alma vai prestar contas do que fez na terra dos vivos. Cria-se uma separação entre "mortos" e "mortos".

Os estudos sobre a escravidão no Brasil formam o outro recorte desta pesquisa. A partir da leitura de trabalhos de Manolo G. Florentino, pudemos compreender a lógica do comércio escravista na praça mercantil do Rio de Janeiro durante os séculos XVIII e XIX. O pioneirismo de seu trabalho ajudou a traçar a rota do tráfico escravista, assim como comprovou a diversificação de investimentos dos traficantes e o seu crescimento financeiro. Ao mesmo tempo, seu trabalho demonstrou que a região da África Central Atlântica se apresentou como um manancial de escravos para o comércio no Rio de Janeiro.[11]

Manolo Florentino, no trabalho *Em costas negras*, sua tese de doutorado, trabalhou basicamente com relatórios de entradas de navios negreiros no Rio de Janeiro, inventários *post mortem* da capitania do Rio de Janeiro e escrituras de compra e venda. No momento da elaboração da nossa dissertação, o desafio que se me apresentava era o de trabalhar com fontes completamente diferentes, a saber, documentos paroquiais, relatos de viajantes e jornais de época e verificar se as conclusões coincidiam ou não com as de Manolo Florentino. Ao longo do trabalho, fui surpreendido pela verificação de que minhas fontes pareciam estar acopladas aos documentos utilizados por Florentino. Isto me fez entender que o Cemitério dos Pretos Novos estava circunscrito à lógica escravista, que, por sua vez, gerou registros, os quais, por mais que fossem diferenciados, dialogavam com a mesma questão: a escravidão.

Ainda sobre o tráfico escravo, os trabalhos de José Roberto Pinto de Góes são esclarecedores para a verificação de como o tráfico influenciou de forma decisiva a reorganização da vida escrava. Para este autor, o aumento do tráfico verificado após a virada dos oitocentos desestabilizava a demografia escrava, dado que cada vez mais africanos aportavam compulsoriamente no porto do Rio de Janeiro. Esta diferenciação

---

10 Idem.
11 Para um estudo detalhado sobre o tráfico transatlântico, ver: FLORENTINO, Manolo Garcia. *Em costas negras uma história do tráfico atlântico de escravos entre a África e o Rio de Janeiro (séculos XVII e XIX)*. Rio de Janeiro: Arquivo Nacional, 1995.

notada principalmente no número de homens que suplantava o de mulheres gerava uma desigualdade na família escrava, ao mesmo tempo que abria aos crioulos uma gama de possibilidades que ia desde o casamento até a obtenção de um trabalho mais ameno, já que na hierarquia escrava sempre havia um "africano", um preto novo, para os serviços mais árduos.

No campo da demografia, os estudos de Robert Slenes demonstraram a dinâmica da família escrava em uma África transplantada para as Américas, principalmente para a região sudeste. Foi a partir do seu trabalho que comecei a compreender que os escravos conseguiram, apesar de todo o infortúnio, trazer consigo um cabedal cultural próprio e imprescindível para a nova vida no Brasil. Seus códigos culturais foram reelaborados e reinterpretados à luz de uma nova situação que se lhes impunha e eles lhes deram uma coesão de ações que só podem ser entendidas quando tomamos conhecimento de sua cultura. Tais códigos culturais, segundo Slenes, foram trazidos principalmente da região da África Central Atlântica, ou seja, a grande área Bantu, tão cara ao nosso trabalho.[12] Foi desta forma que compreendi que qualquer que fosse a resposta encontrada sobre o morrer africano, deveria vir do outro lado do Atlântico, ela estava entre as margens do rio Zaire e Zambeze, no planalto catanguês, em Luba, até o que conhecemos hoje como Camarões. Ou seja, a região bantófone da África Central.

Um outro ângulo nos foi aberto pelos trabalhos de Laura de Mello e Souza e Mariza Soares. Ambas perscrutaram a religiosidade católica brasileira e revelaram traços importantes de nossa sociedade. Mergulhada em maços e maços de processos inquisitoriais, Laura de M. e Souza buscou revelar um outro aspecto da religiosidade no Brasil. Ela procurava rebater críticas e mostrar o quanto a religiosidade brasileira não poderia ser tomada como uma cópia infiel da europeia, e sim como algo extremamente novo e "multifacetado".[13]

O método da autora é partir da análise documental, particularmente os autos inquisitoriais, traçando o perfil imaginário da época, não deixando os menos privilegiados de fora, haja vista que as prostitutas, feiticeiras, escravos, sodomitas e párias aparecem através das penas dos escrivães e revelam o cotidiano e parte da religiosidade no Brasil colônia, ainda Terra de Santa Cruz, palco da Primeira Visitação. A partir de seu estudo, pode-se perceber que nem tudo fora festa, pelo contrário, esse

---

[12] Os trabalhos de Robert Slenes são fundamentais para o entendimento da família escrava e das tradições africanas recriadas no Brasil, ver: SLENES, Robert W. "Malungu, Ngoma Vem!" África coberta e descoberta no Brasil. *Cadernos do Museu da escravatura*. N.1. Luanda: Ministério da Cultura, 1995; _____. *Na Senzala uma flor: as esperanças e as recordações na formação da família escrava*. Rio de Janeiro: Nova Fronteira, 1999.
[13] SOUZA, Laura de Mello e. *O Diabo e a Terra de Santa Cruz*. São Paulo: Cia. Das Letras, 1986.p. 88.

algo multifacetado foi duramente perseguido fazendo com que o folguedo desse lugar a muitas lágrimas.[14]

Segundo ela, e eu concordo, não se pode dizer que o catolicismo era fingido e, sim, autêntico ao seu modo; não era conceituado, coisa que faltava por definição, e sim vivido. E vivido em todas as suas esferas, em todas as suas facetas.[15] Uma colônia escravista, vivendo as contradições da desigualdade, teve de recriar seus hábitos, seus costumes e culturas.

Esta recriação de costumes, ou laços culturais, deveria surgir em um ambiente que lhes proporcionasse segurança e distinção. Segundo Mariza Soares, este espaço seria o das irmandades, um local de convivência possível e de sociabilidade.[16] Mariza Soares pesquisou um grupo de cerca de 200 africanos oriundos do reino dos Makis, situado no atual Daomé, durante o século XVII. A autora conseguiu traçar o perfil do grupo até então nunca estudado, sob o ponto de vista da religiosidade. A partir daí, ela buscou recriar, com o intuito de entender e quem sabe reinterpretar, a sociedade colonial e seus laços culturais. Soares também citou o Cemitério dos Pretos Novos e, como Rodrigues, se baseou em relatos de memorialistas e documentos cartoriais. Seu trabalho foi o ponto de partida para a minha pesquisa sobre as irmandades e a sua inserção da vida do cotidiano escravo.

Para Soares, as irmandades são uma *"via de acesso a distinções"* que eram buscadas por aqueles que nelas viam alguma possibilidade de mudança, atenuação de uma vida árdua,[17] e, principalmente, um apoio na hora de se providenciar um funeral cristão.[18] A leitura do seu trabalho me possibilitou o entendimento sobre o motivo que levava os africanos a "aderirem" às irmandades e a reapropriação que estes fizeram dos ritos católicos.

Recorro ainda aos estudos de João José Reis e Cláudia Rodrigues, pois foram fundamentais no sentido de formular uma abordagem da temática da morte e do próprio Cemitério dos Pretos Novos. Ainda que estes não tenham sido seus objetos principais de análise, deixaram alguns indícios dos caminhos trilhados, seguidos por estes autores. Com efeito, eles serviram de Norte no momento em que as tempestades acinzentavam a visão de um porto seguro.

João Reis abordou a questão do negro africano sob a ótica de uma história social da escravidão e contribuiu para o entendimento das atitudes do homem perante a morte no Brasil. Ao se debruçar sobre a Cemiterada, na Bahia, João Reis demonstrou que a revolta que abalou as bases de

---
14 *Idem*, p. 100.
15 *Idem*, p. 130.
16 SOARES, Mariza de C. *Devotos da cor. Identidade étnica, religiosidade e escravidão no Rio de Janeiro no século 18.* Rio de Janeiro. Civilização Brasileira, 2000, p. 133.
17 *Idem*, pp. 165-168.
18 *Idem*, p. 176.

Salvador, em 1836, *"foi um episódio que teve como motivação central a defesa das concepções religiosas sobre a morte, os mortos e os ritos fúnebres"*,[19] ou seja, a partir daí, abriu-se o campo para uma nova interpretação das ações do homem fora da concepção estritamente econômica, tal como era entendido aquele episódio.

No Rio de Janeiro, Claudia Rodrigues seguiu o mesmo caminho. Baseada em uma variedade de fontes impressas e manuscritas constituídas de crônicas, relatos de viagem, correspondências eclesiásticas e administrativas, assim como registros paroquiais, procurou reconstruir como as questões da morte "eram enfrentadas pelos cariocas".[20] Sua preocupação central talvez tivesse sido a de perceber as mudanças ocorridas durante o século XIX no tocante à forma dos sepultamentos, bem como o empobrecimento e esvaziamento dos cortejos fúnebres.[21] Desta forma, ela conseguiu mapear os "lugares" da morte no Rio de Janeiro oitocentista, e o seu processo de transformação a partir da proibição dos sepultamentos em igrejas.

Ao falar sobre as lutas para o fechamento de cemitérios intramuros, Rodrigues analisa o Cemitério dos Pretos Novos no momento em que os moradores demandam seu fechamento. Na verdade, posso identificar em seu trabalho o ponto inicial para as pesquisas que empreendi sobre o cemitério, pois ainda que ela tenha abordado superficialmente o Cemitério dos Pretos Novos por este não constituir o seu objeto central de estudo, as indicações deixadas por ela foram de grande valia para a nossa pesquisa.

No que tange a referências conceituais, segui as proposições de Carlo Ginzburg, para quem a noção de estranhamento é um antídoto eficaz para todo historiador que não queira incorrer no erro de "banalizar a realidade".[22] Busco os detalhes às vezes quase imperceptíveis, tão corriqueiros que nos induzem ao perigoso caminho de aceitarmos como normais todos os acontecimentos, sem questionamento, sem perguntas e, obviamente, sem respostas. Decerto que a noção de estranhamento desperta outra postura em relação à observação de acontecimentos do passado. Assim, procurei na microanálise a resposta para perguntas ainda não feitas, tais como: por que aparentemente os escravos recém-chegados recebiam um sepultamento precário? O que fazia com que tais escravos recebessem este tratamento? O que motivou o fechamento do cemitério de forma quase que abrupta? Quem foram os tais pretos novos? As res-

---

[19] REIS, João José. *A morte é uma festa. Ritos fúnebres e revolta popular no Brasil do século XIX*. São Paulo: Companhia das Letras, 1991, p. 49.
[20] RODRIGUES, Claudia. *Lugares dos Mortos na Cidade dos Vivos: Tradições e transformações fúnebres no Rio de Janeiro*. Rio de Janeiro: Secretaria Municipal de Cultura, DGDI, 1997, p. 12.
[21] *Idem*, p. 14.
[22] GINZBURG, Carlo. *Olhos de madeira: nove reflexões sobre a distância*. São Paulo: Companhia das Letras, 2001, p. 41.

postas a essas perguntas poderiam desvendar outras facetas do cotidiano escravo. Foi com o intuito de tentar responder a estas indagações que me lancei nesta pesquisa. Entretanto, não tenho a vã pretensão de ter respondido a todas, mas espero estar contribuindo com o debate acadêmico, levantando questões ainda tão caras ao nosso povo que passa pela reflexão da contribuição do papel do negro na sociedade brasileira e o resgate da sua memória.

Outras ferramentas de análise também foram imprescindíveis. Esta pesquisa dialoga com autores da nova história cultural, uma vez que se propõe a buscar, nas representações, os caminhos alternativos para novas abordagens de cunho histórico. É assim que o livro tem dívida com historiadores como Roger Chartier e C. Ginzburg. Ao primeiro, porque propõe o conceito de cultura como prática e seu enfoque se baseia na representação e apropriação.[23] Ao segundo, devo o conceito de cultura como "o conjunto de atitudes, crenças, códigos de comportamento próprios das classes subalternas em certo período histórico".[24] Logo, a morte passa a ser um objeto de estudo, não mais somente como números, tabelas e quantificações, mas como uma prática em si.[25]

Não cremos que haja incoerência em agrupar métodos de ambos os domínios, já que, conforme assegura Vainfas,[26] a nova história cultural não nega a aproximação com as outras Ciências Humanas, admite o conceito de longa duração e os temas do cotidiano, tal como as mentalidades.

Sendo assim, o olhar sobre o cemitério de escravos, um cemitério específico em uma circunstância singular, revela traços comuns a toda uma sociedade, principalmente como ela representa e entende a morte de "si" ou de "outrem". Esta análise demonstrará que o simples fato desta morte ser a do "outro" implica a forma diferenciada das práticas culturais relacionadas à morte, no caso, a possível ausência de rituais de sepultamento.

Um outro caminho traçado foi o de tentar decifrar a cosmogonia banta. Tentei desenvolver uma visão aproximada do sentimento vivido pelos pretos novos ao verem seus entes queridos serem sepultados naquele campo santo. Busquei em uma história aparentemente banal, a da morte e do sepultamento de escravos boçais, a elucidação para uma das facetas

---

23 Para a ideia de representação, ver: CHARTIER, Roger. *A história cultural; entre práticas e representações*. Lisboa: Difel, Rio de Janeiro: Editora Bertrand Brasil, 1990. pp. 61-79.
24 Carlo Ginzburg. *Op. Cit.*, p. 16. GINZBURG, Carlo. *Olhos de madeira: nove reflexões sobre a distância*. São Paulo: Companhia das Letras, 2001, p. 41.
25 "O aparecimento de novos objetos e seu questionamento: as atitudes diante da vida e da morte, os rituais e as crenças, as estruturas de parentesco, as formas de sociabilidade, os funcionamentos escolares [...] o que significa construir os novos territórios do historiador por meio da anexação dos territórios do outros". Cf. CHARTIER, Roger. *À beira da falésia. A história entre certezas e inquietudes*. Porto Alegre: Ed. UFRGS, 2002, p. 68.
26 VAINFAS, Ronaldo. *Os protagonistas anônimos da história*. São Paulo: Campus, 2002, p. 16.

mais cruéis do escravismo brasileiro que aqui transparece no "descarte" e apodrecimento de corpos lançados à flor da terra. Ao colocar o espaço funerário na categoria central da análise, pude observar o quadro das interdependências entre agentes e fatores determinantes de experiências históricas. Cada aparente detalhe adquiriu, assim, valor e significado na intrincada rede de relações entre os vários elementos constitutivos da trama do discurso cultural. É nesta direção que este livro caminha: busco em um velho livro de óbitos da Freguesia de Santa Rita indícios de um passado que, há muito, jazia tão esquecido quanto a localização real do cemitério, redescoberto recentemente.

A complexidade do tema está, justamente, em criar uma análise que abarque todo o momento conturbado do período joanino até a abdicação de D. Pedro I. Este recorte temporal localizado no fim do século XVIII e início do XIX revelou-se um período candente da política nacional e, por sua vez, o momento da elaboração de um novo projeto político que, em muitos casos, além de passar por um plano de remodelação da cidade – higienização, calçamento, salubridade de logradouros públicos –, tangenciava em grande parte os interesses dos poderosos, os traficantes de almas.

Uma das características da historiografia sobre o século XIX foi a de deslocar a questão da morte e do sepultamento dos escravos para a periferia das temáticas centrais da política brasileira, tornando-a um assunto secundário, menos urgente, quase inexistente. Isto contribuiu para que o tema fosse quase apagado do imaginário nacional, dificultando avanços em seu esclarecimento.[27]

Ao longo da pesquisa, o cemitério se apresentou cada vez mais colado ao tráfico de escravos transatlântico, até mesmo dele dependente. É a partir desta observação que tento provar como o fim do tráfico legal influenciou de forma decisiva o fechamento do campo santo. Contudo, a mesma pesquisa comprovou que as práticas inumistas, mesmo após o encerramento dos trabalhos no Cemitério dos Pretos Novos, permaneceram inalteradas.

O *corpus* documental da pesquisa está centrado no livro de óbitos da freguesia de Santa Rita, de 1824 a 1830, encontrado no Arquivo da Cúria Metropolitana do Rio de Janeiro. A avaliação e a quantificação deste documento possibilitaram a verificação da dinâmica do sepultamento dos Pretos Novos, dentro da sociedade escravista brasileira do primeiro quartel do século XIX, demonstrando a sua estreita ligação com um intenso tráfico transatlântico e uma intricada rede de ações demandadas entre Igreja, senhores de escravos, traficantes e poder público.

---

27 Basta citar que, ainda hoje, pouca gente sabe da existência do Cemitério dos Pretos Novos, na Gamboa, zona portuária do Rio de Janeiro.

As ações do poder público foram examinadas a partir de outras fontes primárias localizadas no Arquivo Geral da Cidade, como é o caso das cópias dos abaixo-assinados de vários moradores do Valongo que pediam ao governo o fim do Cemitério dos Pretos Novos e a resposta das autoridades constituídas. De maneira dispersa, outra parte destes abaixo-assinados, bem como editoriais de jornais da época, encontra-se na Biblioteca Nacional do Rio de Janeiro. Tal documentação foi trabalhada no sentido de tecer uma malha secundária, mas não menos importante para esta temática. Na verdade, ela é o suporte para a contextualização do tema e um medidor sintomático das ações efetivas daqueles que, em certa medida, eram os atores sociais desta história.

No mesmo acervo, as Constituições primeiras do arcebispado da Bahia foram de igual valia para compreender em que grau os escravos recém-chegados poderiam ser, à luz do discurso clerical, "merecedores" ou não de um sepultamento cristão, já que alguns deles já haviam sido anteriormente batizados.

Finalmente, o Arquivo da Santa Casa do Rio de Janeiro se mostrou providencial para este tema. O uso da documentação do cemitério da Ladeira da Misericórdia foi imprescindível para que se tentasse entender para onde foram muitos dos corpos dos escravos recém-chegados após 1830.

Ao longo de toda a pesquisa, procuramos ter o cuidado de lançar mão de uma ampla leitura de temas afins, escritos por diversos autores que discutiram a escravidão no Brasil, dando também um lugar privilegiado aos historiadores da morte e relatos de viajantes do primeiro quartel do século XIX. Além disso, como não poderia deixar de ser, procuramos privilegiar os relatos sobre os sepultamentos africanos na África, bem como textos que indicam como a sociedade bantófone tratava com o sagrado, o porvir e os cuidados funerários da passagem.

As dificuldades para esta pesquisa não foram poucas. Não havia trabalhos anteriores de historiadores dedicados especificamente a esse cemitério. Existem vários trabalhos que tratam de maneira geral a mortalidade escrava, ou sepultamentos em igrejas, mas nada mais específico. Fontes dispersas e esparsas limitaram o alcance da análise. Mas não busco teorias gerais, nem grandes generalizações. O caso do Cemitério dos Pretos Novos é tão específico como específica deve ser a análise proposta. Caminhar por um caminho tão novo não teria sido possível sem o auxílio de muitos interlocutores que sugeriram, incentivaram, levantaram questões e nos ajudaram a prosseguir.

A nossa contribuição talvez seja a de trazer mais luz sobre a temática da morte dos escravos, sobretudo estes que morriam tão logo desembarcavam no porto do Rio de Janeiro, durante o século XIX. É possível que o desvelar das práticas funerárias africanas possam contribuir para o entendimento do motivo pelo qual os escravos se filiavam às irmandades, reunindo-se em torno dos seus santos de devoção.

A recriação dos laços culturais, cortados pelo aprisionamento em terras africanas, se deu de uma forma nova e única, forjando a nossa religiosidade. O entendimento desta rede que se estende em várias direções, desde o nascimento, passando pelo batismo, matrimônio e morte, nos ajuda a compreender o quão rica e plural é a nossa devoção. Nesta trama de intrincadas relações, espero contribuir com este pequeno ponto.

Para tanto, organizo este trabalho da seguinte forma: No capítulo 1, procuro descrever como a cidade do Rio de Janeiro se apresentava aos seus moradores como um lugar inóspito, de conformação geográfica difícil e desafiadora. Esta precariedade dificulta a vida do morador e encurta a sua expectativa de vida, ao mesmo tempo que recria laços de solidariedade em torno da morte. Esses laços estão presentes, sobretudo, nas irmandades. Por outro lado, este lugar inóspito, assim como grande parte do mundo conhecido até então, gera a necessidade premente de se buscar mais mão-de-obra escrava. Como o padre Antonil observou, durante o século XVI, os escravos passaram a ser "as mãos e os pés do senhor". Em uma sociedade que se torna cada vez mais hierarquizada, os escravos recém-chegados ocupam o lugar mais baixo desta hierarquia. Recebem um tratamento diferenciado em tudo, desde a labuta no eito, até o seu sepultamento.

No capítulo 2, procuro demonstrar a especificidade do Cemitério dos Pretos Novos e a sua ligação com setores da sociedade escravista que dele necessitam na lógica do mercado dos escravos. Em um segundo momento, voltamos os nossos olhos para os vizinhos do cemitério e suas reclamações ao poder público, indicador de como a sociedade foi forçada a enfrentar novos problemas sem, contudo, disposição para formular novas respostas.

No capítulo 3, procuro estudar as causas da morte de muitos escravos, a demografia deste campo santo distribuída por sexo e faixa-etária, sua relação com o tráfico escravo e o consequente final do cemitério.

No capítulo 4, a documentação dos óbitos dos pretos novos nos remete para além do Atlântico: a África é revisitada no intuito de se saber quem eram os pretos novos e de onde eles foram retirados e, ao mesmo tempo, compreender como os africanos lidavam com a morte no seu cotidiano. Através da tradição e da oralidade, a contraposição das visões e reformulações do sepultamento e da morte, tanto na cultura católica ocidental, como na cultura africana, revela o conflito que se refletia na forma dispensada ao sepultamento do escravizado praticado na América Portuguesa.

Ao final desta breve introdução, volto a imaginar o que Michelet queria dizer com "dar vida ao passado". Seria dar voz aos mortos? Ou apenas ser capaz de ouvir e entender as palavras que nunca foram pronunciadas? Ainda na dúvida, sem saber ao certo qual das respostas escolher, termino com palavras do próprio Michelet. Se não trazem respostas, ao menos levantam algumas questões que nos deixam em suspenso durante tempos.

*Sim, cada pessoa morta deixa um bem, sua memória, e exige que alguém cuide dele. Para quem não tem amigos, um magistrado deve encarregar-se disso, para a lei, a justiça é mais digna de confiança do que nossas ternuras desatentas, nossas lágrimas logo estancadas.*

*Esse magistrado é a história... Nunca em toda minha existência perdi isso de vista, o dever do historiador. Dei a muitos dos mortos, cedo demais esquecidos, o auxílio de que eu mesmo terei necessidade. Eu exumei para uma Segunda vida.*[28]

---

28 Michelet, em 1872, no fim da vida, prefaciando a sua célebre obra: "Histoire du XIXe Siècle, t. II: Jusqu´au 18 Brumaire, Préface". *Oeuvres Complètes de Michelet*. Paris, Flammarion, t. XXI (1872-1874), 1982, p. 268. Apud SCHREINER, Michelle. *Jules Michelet e a História que ressuscita e dá vida aos homens: Uma leitura da emergência do "povo" no cenário historiográfico francês da primeira metade do século XIX*. Campinas, IFCH-Unicamp, 2005. Tese de Doutorado, p. 161.

# Religiosidade e morte: lugares fúnebres no Rio de Janeiro dos séculos XVIII a XIX

## 1.1 ASPECTOS GEOGRÁFICOS DA CIDADE: UM LUGAR PARA MORRER

> Fomos ao cemitério. Rita, apesar da alegria do motivo, não pôde reter algumas velhas lágrimas de saudade pelo marido que lá está no jazigo, com meu pai e minha mãe. Ela ainda agora o ama, como no dia em que o perdeu, lá se vão tantos anos. No caixão do defunto mandou guardar um molho dos seus cabelos, então pretos, enquanto o mais deles ficaram a envelhecer cá fora.

*Não é feio o nosso jazigo; podia ser um pouco mais simples, - a inscrição e uma cruz, - mas o que está é bem feito. Achei-o novo demais, isso sim. Rita fá-lo lavar todos os meses, e isto impede que envelheça. Ora, eu creio que um velho túmulo dá melhor impressão do ofício, se tem as negruras do tempo, que tudo consome. O contrário parece sempre de véspera [...] a impressão que me dava o tal do cemitério é a que me deram sempre outros; tudo ali estava parado.*[1]

O texto acima nasceu da pena do romancista Machado de Assis, em Memorial de Aires. Nele, o Conselheiro, que é o protagonista, não ri nem chora, não ama nem detesta, apenas compreende. Essas reflexões sobre túmulos e cemitérios são próprias de alguém que fala de um ente querido que se foi[2] e dão o tom ao diário, ainda que o autor estivesse demasiado preocupado em não carregar demais nas tintas da melancolia. Com efeito, essas linhas podem expressar, de maneira bastante clara, as atitudes do homem diante da morte e do seu cuidado com o lugar onde jazem os seus antepassados como um referencial de vida que ameniza, ainda que temporariamente, a dor da separação. Um dos maiores feitos do cristianismo foi o de conseguir, dentro da tradição semita, se impor

---
1 ASSIS, Machado de. *O Memorial de Aires*. São Paulo: Ática, 1976, p. 14.
2 É preciso notar que essa obra foi escrita após a morte de Carolina, esposa de Machado de Assis. De fato ela contrasta, dado o seu tom de desengano e às vezes de melancolia, da obra anterior 'Esaú e Jacó', de 1904.

como uma religião inumista. Não por acaso, Orígenes advertira na obra *Contra Celsum* sobre o cuidado que se devia ter com relação aos mortos, bem como o uso da procissão fúnebre.[3] Da mesma forma, na procissão fúnebre medieval já se encontravam elementos que perdurariam por toda a Idade Média, ou seja, cantos, o carregamento de estandartes, da cruz e as relíquias dos santos.[4]

Os primeiros cristãos tinham o costume de sepultar os seus mortos com ritos próprios e em lugares separados, aos quais chamavam de *coemeterium* (palavra latina derivada do grego *koimètérium*, forjada a partir do termo *Koimâo*, que tem por significado "eu faço dormir"). Nesses espaços, com o intuito de fugir da perseguição vigente, os cristãos se reuniam para celebrar o seu culto. Mais tarde, a construção de igrejas se daria ao lado das criptas e catacumbas e, a partir do século IV, primeiramente os reis e, mais tarde, todos os comuns, passariam a ser sepultados dentro das igrejas.

A morte passara, mesmo que de uma forma simbólica, a pertencer aos cuidados da Igreja, porquanto abadias, irmandades, corporações religiosas e de ordem terceiras passaram a dominar este terreno que se tornava de jurisdição sacerdotal. Era o enterro *ad Sanctus*.[5]

Quanto aos aspectos da cidade do Rio de Janeiro, pode-se dizer que proporcionava aos seus habitantes uma vida difícil. Na verdade, a cidade já nascera apertada, e por volta de 1660, o censo acusava uma população de 3.850 pessoas, dentre as quais 3.000 eram índias, as portuguesas somavam 750 e as pessoas negras totalizavam apenas cem almas.[6] Seria difícil crer que a população da corte chegaria, em 1821, a 333 mil e que os escravos somariam a metade dessa população.[7] Entrementes, no século XVI, a cidade se encontrava espremida entre os morros do Castelo e Santo Antônio; já perto do porto, as casas encontravam como limite o morro de São Bento e o da Conceição.[8] Entre estes últimos, situava-se a região chamada Valongo, que mais tarde, no século XVIII, ficaria famosa por abrigar um grande mercado de "almas", do qual nos ocuparemos mais adiante.

Com o tempo, o morro do Castelo, local do início da colonização, já não pôde mais comportar toda essa população, nem mesmo os prédios públicos. Logo, a Casa da Câmara e Cadeia, principal símbolo, ao lado do

---
3 CATROGA, Fernando. *O céu da memória. Cemitério romântico e culto cívico dos mortos em Portugal, 1756-1911.* Coimbra: Minerva, 1999, p. 41.
4 MONTEIRO, Antônio Xavier de Souza, *A sepultara eclesiástica*, pp. 3-5. In: CATROGA. *Op Cit.* p. 42.
5 *Ibidem* p.43.
6 ABREU, Maurício Almeida. *A evolução urbana do Rio de Janeiro.* Rio de Janeiro: IPLANRIO/Zahar, 1987. Passim.
7 J. Roberto Pinto Góes, de, *São muitas as moradas: desigualdades e hierarquia entre os escravos.* In: FLORENTINO, Manolo & MACHADO, Cacilda (Org). *Ensaios sobre escravidão* (1) Belo Horizonte: UFMG, 2003, p. 202.
8 Antônio Xavier de Souza Monteiro, *Op Cit.*, p. 32.

pelourinho, da correção dos infratores, teve que vir a se instalar cá na várzea de Nossa Senhora do Ó, a qual mais tarde viria a se chamar Terreiro do Carmo, atual Praça XV. A partir daí temos um novo pólo de irradiação da cidade no sentido norte e sul. Qualquer dos viajantes que por aqui chegasse logo poderia ter notado as ruas de traçado relativamente regular, retilíneo, numa trama enxadrezada em que se destacava a rua Direita, atual 1º de março, e a rua do Ouvidor. O mesmo viajante poderia ver grandes estabelecimentos rurais como o de Matacavalos, atual Riachuelo, e Capuruçu, que hoje é a rua da Alfândega, ambos em direção ao sentido norte da cidade.

A água potável era, sem dúvida, um dos problemas mais antigos da cidade. Para resolver o problema do seu abastecimento, foi feito um aqueduto, idealizado pelo governador Ayres Saldanha, em 1719, que traria água do rio da Carioca para o Campo de Santo Antônio. O aqueduto conhecido como os Arcos da Lapa terminava em um chafariz que fora construído no local onde dantes existia uma lagoa, que, aterrada, se transformou em um movimentado ponto da cidade, frequentado, sobretudo, por escravos (no atual Largo da Carioca). Esse chafariz localizava-se diante da rua da Vala, atual Uruguaiana, e era transversal à rua do Cano, hoje Sete de Setembro. Não era rara a imagem de escravos que aproveitavam a hora de buscar água para seu senhor para colocarem a prosa em dia, talvez falando das lidas diárias, e tomavam conhecimento de novos navios que atracavam no porto apinhados de mais pretos novos. É interessante notar que, mesmo em 1829, em pleno século XIX, aquela região ainda tenha sido percebida como um local de ajuntamento de escravos, concentrando uma boa parte do fluxo urbano. Como relata o reverendo Walsh, nessas raras horas, se distraíam ou se afrontavam:

> *Um dia estava olhando esse cenário extraordinário através das janelas do Convento de S. Antônio quando, de repente, toda a praça ficou em polvorosa. Os homens atiravam suas latas, as mulheres espirravam água para os lados e a polícia usava o chicote; todos brigavam, gritavam e riam na maior confusão.*[9]

Voltando à época da conformação espacial e ocupação da cidade, nota-se que a área urbana ultrapassaria os limites do morro do Castelo, chegando até o Rocio, atual Praça Tiradentes. Entretanto esse centro era, sobretudo, ocupado por gente sem condições de mobilidade espacial, que precisava ficar sempre na cidade, a fim de conseguir alguns réis. Grande parte era formada por brancos pobres, escravos de ganho ou negros libertos que ganhavam a vida com trabalhos esporádicos no porto.[10] Na

---
9 WALSH, Robert. *Notícias do Brasil*. Belo Horizonte: Ed. Itatiaia: EDUSP, 1985, p. 211.
10 ABREU, Maurício de Almeida, *Op. Cit.*, p. 32.

região central, os trabalhos de carregamento de bagagens, de navios, de carroças que partiriam dali pelas ruas sujas e mal acabadas da cidade, eram mais frequentes, sendo, portanto, um local mais propício para quem necessitava de algum dinheiro e que não tinha renda. Já as pessoas mais abastadas, nos séculos XVIII e XIX, que tinham maior poder de locomoção, iam em direção à Lapa, Catete e Glória,[11] ou seguindo os passos de Carlota, se dirigiam ao Flamengo, Botafogo ou a São Cristóvão,[12] sendo este último o local no qual a Família Real procurara tomar "melhores ares" que os do Centro do Rio de Janeiro.

Sem dúvida, a chegada da Família Real em 1808 foi a propulsora de muitas transformações do espaço urbano, abrindo estradas, calçando ruas mal acabadas e aterrando locais alagadiços:

*A vinda da família real impõe ao Rio uma classe social até então inexistente. Impõe também novas necessidades materiais que atendiam não só aos anseios dessa classe, como facilitam o desempenho das atividades econômicas, políticas e ideológicas que a cidade passa a exercer. A independência política e o início do reinado do café geram, por sua vez, uma nova fase de expansão econômica resultando daí a atração – no decorrer do século – de grande número de trabalhadores livres, nacionais e estrangeiros.[13]*

A partir de então, a cidade começa a sofrer transformações várias que irão proporcionar à classe dominante uma melhor condição de vida, que será viabilizada com a vinda, cada vez mais intensa, de escravos novos. A área urbana do Rio de Janeiro, nas décadas seguintes de 1820 a 1830, se restringia praticamente a quatro freguesias: se chegássemos ao Rio pelo Largo do Paço, atual Praça XV, estaríamos nos domínios da Freguesia da Candelária, que ia da Ilha das Cobras ao morro do Castelo, compondo as partes mais antigas da cidade, tendo como ícone a famosa e já citada rua Direita, onde havia grandes estabelecimentos comerciais, o Paço Imperial e a Cadeia, atual Palácio Tiradentes. Nessa região se desenvolviam as atividades do comércio exportador e importador, que impulsionava a economia do novo Império.

A partir do morro do Castelo, tínhamos a Freguesia de São José, com o Passeio Público e a Igreja de Santa Luzia que à época se situava à beira-mar. Em seu prolongamento tínhamos a Freguesia da Glória. No sentido oposto, chegaríamos à Praia do Valongo situada entre o morro do São Bento e o da Conceição, região essa que pertencia à Freguesia de Santa Rita, local no qual se erguia a igreja de mesmo nome e o Cemitério dos Pretos Novos.

---
11 RODRIGUES, Claudia, *Op. Cit.*, p. 32.
12 ABREU, Maurício de Almeida, *Op. Cit.*, p. 32.
13 Ibidem, p. 35.

Havia também a Freguesia do Santíssimo Sacramento, compreendendo a Praça da Constituição até a Freguesia de Santana, hoje o Campo de Santana, que se estendia na direção do morro do Livramento e mais ao norte fazia divisa com uma área de mangue que era contornada pela estrada do Mata Porcos, trajeto mais fácil para se ter acesso a dois caminhos principais, o de São Cristóvão, para onde iria a família real, e o Caminho do Engelho Velho. Praticamente paralelo a esse caminho, foi feito um aterrado, que deveria ficar onde hoje temos a avenida Presidente Vargas. Daí em diante já era a Praia Formosa, compreendendo uma reentrância que tomava toda a atual Praça da Bandeira e Leopoldina, que mais tarde viria a ser aterrada, dando maior extensão territorial à Corte e funcionando como um escape para a população que ali habitava.[14]

O Rio de Janeiro possuía uma configuração espacial de muito difícil acesso, o que, por sua vez, requeria mais e mais dos escravos, pois, afinal, eles se tornaram as "mãos e os pés do senhor". Por outro lado, "a ocupação desordenada e a falta de uma política metódica de limpeza e saneamento, aliada às características climáticas"[15] e à região, como se pode ver, entrecortada por mangues e o mar, faziam da cidade uma constante fonte de epidemias que traziam a morte em todas as direções.

Entendia-se dentro do pensamento católico que o momento da morte era o fim do corpo, mas o início de uma vida no além, para a qual o homem deveria estar vigilante. Neste sentido, certas práticas e rituais eram entendidos como fundamentais para o sucesso no porvir.

Sabe-se que no Brasil os sepultamentos durante o período colonial e parte do Império eram realizados *ad Sanctus*, ou seja, nas igrejas; nesse tempo, a ideia da "boa morte" ainda estava vinculada ao momento da morte da pessoa e o seu local de enterramento.[16] Neste sentido, dentro de uma mentalidade ainda marcada pela época medieval, estar enterrado em uma igreja era estar perto de Deus, o que significava maior possibilidade de uma vida feliz no além.[17] Assim, as igrejas no Brasil recebiam os corpos de seus fiéis desde que tivessem sido, na vida secular, pessoas de certa posição social e que os seus pudessem arcar com as despesas do sepultamento. Desta feita, quanto mais alta a posição social do defunto, maior sua proximidade com o templo, quando não do próprio altar.[18] Como disse Cruls: "até então para os mortos de categoria havia sempre uma catacumba no claustro dos conventos ou uma campa no chão dos templos."[19]

---
14 ABREU, Maurício de Almeida, *Op. Cit.*, p. 32.
15 Claudia Rodrigues, *Op. Cit*, p. 34.
16 Os estudos de J. J. Reis e de Claudia Rodrigues são abrangentes a esse respeito.
17 João José Reis. O cotidiano da morte no Brasil Oitocentista, *In*: ALENCASTRO, Luis Felipe. (Org.). *História da vida privada no Brasil*, pp. 95-141.
18 Claudia Rodrigues, *Op. Cit*, p. 234.
19 Gastão Cruls. *Aparência do Rio de Janeiro: notícia histórica e descritiva da cidade*, p. 34.

Tudo era organizado para que este momento da morte transcorresse dentro da mais perfeita ordem, a hora da morte era administrada pelo moribundo de forma calma e serena. Os cuidados já haviam sido tomados quanto à distribuição dos bens, pois, através de testamentos, os cuidados eram providenciados a fim de que a vontade do defunto fosse respeitada. O modo do funeral, a mortalha com a qual deveria ser enterrado, o local e a igreja, tudo já havia sido atestado antes e só restava aos seus o cumprimento das ordens.

A vida rude na Colônia, tanto de colonos como de escravos, estava entregue nas mãos do serviço, praticamente voluntário, do hospital da Santa Casa da Misericórdia, que havia sido fundada em 24 março de 1582, no Rio de Janeiro, pelo padre José de Anchieta. Ao lado do hospital, em terreno contíguo, foi erguido um cemitério para o sepultamento das pessoas que lá morriam, os injustiçados e escravos; o de Santo Antônio, que estava sob os cuidados dos Franciscanos, onde é hoje o Largo da Carioca, e que também sepultava escravos; "o dos pretos novos, no antigo Largo de Santa Rita, onde até 1825 houve um cruzeiro";[20] e o dos mulatos, que se situava no Campo do Rocio e depois Largo de São Domingos, já "desaparecido".[21] A estes dois últimos, Cruls chamou de "mais ou menos clandestinos", uma vez que os seus corpos eram deixados "à flor da terra".[22]

O cemitério da Santa Casa chamou a atenção do reverendo Walsh, que visitou o Brasil em 1828, pela forma descuidada com que ali se praticavam os sepultamentos:

> *O enterro é muito simples; faz-se uma cova profunda onde os corpos são colocados. Antes de serem enterrados aí, são depositados sobre um estrado numa casinha que fica no meio do cemitério, até que haja um número suficiente de corpos. Então é realizada a cerimônia fúnebre para todos eles, que são colocados nas covas sem caixões. Algumas vezes nus, mas normalmente envoltos em lona. São colocados de lado, geralmente com a cabeça virada para os pés do outro. Nunca estive neste lugar sem que houvesse quatro ou cinco corpos esperando para serem enterrados e ao sair sempre me encontrava com outros chegando.*[23]

Até então, nenhum destes cemitérios citados até aqui conhecia práticas de sepultamento organizadas em bases regulares. Em todos eles, o descuido com o sepultamento era uma marca permanente da maneira com a qual eram administrados. Só em 1839, por causa da forma precária com

---
20 *Ibidem*, p. 320.
21 *Ibidem*.
22 *Ibidem*.
23 Robert. Walsh, *Op. Cit.*, p. 170.

que funcionava o da Santa Casa, foi aberto um cemitério na Praia de São Cristóvão, que também ficou a cargo da Santa Casa e era conhecido como Cemitério do Caju (mais tarde renomeado como Cemitério de São Francisco Xavier).[24]

No caso de o morto ser um protestante europeu, o seu destino era o Cemitério dos Ingleses, com sua localização na Gamboa. Tal cemitério havia sido criado em função do "Tratado de Amizade", datado de 1810, entre Portugal e Inglaterra. J. J. Reis ressalta que "o Cemitério dos Ingleses no Rio de Janeiro estava adaptado à concepção de uma necrópole longe da cidade".[25] O cemitério dos ingleses não se parecia em nada com o cemitério da Santa Casa. Era limpo, arborizado e à beira da Praia da Gamboa que, naquele tempo, margeava o campo santo. É por isto que Maria Graham, que visitou o cemitério em 1832, observou admirada o referido campo santo:

> *Julgo um dos lugares mais deliciosos que jamais contemplei, dominando lindo panorama, em todas as direções. Inclina-se gradualmente para a estrada ao longo da praia, no ponto mais alto de um belo edifício... em frente a este edifício ficam varias pedras e urnas e os vãos monumentos que nós erguemos para relevar a nossa própria tristeza; entre estes e as estradas algumas árvores magníficas.*[26]

Com efeito, o contraste entre ambos era notório. Cemitérios católicos eram completamente diferentes dos cemitérios protestantes: a representação do lugar funerário para os protestantes consistia em uma visão mais serena, amenizada pela presença de árvores que, em certo sentido, conferiam ao local uma sensação de paz, a ponto de Graham afirmar que, se viesse a ser sepultada ali, os que viessem visitá-la não se sentiriam incomodados.[27] Entretanto, os cemitérios católicos apresentavam um ambiente tumultuado, no qual corpos insepultos se misturavam à terra deixando uma sensação de desespero e desorganização. Por outro lado, os corpos sepultados pelos católicos *ad Sanctus* estavam, de certa forma, sempre junto aos vivos, que vez por outra rezavam por eles uma missa em sua memória.

Os protestantes, uma vez que não praticavam sepultamentos em igrejas, tinham o espaço distribuído mais uniformemente, sem "distinções" aparentes entre os defuntos. Já no catolicismo, a variedade de espaços funerários oferecidos pressupunha a própria diferenciação entre mortos. Uns sepultados sob a nave, estes nos adros, aqueles em conventos e uma grande maioria em cemitérios que deixavam os corpos à flor da terra.

---
24 Claudia Rodrigues, *Op. Cit.*, p. 237.
25 João José Reis. O cotidiano da morte no Brasil oitocentista. p. 130.
26 GRAHAM, Maria. *Viagem ao Brasil*. São Paulo: Companhia Editora Nacional, 1956. pp. 366-7.
27 Maria Graham, *Op. Cit.*, p. 367.

## 1.2. ASPECTOS SOCIAIS E RELIGIOSOS NA AMÉRICA PORTUGUESA: OS SACRAMENTOS E AS IRMANDADES BEM PRESENTES NA HORA DA MORTE

O sacramento consistia para o cristão no sinal que simbolizava o sagrado e fazia o papel de ligação entre Deus e o fiel, mostrando a Salvação do Senhor para com o homem. Os sacramentos "da Santa Madre Igreja" eram sete: "o primeyro, he o Bautifmo. O fegundo, Confirmaçaõ. O terceyro, cõmunhaõ. O quarto, Penitencia. O quinto, Extrema Unção. O fexto, Ordem. O feptimo, Matrimonio" [sic].[28]

Antes de tudo, esses sacramentos representavam uma união íntima de Deus com o homem e por isto situavam-se em momentos cruciais da vida, acompanhando a existência da pessoa, do nascimento até a morte, e, para os participantes da mesma fé, também na hora dos últimos acertos antes de passar para a eternidade.

Segundo as Constituições primeiras, estes sacramentos tinham uma sequência que acompanhava o desenvolvimento do homem. Por exemplo, o primeiro indicado era o batismo, sem o qual era impossível ao homem gozar o paraíso, ou mesmo fazer parte da Igreja:

> *O bautifmo he primeyro de todos os Sacramentos, & porta por onde fe entra na Igreja Catholica & fe faz o que o recebe, capaz dos mais Sacramentos, fem o qual nenhu dos mais fará nelle o feu effeyto.*[29]

É importante que se ressalte que, no momento em que a Igreja classifica o batismo como "porta de entrada para o céu", e ao mesmo tempo se coloca como a única capaz de realizá-lo, ela se interpõe como a verdadeira porta da salvação. No Brasil, as crianças de até oito dias de nascidas eram levadas às pias batismais pelos pais na presença dos seus padrinhos, a fim de receberem o sacramento por imersão.[30] O padre, ao realizar o batismo, deveria dizer: "Ego te baptizo in nomine Patris, & filij, & Spiritus Sancti",[31] e muito embora as *Constituições* rezassem que, em caso de extrema necessidade, qualquer pessoa pudesse batizar, ao que se sabe não há registros de casos deste tipo ocorridos no Brasil. Um outro "effeyto" do batismo era o seu poder, segundo as *Constituições primeiras*, de perdoar

---

28 VIDE, Sebastião Monteiro da. *Constituiçoens primeyras do Arcebispado da Bahia feytas, & ordenadas pelos illustrissimo, e reverendissimo senhor D. Sebastião Monteyro da Vide. Propostas, aceytas em o Synodo Diecesano que o dito senhor celebrou em 12 de junho do anno de 1707.* (sic.) Coimbra: No Real Collegio das Artes da Comp. de Jesus, 1720, livro. 3º; título XXII, 565.
29 Vide. *Op. Cit.*, Livro. 1º; título X.
30 Vide. *Op. Cit.*, Livro. 1º; título X.
31 Muito embora Vide ressalte que o batismo deveria ser por imersão, crê-se que tal costume caiu por terra ao longo dos anos, porque o batismo praticado pela Igreja Católica há muito, tem sido o de aspersão.

pecados e mesmo faltas graves, passando desta forma a ser um "filho de Deos, & feyto herdeyro da Gloria, & do Reyno do Ceo".[32]

O cuidado com o batismo dos escravos também foi contemplado nas Constituições. Várias páginas dela versam sobre o cuidado a se ter para com o batismo de escravos. Após se assegurar de que os escravos não haviam recebido o batismo nos portos africanos, como nos casos dos angolas, o padre deveria fazer as seguintes perguntas aos cativos:

*Queres lavar tua alma com a agua fanta?*
*Queres comer o fal de Deos?*
*Botas fóra de tua alma todos os teus peccados?*
*Não has de fazer mais peccados?*
*Queres fer filho de Deos?*
*Botas fora da tua alma o demonio?*[33]

Após as perguntas serem respondidas, os escravos poderiam ser batizados e, a partir daí, ter acesso ao Reino dos Céus. Nota-se que a preocupação premente do batizador é a de levar o escravo a deixar as velhas práticas tidas como pagãs, tais como a adoração de outros deuses, característica das religiões antigamente chamadas de animistas, dada à adoração de astros e antepassados e uma forte relação com a natureza. A ingestão do sal era um outro costume evitado na religiosidade africana. Na cosmogonia banto, a abstenção do sal conferia o patamar de um feiticeiro com poderes bastantes para retornar voando à África ou saber as coisas ocultas aos homens.[34] Daí fazer com que os escravos ingerissem o sal seria o mesmo que lhes fazer renegar os seus poderes místicos, sua cultura e submetê-los a um novo dogma, buscando a sua "conversão".

Segundo o viajante alemão Freireyss, os batismos não só eram realizados no Brasil, mas também na África, como ele assim relatou:

*Em Angola e Benguela, porém, são eles batizados antes de embarcarem. O processo é muito especial: ajuntam-se todos, muitas vezes em número maior de cem, e o padre os batiza em massa e com um só nome. Como o padre recebe pagamento por cada escravo pode-se imaginar que sendo tantos escravos que embarcavam, os servidores da Igreja têm nisto uma boa renda.*[35]

---

32 *Ibidem.*
33 *Ibidem.*
34 *Ibidem.* Livro 1º, título X.
35 KARASCH, Mary C. *A Vida dos Escravos no Rio de Janeiro (1808-1850).* São Paulo: Companhia das Letras, 2000, p. 343.

Segundo Freireyss, o batismo às vezes era realizado sumariamente e em massa nos porões dos navios. Para além da questão da crítica feita pelo alemão ao lucro escravista, o qual, segundo ele, visava a uma valorização da mercadoria humana, a qual depois de batizada dobrava o seu valor perante o comprador, quer-se destacar o fato de que, se realmente os escravos eram batizados na África, eles estavam aptos a adentrarem as portas da nova religião em toda a sua plenitude e serem feitos "filhos de Deus". Neste sentido, teriam pleno direito a um funeral cristão com todo o ritual Católico e em solo sagrado.[36]

Muito embora saibamos que as *Constituições primeiras* foram redigidas num momento singular, no qual a Igreja Católica buscava impedir o avanço de práticas consideradas desvios da fé e, em certo sentido, barrar a própria reforma luterana que ganhava terreno no Velho Mundo, somos tentados a perguntar qual era a abrangência deste código sinodal, já que, como vimos acima, ele não era observado em vários aspectos. Se muitas regras eram quebradas, seria difícil tomá-lo como um documento fidedigno do cotidiano religioso. Porém, há descrições que se aproximam bastante das condições ditadas pelas Constituições até na África, como o que foi relatado por Charles R. Boxer:

> *Os escravos destinados a serem exportados por Luanda eram alojados em barracões, à espera de embarque [...] no dia do embarque eram levados à igreja das proximidades [...] para que um pároco as batizasse, algumas centenas de cada vez. Não era cerimônia muito demorada. A cada escravo, quando chegada sua vez, dizia o padre: seu nome é Pedro, o seu João, o seu é Francisco e assim por diante, dando a cada qual um pedaço de papel com o nome por escrito, e pondo-lhe na língua uma pitada de sal, antes de aspergir com um hissope água benta em toda multidão[...].*[37]

A despeito do batismo em massa, como o do relato de Freireyss; neste, ele reaparece junto ao uso do sal e da água benta, como era recomendado pelas Constituições. Pelas condições naturais impostas aos escravizados, pode-se imaginar que o escravo tenha sido forçado a comer o chamado "sal de Deus" ao qual se referiam as Constituições, sendo submetido a um novo Deus, recebendo logo após um nome cristão.

---

36 FREIREYSS, G.W. *Viagem ao Interior do Brasil*. Belo Horizonte, Ed. Itatiaia; São Paulo, EDUSP, 1982, pp. 123-4.
37 A questão dos batismos terem sido feitos em África ainda não está clara. A historiografia tem demonstrado que muitos escravos, se não a maior parte, era batizada no porto do Rio de Janeiro. No entanto, as Constituições aventam a possibilidade de que muitos escravos viessem sem o batismo, cf: "E porque os efcravos, & outras peffoas, que coftumaõ vir de terras de infiéis, póde acótecer, que venhaõ das ditas terras fem ferem bautizados, ou que efetevaõ em duvuda fe foraõ, ou naõ, mandamos fe faça muyta dilligencia por averiguar a verdade" Vide.

Também não se deve incorrer no erro de julgar que o sacramento do batismo consistia apenas em um ato exterior, mera formalidade para se poder ser aceito tanto no meio religioso quanto no social. Ele implicava, sobretudo, para os escravos, um modo de imprimir-lhes a nova religião, marcar o "nascimento de uma nova vida", na qual as velhas práticas pagãs deveriam ser evitadas a todo custo, como se vê na continuação do relato de Boxer:

*Então, um intérprete negro a eles se dirigia com essas palavras: "Olhai, sois já filhos de Deus, estais a caminho de terras espanholas (ou portuguesas) onde ireis aprender coisas da fé, esquecei tudo que se relacione com o lugar de onde viestes, deixai de comer cães, gatos ou cavalos. Agora podeis ir, e sede felizes."*[38]

Após receberem o primeiro sacramento, os escravos eram exortados a não se deixarem levar pelas antigas práticas, dentre as quais: comer animais tidos por impuros, como no caso de cães, gatos e cavalos. Ou seja, compulsoriamente eles eram incluídos no novo meio cultural. De agora em diante, segundo o intérprete, eles seriam filhos de Deus a caminho de um lugar distante onde aprenderiam as coisas da fé. Voltando às recomendações do arcebispado da Bahia, os senhores deveriam verificar se os escravos já haviam sido batizados.

Os dogmas eram de fato ensinados, muitos negros eram admitidos no clero e, assim, não era difícil se ver padres negros celebrando missas. O reverendo Walsh, que veio ao Brasil como capelão da comitiva de Lorde Strangford relatou o que viu assim:

*Os atrativos que a Igreja oferece são tão poucos e a remuneração tão limitada que os homens de famílias prósperas ou de mais cultura sempre preferem uma ocupação mais atraente ou proveitosa; ninguém, a não ser as pessoas das classes inferiores, consagra seus filhos a ela [...] Em parte isso pode ser responsável pela admissão de negros nas ordens sagradas, os quais celebram nas igrejas junto com os brancos. Eu próprio vi três padres numa mesma igreja, na mesma hora; um era branco, outro mulato e o terceiro, negro.*[39]

Diferentemente do que pensava Walsh, a admissão de negros no interior do clero pode ter sido motivada não apenas pelos baixos salários ou falta de brancos para o cargo, mas do nascimento de uma disposição da própria Igreja em motivar o surgimento de padres negros, bem como dar espaço para a criação de irmandades de homens negros. Não que isto

---

38 Charles R Boxer. *Salvador de Sá e a luta pelo Brasil e Angola, 1602-1686*. São Paulo: Editora Nacional, EDUSP, 1973. p. 243. Apud: Mariza de C. Soares. *Op. Cit.*, nota ao texto, p. 257.
39 SOARES, Mariza de C. *Op. Cit.*, p. 257.

tenha sido o que Caio C. Boschi chamou de "sincretismo planejado",[40] ou seja, um plano "ardiloso" arquitetado no sentido de fazer os escravos serem cooptados pela nova religião. Pensar assim seria retirar dos escravos, enquanto seres humanos, qualquer possibilidade de luta e de resistência. Seria não enxergar a multifacetada religiosidade praticada nos trópicos. Não é possível acreditar que as irmandades "escamoteavam o permanente conflito de classes".[41] Pensar desta forma seria não levar em conta as necessidades mais prementes do homem, desde a necessidade de aceitação até o convívio no meio dos seus, retirando a capacidade de que vejam as irmandades como um espaço de sociabilidade, permeada pela ação dos leigos num momento em que a própria Igreja se mostra impotente para, sozinha, levar a termo a obra evangelizadora.[42] Esses leigos transpassaram a Igreja, servindo de apoio para as práticas religiosas em comunidade e veículo de ligação entre o povo e a direção clerical, como veremos nos capítulos a seguir. Da mesma sorte, o clero negro emprestou à Igreja uma nova face na qual a cor do Brasil refletia. Não só os padres negros eram bem aceitos pela população escrava, mas os santos também o eram. Como bem frisou Kidder:

> *Nenhuma outra classe se entregava com maior devotamento a tais demonstrações religiosas que os negros, particularmente lisonjeados com o aparecimento, de vez em quando, de um santo de cor ou de uma Nossa Senhora preta. "Lá vem o meu parente", exclamou certa vez um negro velho que se achava perto de nós quando viu surgir em meio à procissão a imagem de um santo de cabelo encarapinhado e lábios grossos; e, no seu transporte de alegria, o velho exprimiu exatamente os sentimentos visados com tais expedientes.*[43]

Com efeito, uma outra faceta de nossa religiosidade foi, com certeza, a auto-identificação da população que, ainda que por vias e interesses diferenciados, pôde unir esforços que amalgamaram a vida religiosa, formando antes de tudo um espaço possível de sociabilidade. Sabedores disto, é fácil entendermos o que o reverendo Walsh achou deveras estranho: "No Brasil vêem-se negros celebrando as missas e brancos recebendo o sacramento de suas mãos".[44]

Como dissemos anteriormente, o batismo é o primeiro de todos os sacramentos. Depois, vem o sacramento da confirmação, para que por meio

---
40 WALSH, Robert. *Op. Cit.*, p. 158.
41 BOSCHI, Caio. *Os leigos e o poder*. São Paulo: Ática, 1986.p. 69.
42 *Ibidem*. p. 69.
43 SOARES, Mariza de C. *Op. Cit.*, p. 133.
44 Daniel Parish Kidder. *Reminiscências de viagens e permanência nas províncias do Sul do Brasil*. pp.134-139.

dele se fortalecesse a fé dos já batizados. Após, a eucaristia, momento da comunhão entre homem e Deus, no qual o primeiro toma parte do corpo de Cristo. Segue a penitência, sacramento no qual o homem pedia perdão dos seus pecados e culpas. Além destes, a unção dos enfermos, aos que estavam doentes, e extrema-unção, no caso daqueles que estavam em vias de morrer; e mais os sacramentos da ordenação e do matrimônio. Para efeito da nossa pesquisa, passaremos a analisar a unção do enfermo, extrema--unção, a fim de verificarmos quais seriam os mecanismos, se é que existiam, que impediriam os pretos novos de receberem um sepultamento no mínimo coerente com as normas clericais. Por enquanto, percebemos que os pretos novos, uma vez batizados, estavam aptos a ingressar nesta nova religiosidade, tendo, pelo menos na teoria, pleno acesso a esta. Haveria então algum outro fator que impediria o sepultamento digno?

Ao pressentir a morte, ou mesmo ao cair enfermo, o doente deveria comunicar ao padre de sua paróquia, via familiares ou irmandades, se participava de uma, a fim de que os sacramentos lhe fossem enviados. Após tomar ciência do fato, o padre deveria preparar o viático,[45] separar o "óleo de oliveira bento pelo bispo"[46], e os utensílios, tais como toalhas e incensório. O sino da igreja era tocado para chamar todos os fiéis a acompanharem o viático.

Debret, em 1820, no Rio de Janeiro, retratou o momento no qual o viático repleto de pompa chegava à casa de um doente (figura 1, em anexo).[47] O padre segue sob o pálio, transportado por seis pessoas, todos são homens que, segundo J. J. Reis, pertencem à irmandade do Santíssimo Sacramento,[48] bem como os irmãos que seguem à frente também o são e estão vestidos com (o que deve ser) o hábito da irmandade. Mais distante, diante da casa da enferma, se posiciona uma fanfarra composta por negros que tocam instrumentos de sopro e percussão. Ao fundo, um irmão carrega uma cruz, ladeado por dois outros que trazem tochas. Em plano mais afastado, há uma guarda composta de soldados, que portam seus mosquetes em ombro armas. Debret ressalta que se trata de um viático completo e não é difícil concordar com sua interpretação, pois a casa que o recebe é nada menos que um sobrado.

Ao chegar à casa do enfermo, o padre deveria saudar os presentes. E depois de rezar um Pai-Nosso e uma Ave-Maria, deveria exortar o enfermo a pedir perdão a qualquer um dos presentes que o moribundo tenha ofendido. Com efeito, uma das características do momento da morte é

---
45 WALSH, Robert, *Op. Cit.*, p. 159.
46 Conforme o Dicionário contemporâneo da língua portuguesa Caldas Aulete, viático é o "(...) sacramento da Eucaristia que se administrava aos doentes impossibilitados de sair de casa ou aos moribundos".
47 VIDE. título XLVII. 192.
48 Jean Baptiste Debret. *Viagem pitoresca e histórica ao Brasil*. E. 113. p. 16.

com certeza este momento de reparação dos danos causados. Como assegura:

> A morte também era um momento de reparação moral [...] Fazer justiça aos que ofendera significava limpar-se para enfrentar a justiça divina. Velhos pecados da carne eram corrigidos na hora da morte.[49]

Logo após a reparação moral, e mesmo testamentária, o padre demandava ao doente se ele de fato pedia perdão a todos por algo que tivesse feito. Depois, o enfermo ouviria o padre ler um texto eclesiástico sobre o Corpo de Cristo. Logo em seguida, o doente então confirmaria. E após o padre fazer o sinal da cruz, e aspergir o óleo, o enfermo ouviria: "*Indulgentiam Vc.*"[50] Absolvido, o doente poderia partir em paz.

> As *Constituições* também recomendavam que se "(...) o doente depois de cõmungar por viatico e viver alguns dias, ou, depois de haver melhorado, tornar a perigo de morte, & quizer comungar mais vezes por viático",[51] deveria comunicar novamente ao pároco, e quantas vezes fosse preciso o viático iria até o enfermo. O viático não se desfazia na casa do enfermo, pois pelo mesmo caminho que ele e o "acampamento" vieram, deveriam retornar até o lugar de onde origem, quando o padre se despediria do povo que participou do viático dizendo: "A todas as peffoas, que acompanharaõ o Santiffimo Sacramento, faõ concedidas muytas indulgencias pelos Summos Pontifices: & o noffo Prelado lhes concede os feus quarenta dias."[52] Como se pode ver, participar de um viático era vantajoso para os participantes, já que as pessoas que participavam recebiam o perdão das faltas cometidas em retribuição pelo feito. Havia uma pena prevista para o pároco que deixasse uma pessoa de sua freguesia morrer sem o Sacramento da Eucaristia. Se fosse constatada a negligência por parte do pároco, que, ainda que avisado, não tivesse providenciado o viático, ele seria punido com a suspensão do ofício pelo tempo de um ano, também podendo culminar com a prisão no aljube, se, por ocasião dos visitadores outras irregularidades fossem descobertas.[53]

Vide insiste na necessidade de se levar à missa doentes que morrem em lugares ermos, de difícil acesso, onde não há gente para acompanhar. Nestes casos, prescrevia que se realizasse a missa na casa do doente, "se for decente", ou de um vizinho, mas com o cuidado para que não se faça disto uma constante, já que o mesmo documento proíbe o uso de altar

---
49 REIS, João José. *A morte é uma festa*. p. 104.
50 REIS, João José. O cotidiano da morte no Brasil oitocentista, pp. 95-141.
51 VIDE. *Op. Cit.*, título XXIX, p. 104.
52 *Ibidem*.
53 *Ibidem*, título XXIX, p. 105.

móvel ou fora de "Igrejas, Ermidas, ou Oratórios aprovados". O viático não poderia sair à noite, salvo se o doente estivesse em perigo de morte. As mulheres de qualquer estado civil estavam proibidas de saírem no viático "antes do fahir o Sol, ou depois de pofto",[54] sob pena de excomunhão.

Todavia, se o enfermo não tivesse melhorado e estivesse prestes a morrer, o pároco deveria ministrar os sacramentos ao moribundo rapidamente, mas devagar e com calma se percebesse nele sinal de que não morreria de imediato. Neste caso, o moribundo deveria ser exortado a se arrepender dos seus pecados e males praticados em vida, a fim de que a sua alma fosse assunta ao céu.[55] A hora da morte era vista como um momento de intenso combate entre a luz e as trevas, no qual se procurava de todas as formas arrebatar a alma do morto, conforme prescreviam as *Constituições primeiras*:

> He o Sacramento da Extrema Unçaõ o quinto dos da Santa Madre Igreja, de grande utilidade para os fieis, iftituido por Chifto Senhor noffo, como definio Sagrado Concilio Tridentino, para nos dar efpecial ajuda, conforto, & auxilio na hora da morte, em que as tentaçoes no noffo commum inimigo coftumaõ fer mais fortes, & perigofas, fabendo que tem pouco tempo para nos tentar.[56]

Philippe Ariès já chamou a atenção para o fato de que, no pensamento do homem medievo, tão dominado pelos dogmas religiosos, a hora da morte era um momento de uma batalha sem igual. Em seu leito de morte, o moribundo deveria resistir bravamente às tentações que lhe sobreviessem. O "astuto", neste momento derradeiro, procuraria de todos os modos ganhar a alma do moribundo e levá-lo para o inferno. Como nas gravuras de *Ars Moriendi*, dos séculos XV e XVI:

> O moribundo está deitado, cercado pelos seus familiares e amigos [...] seres sobrenaturais invadiram o quarto e se comprimem na cabeceira do 'jacente'. De um lado a Trindade, a Virgem e toda a corte celeste e, do outro, Satã e o exército de demônios monstruosos.[57]

No texto acima, Ariès reproduz uma gravura do livro *Ars Moriendi*, do final do século XII, intitulada *Tentação na convicção*. Nele, a imagem de santos e demônios se digladiam pela alma de um moribundo que contempla assustado a batalha travada. Trata-se da última investida de Satanás, por isto o jacente não deve vacilar. Tem de ter plena convicção da

---

54 VIDE, *Op. Cit.*, Título XXX, p. 112.
55 *Ibidem*.
56 *Ibidem*, XLVII, p. 191.
57 ARIÈS. *Op. Cit.*, p. 50.

sua salvação e encarar a morte tranquilamente e com confiança, aguardando apenas o dia da ressurreição.[58]

> *As Constituições, uma vez que seguiam a orientação tridentina, reafirmavam o valor da presença do padre e do sacramento, a fim de trazer conforto e alívio. O propósito da extrema-unção era o de perdoar os pecados "ficando aliviada a alma do enfermo"; dar saúde ao enfermo, "ou em todo, ou em parte"; e confortar, "para quem na agonia da morte poffa refiftir aos affaltos do inimigo, e levar com paciencia as dores da enfermidade".[59] A morte não é evitada nem é este o seu propósito. Ao contrário, o que se quer é que o jacente a enfrente com resignação. A morte deve ser aceita como um desígnio de Deus que, em sua santa sabedoria, permite que ela chegue para seus filhos.[60]*

A extrema-unção era, com efeito, um ato importante da vida religiosa. Claudia Rodrigues ao se debruçar sobre os pedidos de sacramentos da Freguesia do Santíssimo Sacramento, no Rio de Janeiro do século XVIII, observou que num universo de 4.093 casos, 47,1% dos moribundos recorreram ao sacramento. Isto mostra que as pessoas de fato recorriam à igreja a fim de obter uma "boa morte" e queriam ter os seus pecados perdoados. Destes, 31,8% receberam todos os sete sacramentos, e dos casos analisados, 8,2% receberam apenas a extrema-unção, o que significa que na maioria dos casos, quando o padre chegava à residência, o enfermo já estava à beira da morte, não havendo tempo de o padre ministrar os outros sacramentos, passando diretamente à extrema-unção.[61]

> *Entrando em cafa do enfermo dirá: Pax huic Domui; & pofto oleo fobre uma mefa, q para ifso deve eftar aparelhada cõ toalha limpa, & ao menos hua véla acefa, dada a Cruz a beijar ao enfermo, querendo-fe elle reconciliar, o ouça: & logo continuará o mais Ritual, lendo por elle as preces, & naõ as dizendo de còr: & ungirá logo o enfermo com os ritos, & cerimonias ordenadas pela Santa e Madre Igreja.[62]*

No domicílio do moribundo, deveria haver ao menos uma vela acesa, para que, num momento tão delicado e carregado de tensão, não se fizesse a cerimônia às escuras: a vela simbolizaria a luz que iluminaria a viagem do morto em direção às mansões celestes.[63]

---

58 *Ibidem.*
59 VIDE, *Op. Cit.*, Título XXIX, p.193.
60 Vide exorta aos médicos que "antes que lhes apliquem medicinas para o corpo, tratem primeiro da alma, amoeftando a todos a que logo fe confeffem, declarando-lhes, que fe affim o naõ fizerem, os naõ podem vifitar, & curar, por lhes eftar prohibido por direito e por Conftituiçaõ" após três visitas e admoestações, se o enfermo não confessasse, o médico não podia visitar mais. Cf: Vide. Livro 1. Título XVIII, p. 160.
61 RODRIGUES, Claudia, *Op. Cit.*, p.179.
62 VIDE, *Op. Cit.* Título XLVII, p. 200.
63 De conformidade com o recomendado pelas Constituições, Pohl, ao participar de uma

Se o enfermo estivesse muito mal, prestes a morrer, o padre poderia omitir uma ou todas as preces e ministrar as unções. Eram cinco: nos olhos, orelhas, nariz, boca e mãos. Se ao final o enfermo ainda estivesse vivo, então o padre deveria dizer as preces faltantes. As mulheres não poderiam ser ungidas nas costas nem nos peitos, com certeza por causa do forte pudor da época, "mas fó nos cinco fentidos",[64] nem os homens nas costas se houvesse perigo de vida. Assim, os sacerdotes deveriam ungir nas costas das mãos e não nas palmas.[65] Ou seja, a parte pelo todo, as costas das mãos representando as costas do doente que não pode ser movido.

Quando enfim o jacente estivesse prestes a morrer, sem dar tempo de ministrar todas as unções, o sacerdote deveria dizer:

*Per iftam Sanctam Unctionem, & fuam piiffimam mifericordiam indulgeat tibi Dominus quidquid deliquifti, per vifum, auditum, adoratum, guftum, & tactum.[...]Porèm fe, enquanto fe eftá ungindo, o enfermo morrer, naõ fará mais por diante.*[66]

Se houvesse dúvida da morte, o sacerdote diria: "Si vivis, per iftam Sanctam Unctionem &c."[67]

No caso da extrema-unção ser ministrada a um escravo, o padre deveria fazer as seguintes perguntas:

*O teu coraçaõ crè tudo que Deos diffe? – sim (resposta do escravo). O teu coraçaõ ama fó a Deos? – Sim. Deos há de levarte para o Ceo? – Sim. Queres ir para onde está Deos? – Sim. Queres morrer porque Deos assim quer? – Sim.*[68]

Analisando as *Constituições primeiras* a fim de verificar o que poderia, segundo os dogmas da Igreja, impedir os escravos recém-chegados de serem sepultados decentemente, descobrimos que não poderiam ter sepulturas cristãs os que se recusassem a receber os sacramentos, principalmente a extrema-unção, mas nenhuma negativa quanto a algum tipo de escravo. De novo nos inquirimos se os recém-chegados, ou seja, os pretos novos não poderiam receber a extrema-unção. Neste caso, eles não poderiam ser sepultados em campo santo. Porém, segundo o tal documento, quem não poderia receber a extrema-unção eram os "meninos

---

procissão, pode presenciar o quarto cheio de velas. Cf. Johann Emanuel Pohi, *Viagem ao interior do Brasil*, p. 46.
64 VIDE, *Op. Cit.* Livro 1º, título XLVII, p. 200.
65 *Ibidem*, 200.
66 *Ibidem*, 201.
67 VIDE. *Op. Cit.*, Livro 1º, título XLVII. 201.
68 *Ibidem*, Livro 3º, título XXXII, p. 585.

que naõ tem ufo da razaõ"; os justiçados; os que entram em batalha ou perigo em alto mar; "excomungados impenitentes, & que eftiverem em peccado publico"; "doudos, & defacifados"; e "doudos perpetuos"[69] salvo tenham recebido o sacramento em algum momento de sanidade. Mas nenhuma menção no sentido de excluir os pretos novos.

Resta sabermos se o Cemitério dos Pretos Novos era de fato considerado um cemitério cristão, ou apenas um local destinado ao descarte de escravos boçais. Uma vez confirmada esta hipótese, ficaria claro o motivo da forma de sepultamento precária praticada ali. Voltando ao texto do jesuíta Sebastião Monteiro da Vide, encontramos o que ele classifica como solo sagrado, e o fato de se sepultar em templos: "He coftume pio, antigo & louvavel na Igreja Catholica, enterraremfe os corpos dos fieis Christaõs defuntos nas Igrejas, & cemiterios dellas"[70] lembra o bispo do arcebispado da Bahia, justificando os sepultamentos *ad Sanctus*. E prossegue explicando o motivo de tal ato:

> *porque como lugares, a que todos os fieis concorrem para ouvir, & affitir às Miffas, & Oficios Divinos, Orações, tendo à vista as fepulturas fe lembrarãõ de encomendar a Deos noffo Senhor as almas dos ditos defuntos, efpecialmente dos feus.*[71]

Outra característica deste tipo de inumação é o fato de não excluir o morto da vida da comunidade. Ele não está de todo esquecido, já que as igrejas são locais onde se reúnem os fiéis e a comunidade comparece para a discussão de assuntos comuns. A vida comunitária estava basicamente circunscrita às freguesias e estas ligadas à igreja. Por outro lado, ao colocar o morto perto dos vivos, a igreja age pedagogicamente, no sentido de mostrar ao homem a finitude humana, e a necessidade de uma vida pia.

Os mortos que estão dentro das igrejas, com certeza, são vistos pelos seus sempre que os mesmos visitam os templos para assistir às missas. Os mortos estão junto dos vivos. Os parentes encomendam missas pelas almas dos seus entes e amigos, a fim de livrá-los do "purgatório", local no qual as almas, segundo a Igreja Católica, aguardam algum tempo, até serem transportadas ao paraíso. Logo após explicar o motivo dos sepultamentos *ad Sanctus*, o arcebispo complementa:

> *Portãto ordenamos, & mãdamos, q todos of fieis q nefte noffo Arcebifpado falecerem, fejaõ enterrados nas Igrejas, ou cemiterios, & naõ em lugares naõ*

---
[69] *Ibidem*, Livro 1º, título XLVII. 196.
[70] *Ibidem*, Livro 4º, título Liv. 843.
[71] *Ibidem*.

*fagrados, ainda qie elles affim o mandem: porque effta fua difpoffiçaõ como torpe, & menos rigorofa fe naõ deve cumprir.*[72]

Nota-se que Vide entende por solo sagrado os templos erigidos pela Igreja ou com sua licença, bem como os mosteiros e conventos. Também entende por solo sagrado os cemitérios administrados por estas instituições. O texto condena o sepultamento em qualquer outro local como uma prática inconveniente para os verdadeiros cristãos. Sabe-se que dependendo das posses dos defuntos, nem sempre se conseguia um sepultamento Ad Sanctus, e que ao mesmo tempo, muitos senhores nem sepultavam os seus escravos. Maria Graham ao visitar o Brasil pôde presenciar um cão arrastando um braço negro, enterrado apenas sob algumas polegadas de areia. Ela ainda comenta que um negro novo quando morre, por vezes nem sequer é enterrado: amarram-no num pau e à noite é atirado à praia "de onde talvez a maré o possa levar".[73]

Contra estas práticas, Vide dirige as suas admoestações explicitamente. Ele reclama que em visitas ao Arcebispado havia visto muitos senhores que enterravam seus escravos no mato, como cães e em solo não sagrado, "como fe foraó brutos animaes",[74] e impõe pena para que assim se proceda:

> *Mandamos sobe pena de excomunhão mayor ipfo facto incurrenda, & de cincuenta cruzados pagos do aljube, applicados para o accuador, & fuffragios do efcravo defunto, que peffoa de qualquer aftado, condiçaõ & qualidade que seja, enterrado, ou mãde enterrar fóra do fagrado defunto algum, fendo criftaõ bautizado, ao qual fe deve sepultura eccllefiaftica.*[75]

Pelas Constituições ninguém poderia ser sepultado fora de solo sagrado e o texto deixa subentendido que, da mesma forma, nenhum cristão que tenha sido batizado poderia ser sepultado sem os sacramentos devidos.[76] Não se pode esquecer ou fechar os olhos para o fato de que a Igreja procura neste momento legitimar a sua ação como única qualificada a realizar os sepultamentos, colocando-se como único espaço a ser procurado. Desta forma, ao ter o controle sobre a morte e o sepultamento, ela impede que novas práticas religiosas ajam de forma legítima, ao mesmo tempo que impede que outras pessoas possam praticar os seus próprios ritos.

---
72 *Ibidem.*
73 GRAHAM, Maria. *Op. Cit.*, p. 141.
74 VIDE. *Op. Cit.* Livro 4º, título Liv, p. 844.
75 *Ibidem.*
76 Ainda sobre este assunto, Vide assegura que "Conforme a direyto, nenhum defunto pode ser enterrado fem primeiro fer encomendado pelo seu parocho, ou outro Sacerdote de feu mando". VIDE. *Op. Cit.*, Livro 4º, título Liv, p. 812.

Finalmente, Vide evocava o direito canônico, que concedia: "a todo o christaõ eleger fepultura, & mandar enterrar feu corpo na Igreja, ou adro, que bem lhe parecer, cõforme fua vontade, & devoção."[77] Como se pode ver, o Cemitério dos Pretos Novos se encaixava na qualificação de solo sagrado, pois era administrado pela igreja de Santa Rita. Ou seja, pertencia a uma jurisdição eclesiástica, possuindo até livro de óbitos para este fim. Conclui-se que se deve descartar a hipótese de que o motivo que levava às práticas sumárias de sepultamento era por se tratar de um cemitério clandestino ou de solo não sagrado. Também se deve deixar de lado a possibilidade de que os pretos novos não pudessem receber uma inumação cristã, por serem escravos. Fica claro que havia motivos outros para a falta de cuidados eclesiásticos naquele cemitério que não passavam por nenhuma ordenação clerical. A prática de tais sepultamentos não estava amparada pela legalidade da norma eclesiástica, nem em nenhum outro dogma religioso.

Morrendo de fato, ou após a saída do viático, só restava velar o corpo, comunicar aos parentes, fazer valer o testamento na presença de um clérigo e sepultar o corpo. Daí por diante o trabalho se concentrava em sepultar o defunto em uma igreja, ou em um cemitério conforme as posses do finado. É neste momento que entra em cena a irmandade à qual o falecido pertencia. É ela quem vai conduzir a procissão fúnebre e avisar aos irmãos do falecimento. Cabe a ela a parte burocrática neste momento de pesar para os familiares. Desde a procissão até a sepultura, tudo passaria por ela. No caso de irmandades sem recursos, "levam os corpos para frente das igrejas para recolher esmolas e, se não recolhem a quantia necessária abandonam o morto para ser entrado pela 'misericórdia de Deus'".[78]

O fenômeno das irmandades só pode ser entendido no Brasil setecentista à luz das práticas das manifestações religiosas na qual a vida religiosa e a civil estão imbricadas, tornando-se praticamente indissociáveis. A Igreja se fazia presente em todas as camadas da população e do convívio social, suprindo as carências mais imediatas de uma população colonial, pouco assistida pela metrópole que, em certos aspectos, estava relegada a segundo plano na questão político-administrativa. Ela se apresentava para o indivíduo como um campo de ação possível para a viabilização dos anseios mais diversos. Fazia-se presente em todas as fases da vida do homem, desde o nascer, quando, segundo as funções do Padroado, era a responsável em lavrar, em livros próprios, os nomes de batismo, a data, a condição jurídica e os padrinhos; até o morrer, quando lavrava o óbito. Assim, as fases

---
77 VIDE. *Op. Cit.*, Livro 4º, título. IV, p. 845.
78 SOARES, Mariza de C., *Op. Cit.*, p. 153.

mais importantes da vida do homem colonial eram registradas pelas penas dos párocos. Porém, se pelo lado civil a igreja demonstrava o controle através da manutenção de vários documentos; por outro, no próprio fazer da religiosidade doméstica, as coisas não iam tão bem. Com início no século XIV, a partir da Europa, várias práticas religiosas e movimentos reformistas colocaram em xeque a autoridade papal e seus dogmas de fé. Haja vista a reforma luterana ter abalado definitivamente uma série de práticas religiosas concernentes à salvação dos fiéis.

Neste momento, a religiosidade católica do século XVII se encontrava perpassada pela ação de leigos, as cerimônias eram realizadas nas capelas e nas igrejas, mas também nas casas.[79] Os leigos agiam também através das irmandades e é nelas que se dava o espaço de sociabilidade. Pois na perspectiva do catolicismo tridentino, nessa época, o Rio de Janeiro era um exemplo de cristianização incompleta. Voltamos a lembrar que o Rio de Janeiro, neste mesmo período, era ainda um local muito inóspito, de conformação geográfica difícil, assim como difícil era a vida de seus habitantes. Pode-se citar como exemplo das dificuldades que atingiam a todos o fato de que nem mesmo a antiga igreja de S. Sebastião estava imune às dificuldades e à pobreza e, nem mesmo a sua elevação a Sé minorou a sua penúria. Para a estudiosa Mariza Soares, a força motriz que faz igrejas e capelas é a própria devoção dos moradores da cidade, quer fossem brancos, forros ou escravos que, nesse aspecto se dividiam conforme a etnia em irmandades de suas preferências.

Ao mesmo tempo, a ordem estamental do Antigo Regime se fazia notória nas próprias procissões e representava vários valores impressos e compartilhados pela sociedade colonial. Um bom exemplo disto era o próprio posicionamento dos santos e das irmandades durante as procissões, o que de certa forma também refletia a hierarquia dos santos. Aliás, não só as procissões, mas os cortejos fúnebres pareciam manter uma lógica, a da "honra e distinção". Assim, pode-se notar como desde o princípio a diferenciação social era refletida no cotidiano da população, que deixava aparente um corte profundo que tangia até mesmo a vida religiosa que, neste caso, revelava as camadas de uma sociedade desigual.

Como se tratava de uma sociedade extremamente hierarquizada, a representação da sociedade colonial estava na roupa, nas casas, mesmo que bem modestas, na morte: "Os defuntos das famílias mais bem classificadas são enterrados no interior das igrejas, mas, em se tratando de pretos, não existe chão para tantos mortos."[80] Nesta situação, os escravos estavam relegados ao último lugar, dependendo apenas da caridade das

---
79 *Ibidem*. p. 133.
80 SOARES, Mariza de C. *Op. Cit.*, p. 143.

irmandades que se apresentavam como a solução para uma "boa morte"[81] e do risco de se deparar ao final da vida com um cemitério como no caso do tema deste livro: o Cemitério dos Pretos Novos. Este cemitério de escravos ficava na área antes conhecida como o entreposto do Valongo, que hoje compreende os bairros da Saúde, Gamboa e Santo Cristo. Construído em 1722, no Largo de Santa Rita, transferido para o Valongo em 1769 e possivelmente extinto em 1830, o Cemitério dos Pretos Novos era destinado exclusivamente a pretos novos, denominação dada aos escravos recém-chegados da África.

Enfim, as irmandades agiam através dos irmãos que, embora fossem de maioria leiga, arregimentavam nos momentos de extrema necessidade dos seus as providências cabíveis ante o desamparo do Estado Imperial e as dificuldades econômicas. Mary Karasch bem assevera que:

> *Entre as razões mais importantes para reunir dinheiro entre os escravos pobres estava a de garantir um enterro em terreno consagrado para si e para suas famílias e rezas por suas almas.*[82]

Com efeito, no momento da morte, escravos evitavam as valas comuns ao se filiarem às irmandades que cuidavam dos preparativos dos enterros dos mesmos, em cemitérios, ou *ad Sanctus*. Mariza Soares também afirma que:

> *O medo de ter o seu corpo insepulto ou ser sepultado sem honra pela Santa Casa faz com que os pretos queiram um funeral cristão. Por isso os ritos não apenas homenageiam o morto, ajudando-o a trilhar o caminho para o outro mundo, mas, em sua pompa, mostram o poder da irmandade em cuidar de seus membros e enterrar seus mortos.*[83]

Mais adiante, tornaremos a discutir os motivos que levavam os escravos a temerem as valas comuns e a falta de rituais fúnebres e, por consequência, o Cemitério dos Pretos Novos. Por hora, basta-nos compreeder que, de alguma forma, morrer sem os sacramentos ou como indigente não era uma ideia aceitável entre os cativos. Quanto ao enterro *ad Sanctus* de escravos, Karasch afirma que:

> *A fim de realizarem funerais respeitáveis que honrassem os mortos, escravos e libertos tinham de ter também suas próprias igrejas... De outro modo, as*

---
81 Entendemos como "boa morte", segundo a religiosidade católica, uma morte administrada pelo moribundo, com os sacramentos e um ritual funerário cristão. Cf. ARIÈS *História da morte no Ocidente; desde a Idade Média aos nossos dias*. Passim.
82 KARASCH, Mary C., *Op. Cit.*, p. 347.
83 SOARES, Mariza de C., *Op. Cit.*, p. 176.

*horríveis valas comuns da Santa Casa aguardavam seus familiares e amigos queridos. Em suma, um dos motivos mais importantes para formar irmandades e participar delas era sepultar os mortos.*[84]

Cientes do falecimento de um irmão, caberia à irmandade encomendar o corpo, preparar a mortalha adequada, o transporte e o sepultamento com a presença de um religioso, assim como a missa e as velas. Tudo era pago e o transporte em rede barateava os custos e economizava por suprimir o esquife.[85]

Claro está que existiam outras finalidades para as irmandades dentro da vida de escravos e libertos, tais como cuidar dos irmãos nas horas de necessidade, doenças, erigir igrejas e capelas através de doações, cuidar de alforrias,[86] e até mesmo funcionar como via de acesso para distinções dentro desta mesma sociedade. Todavia, não se pode negar que a morte dos escravos era um fato tão importante para eles que a preparação para tal evento levava à construção de laços sociais nos quais era tecida uma pequena rede solidária. Uma vez nelas, e gozando de todas as outras benesses, os negros podiam ter a certeza de que seus corpos e os dos seus entes queridos não seriam largados nem no Cemitério da Santa Casa, muito menos no Cemitério dos Pretos Novos,[87] que tem a sua localização retratada no mapa a seguir.

## 1.3. OS LUGARES DOS MORTOS E SUAS REPRESENTAÇÕES NA CULTURA CATÓLICA OCIDENTAL

Sabe-se que em quase todas as culturas a morte está relacionada a uma viagem, a um momento de transição ou também de mudança. Em verdade, a palavra "passagem" é repleta de sentidos. Desde tempos remotos, os egípcios, situados no norte da África, às margens do Nilo, já teciam ideias sobre o morto que atravessava o rio Nilo em direção à terra dos mortos, em um barco dirigido pelo deus Anúbis. Fato é que em muitas sociedades, não só a morte era tida como uma viagem, mas vários rituais reforçavam esta representação, como no caso das procissões fúnebres.[88] Desde a Idade Média até a Idade Moderna, a procissão fúnebre

---
84 KARASCH, Mary C., *Op. Cit.*, p. 347.
85 SOARES, Mariza de C. *Op. Cit.*, p. 152.
86 A historiadora M. de Carvalho Soares analisa de forma precisa os compromissos de várias irmandades e, dentre elas, pode destacar vários fatores que levam os escravos a se filiarem a uma. *Vide:* SOARES, M. de Carvalho, pp. 195; 283.
87 Quanto à observância dos preparativos das irmandades na hora da morte, quanto à escolha da igreja do sepultamento, a procissão fúnebre e o uso de mortalhas, o estudo realizado por Claudia Rodrigues é de suma importância uma vez que se detém com vagar nestes itens. Claudia Rodrigues, pp. 173-238.
88 CATROGA, Fernando, *Op. Cit.*, p. 41.

conservou elementos particulares, tais como os cantos, o carregamento de estandartes, da cruz e as relíquias dos santos.[89] A morte continuava a ser representada como uma passagem. O corpo do defunto sai de sua casa em cortejo, passa entre os transeuntes, como que se visitasse pela ultima vez os lugares pelos quais ele havia passado em vida.[90] Esta ideia de deslocamento espacial e viagem, desde muito tempo, visava sobretudo a uma integração do morto o mais rápido possível com sua nova morada. Um longo caminho a ser percorrido iluminado por velas, guiado por religiosos e animado por cânticos que lembravam aos vivos que todos, indistintamente, haviam de se encontrar perante o trono do Juízo Final. Com efeito, "a saída triunfante dos vivos antecipariam uma entrada equivalente no Além".[91]

Tais processões costumavam, mesmo na América Portuguesa, ser acompanhadas até por estranhos aos defuntos que, ao passarem, eram convidados a participar das chamadas processões do viático, como se fosse um momento no qual a dor da perda funcionasse como amálgama de pessoas antes estranhas que tinham em comum apenas a questão de que a morte, principalmente num lugar de poucos recursos, não poupava ninguém. O viajante alemão Pohl, por exemplo, assim anotou as suas observações:

> *Se [...] o santíssimo era levado ao enfermo, não só se ajuntavam ao préstito, rezando, pessoas de todas as condições, como quem, vindo de coche, encontrasse o cortejo, tinha a obrigação de descer, desocupando o lugar para o sacerdote e acompanhando o carro a pé.[92]*

De fato, pessoas desconhecidas não estavam impedidas de participar, antes eram convidadas a fazê-lo; como observa Arago, quando de passagem pelas ruas do Riode Janeiro, ainda em 1817: "Um homem me pára em pleno dia pelo colete na esquina de uma rua, e me pede se não quero lhe dar o prazer de acompanhar o pequeno Jesus."[93]

O estrangeiro branco não se escusou a participar da cerimônia. Em parte por educação, em parte por curiosidade, o viajante acompanhou o cortejo fúnebre até a casa do morto, onde pôde observar a forma pela qual as pessoas ali reunidas se comportavam diante da perda de um ente. Prossegue:

> *Nós entramos em uma casa de bela aparência e subimos ao primeiro andar. Uma centena de velas acesas, num aposento, iluminava uma figurinha*

---

[89] MONTEIRO, Antônio Xavier de Souza, *Op. Cit.*, pp. 3-5.
[90] REIS, João José. *O cotidiano da morte no Brasil oitocentista*. p. 96.
[91] *Ibidem*, p. 124.
[92] POHl, Johann Emanuel, *Viagem ao interior do Brasil*, p. 46.
[93] ARAGO. pp. 102-3. Apud: João José Reis. *O cotidiano da morte no Brasil oitocentista*, p.115.

*pálida que duas damas enfeitavam de flores, fitas, e pedras preciosas [....] o senhor da casa me veio beijar a mão e me dar uma vela acesa.*[94]

## MAPA 1. PLANTA DA CIDADE DE SÃO SEBASTIÃO DO RIO DE JANEIRO, EM 1812

**Fonte:** Planta da cidade de São Sebastião do Rio de Janeiro, em 1812. *In:* Acervo AGCRJ.

Nesta família enlutada, aparentemente abastada, a criança morta está repleta de adornos e adereços que não deixam de ser representações da posição de destaque da família que, por sua vez, se sentiu prestigiada pela presença do viajante estrangeiro em sua casa compartilhando daquele momento solene. A participação é tão aberta que o viajante é convidado não

---
94 ARAGO, *Op. Cit.*, p. 115.

só a observar o morto como a participar do ritual, uma vez que é convidado pelo dono da casa a segurar uma vela. O mesmo ocorreu com John Luccok, no início do século XIX, quando foi intimado não só a participar do cortejo fúnebre como a carregar o caixão do morto, que no caso também era uma criança.[95]

O cortejo composto do padre, dos irmãos de irmandade, curiosos e pessoas que acompanhavam, ia até a residência do morto. Dali, o morto seria transportado para o local do sepultamento. As pessoas se aglomeravam para observar a cena, um outro grupo composto pelos irmãos da irmandade, conhecidos e transeuntes, acompanhava o corpo inerte transportado em uma esteira, sob o ritmo de uma fanfarra de negros. O percurso deveria findar na igreja em que fosse acontecer o sepultamento. Foi o que procurou retratar Debret (figura 2, em anexo). Os cortejos saíam ao pôr-do-sol, ao fim do dia, sob a sombra da noite que, como ressalta J. J. Reis, dava mais dramaticidade à cena.[96]

A sorte de um defunto de posses foi retratada por Luccock, que visitou o Brasil de 1808 a 1818:

*Por outro lado, não o levam nesse passo lento e solene em perfeita procissão, tal como melhor parece quadrar com uma dor profunda, mas sim numa pressa indecente, uma espécie quase que de corrida, em meio de alto vozerio e com ar de grosseira alegria. Os míseros despojos do homem vão cobertos de todos os galantes atavios de um dia de festa, o rosto pintado, os cabelos empoados, a cabeça enfeitada com uma guirlanda de flores ou coroa de metal; não havendo para essa faceirice outros limites além dos que lhe impõe a habilidade dos amigos sobreviventes. Fica assim o defunto em condições de comparecer perante o guarda das chaves dos céus e de ser por este apresentado ao Juiz das almas, que dele terá, ao que nos asseguram seus delegados terrenos, uma excelente impressão.[97]*

Logo após o inglês retratar esta procissão solene, ele passa a descrever o funeral de um desafortunado. Talvez o autor quisesse enfatizar o contraste, querendo demonstrar como a posição social do morto pode influir nos rituais de sepultamento:

*A gente mais pobre, ou pelo menos os pretos, é tratada com muito menos cerimônia nestes ritos supremos. Logo em seguida ao falecimento, costura-se o corpo dentro de uma roupa grosseira e envia-se uma intimação a um dos*

---

95 LUCCOK, John. *Notas sobre o Rio de Janeiro e partes meridionais do Brasil tomadas durante uma estada de dez anos nesse país de 1808 a 1818*, p. 39. 88 CATROGA, Fernando, *Op. Cit.*, p. 41.
96 REIS, João José, O cotidiano da morte no Brasil oitocentista, p. 97.
97 LUCCOK, John, *Op. Cit.*, p. 39.

*dois cemitérios a eles destinados para que enterre o corpo. Aparecem dois homens na casa, colocam um defunto numa espécie de rede, dependuram-na num pau e, carregando-o pelas extremidades, levam-no através das ruas tal como se estivessem a carregar uma qualquer coisa.*[98]

Este típico funeral da gente de menos posses parece ser realizado por uma irmandade e o escravo ter tido em vida poucos recursos. O cemitério escolhido é o da Santa Casa.

*Se acontece de pelo caminho encontrarem com mais um ou dois que de forma idêntica estejam de partida para a mesma mansão horrível, põe-nos na mesma rede e levam-nos juntos para o cemitério. Abre-se transversalmente, ali, uma longa cova, com seis pés de largo e quatro ou cinco de fundo; os corpos são nela atirados sem cerimônia de espécie alguma, de atravessado e em pilhas, uns por cima dos outros, de maneira que a cabeça de um repousa sobre os pés do outro que lhe fica imediatamente por baixo e assim vai trabalhando o preto sacristão, que não pensa nem sente até encher a cova, quase que por inteiro; em seguida, põe terra até para cima do nível.*[99]

Ainda que sumariamente, existia uma ordenação espacial, pois os corpos eram estendidos em sentido contrário, justamente para que coubessem mais corpos nas mesmas valas. Outro detalhe é que de novo vemos um sacristão negro que quase automaticamente procede a sepultamentos "em série". Contudo, ao menos na presença do inglês, os corpos foram cobertos de terra. Finalmente o viajante passa da descrição para as suas próprias observações sobre o que ele julga necessário que se faça no tocante à saúde da cidade.

*Quase não é preciso acrescentar-se que nesses cemitérios assistiam às mais repugnantes cenas aqueles que entendiam de escolhê-los para campos de suas observações, sendo o mau cheiro intolerável, e pondo eles em sério perigo a saúde da cidade, enquanto não houver uma reforma.* [100]

## CONCLUSÃO

Até aqui visamos a costurar da melhor forma possível as representações sobre a morte na América Portuguesa levando em conta os diferentes tons pintados por aqueles que, de alguma forma, construíram ou

---
98 *Ibidem.*
99 LUCCOK, John, *Op. Cit.*, p. 39.
100 *Ibidem.*

retrataram esta trama. Em uma cidade sem recursos mesmo depois do translado da Coroa para a Colônia, a morte era um fato comum entre a população. Dentre esta, os que mais sofriam a mortalidade eram justamente os escravos. Porém, para os mesmos, o acesso à sepultura eclesiástica era algo difícil de ser conseguido e praticamente impossível fora dos laços das irmandades. Neste sentido, os escravos buscaram no poder leigo a fuga das valas comuns da Santa Casa da Misericórdia, amenizando os horrores de terem os seus, ou a eles próprios, deixados à flor da terra.

Entretanto, dentre os escravos ainda existia um grupo alijado completamente da possibilidade de ter um sepultamento *ad Sanctus*, ao qual eram oferecidas apenas as covas do Cemitério dos Pretos Novos. Foi então que, ao analisarmos a documentação sinodal, percebemos que o fato de serem escravos novos não lhes era empecilho a um sepultamento digno. Em face ao exposto, resta concluirmos que os pretos novos morriam antes de se filiarem a uma irmandade que se fizesse presente na hora de partir desta para outra.

# Capítulo 2. O Cemitério dos Pretos Novos e o seu entorno

## 2.1. IGREJA E CEMITÉRIO, UMA COMBINAÇÃO ÚTIL

> **Chegando ao fim desta minha vida de pecador, enquanto, encanecido, envelheço como o mundo, à espera de perder-me no abismo sem fundo da divindade silenciosa e deserta, participando da luz inconversível das inteligências angelicais, já escrevendo com o meu corpo pesado e doente nesta cela do caro mosteiro Melk, apresto-me a deixar sobre este pergaminho o testemunho dos eventos magníficos e formidáveis a que na juventude me foi dado assistir.**[1]

Quem passa hoje pelo Largo de Santa Rita, e vê a igreja que empresta nome ao logradouro, não faz a mínima ideia de que tal igreja desempenhou um papel importante na sociedade brasileira, séculos atrás. De fato, ela teve grande influência na vida dos escravos, principalmente os recém-chegados. Mas antes de nos determos sobre ela, devemos recuar um pouco e buscar na origem da formação geográfica social da região do Valongo, local onde ela está inserida, as especificidades que fizeram da hoje Matriz um alvo de disputas acerca da questão mortuária, ou seja, uma disputa de poder, sobretudo pelo poder de sepultar a outrem. A manipulação deste espaço e o uso de um discurso de posse legitimado pelos dogmas cristãos ocidentais forjaram a diferença entre as culturas que aqui se encontravam em posições diametralmente opostas.

Alguns agentes envolvidos na urdidura desta trama social podem nos dar subsídios explicativos para esta questão. Então, deixemos que alguns atores que talvez ainda não tenham entrado em cena recebam a devida luz dos holofotes e passem ao centro do desenrolar desta cena.

Quando o fidalgo português Manoel Nascentes Pinto chegou ao Brasil, trouxe em sua bagagem, dentre tantos outros pertences, recordações e lembranças: um quadro de Rita de Cássia, uma santa italiana, muito conhecida na Europa, considerada então a santa das causas im-

---

[1] ECO, Umberto. *O nome da rosa*. Tradução de Aurora Batista e Homero F. de Andrade. Rio de Janeiro: Nova Fronteira, 1983, p. 21.

possíveis, mas desconhecida na América portuguesa.[2] Homem de posses e tido em alta conta pela Coroa portuguesa, viera acompanhado de sua esposa e de seus dois filhos e, como tantos outros, ajudou na construção da América Portuguesa, no século XVII.[3] A família de Manoel Nascentes Pinto se instalou com a família na rua do padre Mattoso Rosário. Ali adquiriu um terreno ao pé do morro da Conceição.

Na sala da família, o quadro da Santa de imagem austera, envolta em um hábito preto e com um crucifixo nas mãos, deve ter chamado a atenção da população colonial. A santa protetora dos que sofrem despertou a fé de novos devotos, que passaram a celebrar todo dia 22 de maio, na casa da família Nascentes Pinto, um dia de devoção à santa.

Mais tarde, Manoel Nascentes Pinto mandou fazer uma imagem da santa, que foi posta na antiga capela da Candelária e restaurada em 1740. Algum tempo depois, o casal resolveu instalar a imagem em um terreno próprio, fazendo uma capela dedicada à santa, que tinha um número cada vez maior de devotos, número que crescia ano a ano. O que se sabe é que a festa ganhou tamanho vulto que, com recursos próprios que provinham de sua rede de relações com o governo colonial, o fidalgo Nascentes Pinto conseguiu fundar o templo. Conforme ressalta Vieira Fazenda.[4]

Com os recursos financeiros necessários e as "relações" firmadas junto à Coroa, o fidalgo iniciou as obras e a pedra fundamental da igreja foi lançada. Em 1721, a capela-mor já estava erigida, bem como a sacristia, o consistório e os principais alicerces da nave.[5]

À época, Manoel Nascentes Pinto ocupava o cargo de *"sellador mor"*[6] da Alfândega. Tratava-se de um emprego vitalício que lhe fora concedido por bons serviços prestados à Coroa, do qual gozaram todos os seus até 1822. O ofício consistia em estar presente na Alfândega vistoriando tudo que adentrava o porto do Rio de Janeiro, haja vista que tudo o que passava pelo porto havia de levar o selo da Coroa, o qual comprovava que haviam

---

2 Rita de Cássia era devota de Virgem Maria, João Batista e Santo Agostinho. Segundo a tradição católica, casou-se com um homem rude, com ele permaneceu casada por vinte anos e teve dois filhos gêmeos. Depois de viúva, desejou entrar para o convento Agostiniano, mas foi impedida por não ser mais virgem, requisito da época. Morreu em 1457, aos setenta e seis anos, vítima de tuberculose. O Papa Urbano VIII a beatificou em 1627 e Leão XIII a declarou santa em 1900. No Brasil, o seu hábito preto caiu na preferência do povo, para ser usado como mortalha (paramentos fúnebres), a partir do século XIX, tanto na Bahia quanto no Rio de Janeiro. As mulheres casadas eram as pessoas que mais usavam a mortalha preta. Cf. Reis. A morte no Brasil oitocentista, *Op. Cit.*, p. 111.
3 BRASIL, Gerson. *História das ruas do Rio e da sua liderança política no Brasil*, p. 48.
4 *"Não foi difícil a Nascentes levar a cabo o seu louvável projeto. Homem de recursos e de muitas relações, não lhe foi difícil, repito, angariar subsídios pecuniários para o almejado intento"* conforme: FAZENDA, Dr. José Vieira. *Antiqualhas e Memórias do Rio de Janeiro.* Vol. 147, tomo 93 da RIHGB Rio de Janeiro: Imprensa Nacional, 1927. p.114.
5 *Folder da Igreja de Santa Rita. S/D.*
6 Vieira Fazenda, *Op. Cit.*, p. 114.

sido pagos os impostos da dízima necessários para a liberação da carga.[7] É dispensável dizer que o emprego era extremamente rentável. Afinal, pelo porto do Rio de Janeiro entrava grande parte das mercadorias com destino à América Portuguesa.

Destaquem-se alguns pontos: o primeiro é o modo como Nascentes Pinto erigiu com meios próprios uma igreja. Com efeito, trabalhos recentes têm demonstrado como o poder leigo passou a ocupar paulatinamente um espaço deixado pela Igreja, no intuito de levar adiante a obra de evangelização dos gentios, já que a Igreja não dispunha de bens nem recursos para tal.[8]

Mariza Soares demonstrou a ação e a interferência leiga na seara eclesiástica, indicando a necessidade de uma ação doutrinal efetiva por parte da Igreja. Em 1719, foi publicado um código eclesiástico, elaborado pelo Sínodo Diocesano, na Bahia desde 1707, conhecido como *Constituições primeiras*, analisado no primeiro capítulo. A autora nos chama a atenção para o caráter regulamentar dessa ação sobre a religiosidade colonial tanto dos leigos quanto do clero, que se encontra eivada por ações de leigos devotos.[9]

> *A religiosidade católica no século XVIII, denominada barroca, caracteriza-se por uma grande participação dos leigos, que realizam cerimônias religiosas em suas casas, nas capelas e igrejas por eles construídas.*[10]

Neste momento, a religiosidade católica do século XVII se encontra traspassada pela ação de leigos, e as cerimônias eram realizadas nas capelas, nas igrejas e também nas casas. Os leigos agiam também através das Irmandades e nelas se dá o espaço da sociabilidade. É este fator que permite que os Nascentes Pinto construam sua própria capela em devoção a uma santa, até então praticamente desconhecida do povo brasileiro, sem sofrer nenhuma interferência eclesiástica, o que comprova que

> *o clericalismo romano, propagado a partir do século XVI pelo Concílio de Trento, não chega a ser efetivamente implementado no Brasil na primeira metade do século XVIII, especialmente no bispado do Rio de Janeiro.*[11]

---

7 O processo de selar as mercadorias, segundo Vieira Fazenda, consistia na colocação de um selo pequeno feito de chumbo derretido em formato de disco e pregado com barbante diretamente nos fardos. Como este processo estragava os fardos, o selo passou a ser resfriado e preso por um cordel e depois costurado sobre os fardos de mercadorias. Cf. Vieira Fazenda, *Op. Cit.*, p. 114.
8 Sobre as dificuldades financeiras do clérigo, a falta de recursos e a necessidade da participação efetiva de leigos, veja o que já foi dito no primeiro capitulo desta dissertação.
9 SOARES, Mariza. *Op. Cit.*, p. 133.
10 SOARES, Mariza. *Op. Cit.*, p. 133-4.
11 *Idem*, p. 134.

Não se trata de questões relativas à dificuldade de acesso ou mesmo à falta de religiosos, mas de uma atitude de não cumprimento das recomendações resultantes do novo modelo eclesiástico, mesmo nas cidades onde existiriam condições para isso, como é o caso do Rio de Janeiro.

A publicação das *Constituições primeiras*[12] visava a um reordenamento das práticas religiosas na América Portuguesa com o intuito de impedir o surgimento de novas heresias e desvios da fé. No entanto, mostraram-se infrutíferas em vários aspectos, dentre eles barrar a ereção de novas igrejas e capelas, ainda que rezasse expressamente contra a construção de templos sem a permissão do bispado.[13]

Se de fato esta norma das Constituições primeiras fosse observada, a construção da capela de Santa Rita por parte dos Nascentes Pinto, dada a dificuldade de acesso ao dispositivo competente do bispado, dificilmente se realizaria em tempo hábil, ou mesmo sem sofrer embargo. Isso nos faz pensar em pelo menos duas hipóteses:

A primeira seria o fato de Nascentes Pinto, por ocupar um cargo privilegiado dentro das esferas de ações da vida pública, *sellador-mor* da Alfândega, ter conseguido levar à frente o seu intento sem maiores impedimentos por parte do corpo diocesano.

A segunda possibilidade, que não exclui a primeira, é a de que o próprio clero no Brasil não gozasse de recursos financeiros para a construção e mesmo reforma das igrejas e, neste sentido, a ação leiga estava livre para agir com o objetivo de levar a cabo a propagação da fé na colônia portuguesa. Estudos recentes têm mostrado como no Brasil foi forjada uma religiosidade que implicava a apropriação de novas práticas e ritos, novas fórmulas e associações, que por sua vez cumpriram o papel da evangelização.

Mas nem mesmo a influência de Manoel Nascentes Pinto o impediu de ter dissabores com a Igreja com a qual colaborara. Após construir a igreja, o patriarca da família Pinto doou o templo à irmandade de Santa Rita, da qual, por sinal, foi também o fundador. Em escritura datada de 13 de março de 1721, o acordo foi lavrado e a igreja entregue à irmandade, sob várias petições do doador. Manoel Nascentes Pinto demandou constar como "padroeiro perpétuo", título extensivo a toda a sua descendência, e que toda sua família recebesse um jazigo perpétuo dentro do santuário,[14] mas o futuro lhe reservaria algumas surpresas desagradáveis.

Foi justamente diante da igreja fundada por Manoel Nascentes Pinto que o Cemitério dos Pretos Novos foi criado, em 1722. Contudo,

---
12 VIDE, *Op. Cit.*,
13 *Idem.*
14 FAZENDA, Dr. José Vieira, *Op. Cit.*, p. 115.

cabe ressaltar o fato de que a criação do Cemitério dos Pretos Novos não foi um ato isolado, nem mesmo dado ao acaso. A escolha do local para as inumações e sua proximidade do mercado de escravos sob a jurisdição da igreja de Santa Rita, a santa das causas impossíveis, não foram de forma alguma casuais. Em primeiro lugar, porque o cemitério estava fora do perímetro urbano da cidade, ou seja, fora das muralhas que haviam sido construídas para proteger a cidade de São Sebastião; em segundo lugar, a proximidade com a praia do Valongo, região noroeste da cidade e com a Praia D. Manoel, bem como o próprio porto, trazia a comodidade necessária para o sepultamento dos escravos novos, mortos por ocasião do desembarque.

O espaço destinado ao sepultamento obedeceu a requisitos de primeira necessidade. Entretanto, não se pode negar que a Freguesia de Santa Rita foi a grande beneficiária desta escolha. A administração da morte e a condução dos ritos fúnebres, tão caros ao catolicismo barroco, se apresentaram como um sinal de poderio, já que o único cemitério existente no momento era o da Santa Casa,[15] enquanto os mosteiros enterravam os seus mortos, ainda que escravos. As irmandades usufruíram do sepultamento *ad Sanctus* e os escravos novos ainda não possuíam um lugar próprio para este fim. As *Constituições primeiras* recomendavam que os escravos fossem sepultados, o que os senhores insistiam em desobedecer, enterrando-os pelos matos. Por último, mas não menos importante, o cargo desempenhado por Nascentes Pinto, na Alfândega do Rio de Janeiro, lhe aferiu renda e prestígio. A renda lhe viera das taxas sobre as mercadorias e sobre os sepultamentos; o prestígio fez com que ele conseguisse implantar a devoção a uma santa desconhecida, bem como, ao mesmo tempo, fundar a igreja da santa de sua devoção. De sobra, trouxe a reboque a primazia sobre um cemitério de escravos recém-chegados e o lucro dele advindo, que, por sua vez, deve ter servido na manutenção da própria igreja.

A Freguesia de Santa Rita já foi um lugar de intenso convívio social em uma *urbe* que possuía poucos espaços físicos habitáveis, já que grande parte de sua área era tomada por pântanos e charcos.[16] Já a igreja que empresta nome à freguesia foi identificada com o antigo sítio de Valverde, entrecortado pela valinha e a chácara dos Frades de S. Bento. Conta Vieira Fazenda que no beco de Gaspar de Gonçalves as crianças se divertiam nas tardes de sol, não muito longe do Cortume do José Costa, do Cruzeiro de Mármore e do famoso Chafariz de Santa Rita.[17]

---

15 Conforme vimos no capitulo 1 desta publicação.
16 *Idem*.
17 FAZENDA, Dr. José Vieira, *Op. Cit.*, p. 115.

Se por um lado Manoel Nascentes Pinto logrou êxito na construção da capela, assim como a vitória de ser tido por padroeiro-mor da mesma, os anos que se seguiram lhe trouxeram um dissabor que o perseguiu até o fim da vida. Segundo Vieira Fazenda, a carta régia datada de 9 de novembro de 1749 estabelecia a criação de mais duas novas paróquias, ou seja, o bispo deveria escolher a nova Matriz e restabelecer o limite das respectivas freguesias. As igrejas escolhidas foram Santa Rita e São José. O frei D. Antônio do Desterro, o bispo encarregado deste serviço, intimou Manoel Nascentes Pinto a ceder a igreja.[18] Tal ordem gerou uma contenda entre o fundador da igreja e a Corte eclesiástica. Nascentes Pinto recorreu da decisão e a pendenga se prolongou durante anos.

O documento citado por Vieira Fazenda, o Códice 241 do Conselho Ultramarino, hoje no Arquivo Histórico Nacional,[19] revela que Nascentes Pinto arrogava-se o título de Padroeiro da igreja, uma vez que a construíra, e assim poderia apresentar o vigário da igreja, ter cadeira cativa na capela, direitos a solenidades e sepultura perpétua *ad Sanctus*. Seu pedido não era de todo impossível, já que seu pleito era o mesmo da Freguesia de São José que, por sinal, logrou êxito.

Entretanto, a *Lei do Padroado* vigente à época impedia que outra pessoa fosse o padroeiro de uma igreja, ou que apresentasse eclesiásticos que não o rei de Portugal, salvo exceções em que era feita uma concessão a "alguns indivíduos ou instituições" que provassem tal privilégio. Nascentes Pinto não apresentou tal distinção e, acusado de ter erigido o templo sem licença da Igreja, faleceu e foi sepultado no solo da igreja que fundara, sem ver o seu pedido deferido. Seu filho Ignácio Nascentes Pinto levou à frente a disputa, mas, após cair gravemente enfermo, fez o voto de que, caso fosse curado, não demandaria mais contra o prelado. Assim ocorreu, e a igreja foi entregue à autoridade eclesiástica. Dos privilégios pleiteados pela família Nascentes Pinto, apenas um permaneceu: o direito de serem sepultados dentro da igreja do patriarca.

Neste episódio, marcado pela disputa do prestígio e da honra, por interesses terrenos e atemporais, a pretensão por direitos de Nascentes Pinto caiu por terra quando estes colidiram com os interesses da Igreja.

Em termos de iconografia da igreja de Santa Rita, há poucas representações. O que temos é um quadro a óleo do pintor Eduard Hildebrandt, datado de 1846, intitulado *Largo de Santa Rita* (figura 3, em anexo). Na pintura, o artista conseguiu captar o momento no qual várias escravas se aglomeravam em torno do Chafariz para buscar água para os seus afazeres. Do lado direito da igreja de Santa Rita, acima, despontavam as duas

---
18 *Idem*, pp. 115-116.
19 Que por sinal deve ter mudado de numeração, o que dificulta a sua localização exata.

torres da igreja da Candelária voltada para o mar; no canto esquerdo da cena e abaixo, estão representados os participantes da Folia do Divino que, com folguedos, festejavam a folia.

No centro do quadro vemos crianças de colo e negras em trajes simples retratadas em um momento de trabalho, já que buscar água para o senhor constituía um dos serviços mais corriqueiros de uma escrava. Observa-se que a figura feminina é predominante. Há mulheres aos pés da fonte, como se descansassem da viagem, reunindo forças para a continuação das tarefas diárias. Em outra parte há outras como que envolvidas em animadas conversas. No meio do grupo, um homem de chapéu circula como se regulasse o serviço no entorno do chafariz, enquanto dois cãezinhos, despreocupadamente, bebem das águas que transbordam do chafariz, no canto esquerdo da tela, que completa a cena pitoresca do cotidiano escravo.

Por trás dos escravos, a imagem da igreja de Santa Rita aparece imponente com sua torre única despontando sobre o azul celeste, deixando transparecer um ar de respeito e proteção. A igreja é justaposta de tal maneira que une o grupo de escravos à Folia do Divino que se aproxima, como um sinal de comunhão, um espaço possível de sociabilidade entre pares. Entre estes, temos um espaço aberto, ocupando talvez, não por acaso, quase que o centro do quadro: este era o local em que foi fundado o Cemitério dos Pretos Novos, em 1722, que à época do quadro já não existia mais.[20]

Tudo isto denota que, pelo menos até a primeira metade do século XIX, a igreja de Santa Rita gozava de certa notoriedade. É correto afirmar que a mesma era tida "por igreja dos malfeitores, porque os condenados à polé, de passagem obrigatória a sua porta, nela recebiam as últimas consolações".[21] E as tais águas buscadas em sua fonte eram tidas por milagrosas, conforme relata Gastão Crulls.[22]

Ora, se a igreja de Santa Rita era famosa por causa da festa do Divino que passava em sua porta, ou pelas notícias dos condenados à morte que faziam dela parada obrigatória antes de subir ao patíbulo, deve ter ficado mais notória ainda depois do incremento do tráfico de escravos após a virada do século XVIII. Pode ser que epidemias tenham aumentado neste período, e até mesmo um pouco antes.[23] Ao mesmo tempo, a falta de

---
20 Havia o velho casarão do Aljube, criado pelo bispo D. Antônio de Guadalupe para ser uma prisão eclesiástica, que foi depois ocupado pelo júri e mais tarde foi derrubado pelo Prefeito Pereira Passos. Juntamente com o Beco do João Batista, da Rua Estreita de São Joaquim, do fim (do Beco) do Ourives e de um lado da Rua dos Pescadores. Dela os presos saíam para serem enforcados, passavam antes pela igreja de Santa Rita para ouvirem o último sermão. Dr. José Vieira. Fazenda, *Op. Cit.*, p. 115.
21 Gastão Crulls. *A aparência do Rio de Janeiro*, p 221.
22 *Idem*, p 222.
23 "Desde a epidemia de varíola ocorrida em 1694 no Rio de Janeiro, esses enterros haviam sido

cuidados com o translado compulsório de escravos dever ter sobrecarregado a cidade com tantos corpos dos que faleciam em decorrência da nefasta travessia. O mercado ainda se situava na rua 1º de março, antiga rua Direita e os escravos desembarcavam na antiga Praia do Peixe, atual Praça XV, em meio a cargas das mais variadas. Ali mesmo eram vendidos ou levados ao mercado, e os mortos encaminhados para o Cemitério dos Pretos Novos, no Largo de Santa Rita.

Na próxima seção analisaremos como foi a relação entre este antigo cemitério e o mercado de almas que o alimentava.

## 2.2. MERCADO E CEMITÉRIO, UMA NEFASTA COMBINAÇÃO

Do tempo em que o mercado de escravos estava encravado na Rua Direita, temos poucas informações. Uma referência é a reclamação, feita pelos vereadores e endereçada ao rei, em 9/12/1722, na qual faziam ciente à Coroa de que senhores de engenho e lavradores reclamavam do fato de que nunca conseguiam comprar os escravos que desejavam, pois ao chegarem só lhes restava a alternativa de comprá-los nas mãos daqueles que chamavam de "atravessadores".[24]

É o próprio governador do Rio de Janeiro quem sai em defesa dos ditos "atravessadores". Em carta sobre a venda de escravos novos endereçada ao rei, Antônio Pedro de Miranda, em 1722, conta que a venda de escravos que vinham para esta cidade era "pública e comum para todos aqueles que os procuram ou querem comprar a fim de satisfazerem com o seu produto não só os Direitos Reais, mas também os fretes e letras que se costumam passar sobre os ditos escravos"[25] e que não era preciso ter dinheiro em espécie, necessariamente, haja vista haver pessoas que compravam "fiado para tornar a vender alguns daqueles que são bons, mas comumente só o fazem no resto da carregação".[26] Os sãos eram vendidos rapidamente, mas os doentes, ou seja, os "refugos", demoravam um pouco mais. Assim, seus compradores, após cuidarem de suas chagas, recolocavam-nos à venda na cidade. Pode parecer espantoso, mas nas palavras do governador, eram os "pobres que não têm outro modo de vida"[27] que se davam a este tipo de negócio e dele sobreviviam.

---

delegados à Santa Casa de Misericórdia que, no início do século XVIII, passou a fazê-los no Largo de Santa Rita" Cf: RODRIGUES, Jaime. *De costa a costa: Escravos, marinheiros e intermediários do tráfico negreiro de Angola ao Rio de Janeiro (1780-1860)*. São Paulo: Companhia das Letras, 2005, p. 301.
24 CAVALCANTI, Nireu Oliveira. *Desembarques*, In FLORENTINO, Manolo (Org.). *Tráfico, cativeiro e liberdade: Rio de Janeiro, século XVII-XX*. Rio de Janeiro: Civilização Brasileira, 2005, p. 38.
25 Carta de Antônio Pedro de Miranda ao rei sobre o comércio de escravos *Apud*: CAVALCANTI, Nireu Oliveira. Desembarques, pp. 38-39.
26 *Idem*.
27 *Idem*.

O missivista informa ao rei que, desta forma, independentemente do tempo de exposição, todos podiam ter acesso à mercadoria humana. Os mais ricos compravam os sãos, os mais pobres compravam os moribundos, mas mesmo estes não perdiam dinheiro, pois após curar os escravos de suas enfermidades, vendiam-nos novamente por um preço satisfatório. Em suma, Miranda termina por defender estes pequenos compradores, pois, para ele, estes não eram ricos nem "atravessadores", como o que constava das Reclamações dos compradores de escravos, que os reclamavam porque nunca chegavam a tempo nos leilões, só lhes restando comprar nas mãos destes pequenos comerciantes, taxados de atravessadores. Para o governador do Rio de Janeiro, a existência destes pequenos negociantes era importante, sobretudo porque assim baixava o tempo de espera pela venda dos escravos, diminuindo a mortalidade e minorando a perda financeira, como se pode ver a seguir:

> *Antes são convenientes e mui úteis a este grande comércio semelhantes compradores, como meio eficaz de se conservarem os comerciantes e traficantes dele, porque chegando a esta com os ditos escravos, tendo pronta saída nos mesmos, cuidam logo em voltar ao resgate ou compra de outros e não tendo forçosamente se hão de arruinar com a demora por causa da mortandade que experimentam por inseparáveis do seu tráfico a falta de comodidade de os custear.*[28]

Em razão do descuido e da falta de uma organização na hora da venda dos escravos, os comerciantes de escravos sentiram a necessidade de um novo local de mercado, pelo menos mais ordeiro, no qual pudessem chegar com presteza tão logo aportasse um navio negreiro. Pelo visto, a reclamação dos senhores de engenho não foi ouvida pelos vereadores, e o mercado continuou a funcionar ali até a administração do Marquês de Lavradio. E os escravos mortos continuaram a ser levados para o Cemitério dos Pretos Novos, ainda situado no Largo de Santa Rita.

É o Marquês, quando ocupante do cargo de vice-rei e Capitão General de Mar e Terra do Estado do Brasil, por volta de 1769, quem nos conta como o negócio era feito no antigo mercado:

> *Havia... nesta cidade, o terrível costume de tão logo os negros desembarcarem no porto vindos da costa africana, entrar na cidade através das principais vias públicas, não apenas carregados de inúmeras doenças, mas nus (...) e fazem tudo que a natureza sugeria no meio da rua.*[29]

---
28 AHU, Avulsos Rio de Janeiro, cx 84, doc 19, *Apud*: CAVALCANTI, Nireu Oliveira, *Op. Cit.*, p. 38-39.
29 Carta do Marquês do Lavradio *Apud*: Brás Amaral. Os Grandes mercados de escravos africanos *In: Factos da Vida do Brasil*, pp. 148-149.

O Marquês não perdeu a oportunidade em recomendar que não mais se fizesse o comércio dessa forma e expulsou do centro da cidade os mercadores e o seu mercado.

> *Minha decisão foi a de que quando os escravos fossem desembarcados na alfândega, deveriam ser enviados de botes ao lugar chamado Valongo, que fica em um subúrbio da cidade, separado de todo contato, e que as muitas lojas e armazéns deveriam ser utilizadas para alojá-los.[30]*

O discurso evocado por Lavradio empresta voz ao pedido dos senhores de engenho por um novo local mais ordenado, ao mesmo tempo que se insere em um novo projeto de remodelação da cidade e da limpeza urbana.

> *Sendo-me presentes os gravíssimos danos que se têm seguido aos moradores desta cidade de se conservarem efetivamente, dentro da mesma, imensos negros novos que vêm dos portos de Guiné e Costa de África, infestados de gravíssimas enfermidades, assim adquiridas na viagem, como das que lhes sobrevêm depois de saltarem em terra, pela falta do cuidado e comodidade com que deverão ser tratados, dos quais se acham sempre cheias a maior parte das ruas e casas dos comerciantes, [...] donde se acham, para serem vendidos, com a introdução de novo com os que estão chegando daqueles mesmos portos e costa, de que têm resultado contagiosas queixas.[31]*

A mortalidade escrava, assim como as epidemias que assolavam a colônia, motivaram clamores contra o mercado. Nele o comércio não é atacado diretamente e, sim, o local e a forma pela qual era praticado. Após lembrar ao rei que o pedido é antigo, mas que fora sempre negado – referindo-se à reclamação dos vereadores que citamos anteriormente –, o Marquês aponta os únicos padecedores deste mal:

> *Deixaram de atender sem haver razão em que se fundarem para o bem comum de verem prevalecer os falsos interesses particulares, querendo, pois, aplicar o remédio às gravíssimas queixas, que têm infeccionado todo este país com imensos danos dos seus moradores, que, vendo-se assolados, reduzidos à última miséria e oprimidos das ruínas de tantos estragos, bradam, gemem e suspiram aflitos e desconsolados pelo alívio.[32]*

"Os oprimidos das ruínas de tantos estragos", que gemiam e suspiravam aflitos não podiam mais tardar em serem atendidos em seus "justos

---
30 *Idem.*
31 ANRJ, códice 70, v. 7, Carta do Marquês do Lavradio, p. 231. *Apud.* CAVALCANTI, Nireu Oliveira. *Op. Cit.*, pp. 47-48.
32 *Idem.*

clamores".[33] Era tempo, segundo o Marquês, de se acabar com o mercado e colocar o incômodo local de venda fora dos contornos da cidade. Posto isto, o próprio Vice-rei determina:

> *Os negros novos, que vêm dos portos da Guiné e Costa da África, ordenando, que tanto os que se acharem nela, como os que vieram chegando de novo daqueles portos, de bordo das mesmas embarcações que os conduzirem, depois de dada a visita da Saúde, sem saltarem à terra, sejam imediatamente levados ao sítio do Valongo, onde se conservarão, desde a Pedra da Prainha até a Gamboa e lá se lhes dará saída e se curarão os doentes e enterrarão os mortos, sem poderem jamais saírem daquele lugar para esta cidade, por mais justificados motivos que hajam e nem ainda depois de mortos, para se enterrarem nos cemitérios da cidade... [grifo nosso][34]*

A ordem dada por Lavradio foi severa: os escravos que não fossem vendidos não sairiam do Valongo "nem depois de mortos", porque o novo cemitério era bem próximo ao mercado.[35] A intenção era, ainda que em segundo plano, retirar os cemitérios de dentro do perímetro urbano, quiçá os enterramentos intramuros.

Para Luccok, a forma de enterramento dos escravos já era precária desde o Largo de Santa Rita.[36] Com efeito, este tipo de sepultamento, que deixava defuntos expostos à luz do sol, foi um dos motivos do Marquês demarcar o Valongo como o lugar no qual se *"enterrarão os mortos"*. Mesmo porque as covas rasas, *"feitas à flor da terra, deixavam os corpos quase insepultos. Não raro, chuvas violentas bolsavam-lhes podridões"*[37] e se apresentavam como mais um fator influenciador na decisão do Marquês.

Nireu Cavalcanti afirma que a mudança do mercado *"marcou a região do Valongo como a do espaço do comércio e do enterramento dos mortos, num cemitério a ser construído para os pretos novos"*[38] e isto proibiu o enterro de tais escravos nos tradicionais cemitérios da Santa Casa e mesmo o do Largo de Santa Rita. Entrementes, Santa Rita continuaria a administrar o campo santo que passaria a ser localizado *"no caminho da Gamboa, num trecho que passou a ser chamado de Rua do Cemitério"*.[39] Conforme vimos no mapa 1, no primeiro capítulo deste livro.

---
33 *Idem.*
34 *Idem.*
35 Tão próximo era o Cemitério dos Pretos Novos que o viajante G. W. Freireyss relatou que o referido campo santo podia ser visto pelos escravos vivos, expostos no mercado. Cf. G.W. Freireyss, *Viagem ao interior do Brasil*, p. 134.
36 *"Diante da igreja havia uma pequena praça quadrada, cujo meio tinha um cruzeiro erguido para almas dos escravos cujos ossos debaixo dele tinham ficado para sempre. A seu lado um chafariz veio fazer-lhe companhia em 1839, hoje não mais existente"* cf. John. Luccock, *Op. Cit.*, p. 39.
37 CRULLS, Gastão. *Aparência do Rio de Janeiro; notícia histórica e descritiva da cidade*, p. 360.
38 CAVALCANTI, Nireu Oliveira. *Op. Cit.*, p. 49.
39 *Idem.*

Desta feita, em 1769 o mercado foi transladado para a referida rua do Valongo, também descrita por R. Conrad como "longa e sinuosa"[40] e que dava acesso direto ao porto (veja o mapa 1). Por ela passavam os escravos recém-chegados e eram acomodados em barracões, não sem antes haver percorrido certas etapas do processo de venda como o pagamento de impostos sobre todos os escravos acima de três anos[41] e a quarentena de oito dias a partir da decisão de Lavradio:

> *Cada navio que chegava ao porto do Rio carregado de escravos deveria primeiro ser vistoriado pelo médico da Saúde; caso se constatasse haver doentes, estes deveriam ser enviados para a quarentena em uma das ilhas da baía de Guanabara; após a sua liberação, deviam desembarcar na Alfândega, a fim de serem registrados, pagarem as taxas etc., e imediatamente depois serem enviados para o Valongo. Assim se deu até o fim do tráfico negreiro.*[42]

No período da quarentena, recebiam às vezes uma muda de roupa e tinham suas chagas cuidadas, para depois serem entregues aos mercadores que os conduziam até a rua do Valongo, onde se estabeleceram grandes galpões – ou armazéns, como preferiu chamar o Marquês – nos quais cabiam de 300 a 400 escravos. O Valongo, como sabemos, deu nome a toda parte nordeste da cidade que hoje compreenderia os bairros da Saúde e Gamboa, pertencentes, antigamente, à Freguesia de Santa Rita.

Ainda que não tenha sido este o intuito primeiro do Marquês, a mudança do mercado para o Valongo saiu-se como um golpe contra aqueles que viviam de comprar escravos doentes e moribundos, tratá-los e revendê-los – os chamados pelos senhores de engenho de "atravessadores". Neste novo sistema, os doentes eram radicalmente separados do contato dos sãos e levados para ilhas próximas a fim de permanecerem em observação. Concomitantemente, o mercado passou a ser regulado e abastecido regularmente com as "peças da Índia" como o único local possível para a obtenção de escravos. Dito de outro modo, a concentração de toda a mercadoria humana em um só ponto da cidade facilitou o acesso de consumidores, diferentemente da situação anterior, na qual várias casas espalhadas pela rua Direita e adjacências da Praia do Peixe exibiam seu comércio cada uma em seu tempo. Neste momento, a mortalidade escrava deve ter aumentado sobremaneira, uma vez que, sem os cuidados médicos previamente recebidos, mas, em vez disso, isolados em leprosários e afins, os escravos devem ter morrido mais que dantes.

---

40 CONRAD, Robert E. *Tumbeiros: o tráfico de escravos para o Brasil*. São Paulo: Brasiliense, 1985.
41 *Idem*, p. 58.
42 CAVALCANTI, Nireu Oliveira, *Op. Cit.*, p. 49.

Se a intenção do Marquês do Lavradio foi a de primar pela limpeza e organização fazendo cessar o "terrível costume" dos escravos recém-chegados fazerem suas necessidades em público, e recriar um espaço destinado exclusivamente ao comércio, assim como minimizar o número da escravaria morta, um outro relato indica uma situação bem diversa:

> *Um relato dos primeiros tempos de funcionamento do mercado contesta essa perspectiva otimista: o espanhol Juan Francisco Aguirre, que ali esteve em 1783, dizia que os africanos eram espancados e jogados no chão 'entre mil imundícies, quase nus, encurralados em miseráveis habitações'.*[43]

Por volta de 1817, já havia em torno de 34 grandes estabelecimentos comerciais no Valongo,[44] e essa região passou a ser um dos locais mais frequentados do Rio de Janeiro. Casas comerciais, de importação e exportação, depósitos de armadores e trapiches apinharam esta região nordeste da cidade. Ao mesmo tempo, o comércio incentivou a expansão na direção norte da cidade. Já o cais do Valongo vivia anos de intensa agitação por causa do movimento constante de embarcações que nele atracavam. Sumacas, patachos e bergantins desembarcavam escravos, enquanto outras tantas embarcações menores cuidavam de transportá-los para outras regiões litorâneas, da Corte ou fora dela.

Os navios negreiros que chegavam passavam antes pela Alfândega. Ali os traficantes pagavam as taxas sobre os escravos acima de três anos,[45] e só então os africanos eram levados à costa em embarcações menores, a fim de serem leiloados. Os que sobrassem seriam transportados para outras regiões.

Comerciantes, estrangeiros e escravos, provavelmente ao menos uma vez teriam trafegado por aquela região portuária. E pela descrição do viajante C. Brand, não nos é difícil imaginar a precariedade do local,

> *A primeira loja de carne em que entramos continha cerca de trezentas crianças, de ambos os sexos, o mais velho poderia ter doze ou treze anos e o mais novo, não mais de seis ou sete anos. Os coitadinhos estavam todos agachados em um imenso armazém, meninos de um lado, meninas de outro, para melhor inspeção dos compradores; tudo o que vestiam era um avental xadrez azul e branco amarrado na cintura; [...] o cheiro e o calor da sala eram repugnantes.*[46]

---
43 RODRIGUES, Jaime. *De costa a costa*. p. 298.
44 *Idem*, p. 299.
45 KARASCH, Mary C. *Op. Cit.*, p. 73.
46 C. Brand. *Apud.* KARASCH, Mary C. *Op. Cit.*, 76.

Não obstante, para alguns escravos, o fim do caminho percorrido levava à morte. Caprichosa e costumeira, sua presença se fazia constante entre os malungos desde a captura na África, no translado pelo interior do continente em "manilhas e libambos" e nos tumbeiros, onde ela, teimosa, desfazia e recriava novos círculos de afetividade.[47] Segundo Conrad, muitos já partiam para o Brasil tendo contraído malária, disenteria, hepatite, anemia, oftalmia e escorbuto.[48] Tudo isto fazia com que muitos já chegassem mortos, ou semimortos, como descrevemos acima. Para os que morriam ao entrar na Baía de Guanabara, ou para os que morriam no Valongo, o Cemitério dos Pretos Novos era o destino certo.

O Cemitério dos Pretos Novos funcionava como que acoplado às necessidades da sociedade escravista, continuamente alimentado pelo tráfico negreiro, que despejava no porto um número, a partir de 1769, cada vez maior de cativos. Para este momento, passagem do século XVIII para o XIX, não encontramos reclamações sobre ele. No entanto, não é demais lembrar que o Valongo naquele momento não era tão povoado e o cemitério estava, deste modo, em uma área afastada do perímetro urbano, longe do olfato e da visão dos homens da "boa sociedade".

## 2.3. CEMITÉRIO E MORADORES DO ENTORNO: MOBILIZAÇÃO E PROPOSTAS PARA O FIM DO CEMITÉRIO DO VALONGO

Após a sua transferência para o Valongo, o mercado de escravos parece ter passado à esfera de uma discussão periférica, à margem dos problemas advindos com o crescimento urbano, deixando cada vez mais em foco as práticas inumatórias vivenciadas no Cemitério dos Pretos Novos. O comércio seguira o mercado e, com ele, as pessoas. Como vimos no capítulo 1, o primeiro quartel do século XIX presenciou um adensamento populacional na região noroeste da cidade, sobretudo na própria Freguesia de Santa Rita e no seu entorno. Como a forma de se sepultar os escravos *à flor da terra* não mudara, não demorou muito e a população local começou a sofrer as dores de ter um cemitério mal cuidado por parede-e-meia.

Seguir os vestígios do Cemitério dos Pretos Novos é, também, seguir os rastros deixados pelas reclamações e ofícios de queixas contra este. A partir de 1820, podem-se encontrar vários protestos que descrevem o cemitério da pior forma possível, geralmente versando sobre o mau cheiro

---
47 Com efeito, a morte dentro dos navios negreiros deve ter desagregado várias famílias que, a partir daí, deveriam ter encontrado no *malungo* ao lado, um companheiro de aflição, um novo parente.
48 Conrad. *Op. Cit.*, p. 25.

ali exalado, e acusando-o dos miasmas que grassavam na cidade.

João José Reis, estudando a *"cemiterada"* na Bahia, chega à conclusão de que, a partir de um dado momento, o "cheiro dos defuntos" começa a incomodar as pessoas, principalmente os defuntos que eram inumados nas igrejas e os sepultados no Campo da Pólvora, o qual passou a ser odiado por seus vizinhos.[49]

João José Reis alerta que fora justamente no século anterior, século XVIII, que se alastrara por toda a Europa, especialmente pela comunidade científica da França, a doutrina dos "miasmas", na qual se acreditava que "matérias orgânicas em decomposição, especialmente de origem animal, sob influência de elementos atmosféricos", tais como calor, direção dos ventos, "formavam vapores ou miasmas daninhos à saúde". Logo, os "gases" emanados dos cadáveres foram acusados de serem os causadores de várias doenças.[50] A corte não tardaria a ser invadida por tais pensamentos e os moradores do Valongo se queixariam com frequência.

Não tardou muito e, em 1821, os vizinhos do "indesejável" cemitério redigiram dois requerimentos endereçados ao príncipe regente, nos quais pediam que o cemitério fosse transferido para um local "mais remoto", "em razão dos grandes males" produzidos à população local.[51] Passemos ao primeiro deles:

> *Senhor, dizem os moradores abaixo asignados do bairro do valongo que elles com assento suppes já não podem sofrêr mais daminos nas suas saúdes, por cauza do cimiterio dos pretos novos, que se acham citto entre êlles, em razão de nunca serem bem sepultados os cadaveis; como tão bem por ser muito inproprio em similhante lugár havêr o referido cimiterio, por ser hoje huma das grandes povoaçôens; por que umildimente. p. a vossa alteza real seja servido mandar que seja transferido pª outro lugar que seja mais proprio cuja graça esperão*
> Rio de Janei° 3 de Obr° de 1821.
> *Antonio Carlos Ferr<sup>a</sup> [Costa]. [sic]*[52]

O escrivão encarregado de notificar o ocorrido, Antônio Carlos Ferreira, a despeito de seu português precário, resume a situação em poucas palavras, porém, precisas: contou das dificuldades, provações e males vividos pelos moradores.[53] O motivo era o dos corpos nunca serem bem enterrados, lembrando o que já ocorria com o cemitério desde

---
49 REIS, João José. - *A morte é uma festa. Op. Cit.,* p. 75.
50 Idem.
51 RODRIGUES, Claudia. *Op. Cit.,* p. 71.
52 BN. Ofício de João Inácio da Cunha a José de Bonifácio de Andrade e Silva, interpondo o seu parecer sobre o cemitério dos Pretos Novos. I-4, 30,4. (doc 6).
53 Agradeço à historiadora Samantha Rabaiolle pela transcrição de todo este abaixo-assinado.

o tempo em que se situava no Largo de Santa Rita. O príncipe regente era exortado, em socorro de seus súditos, a transferir o cemitério para outro lugar.

Em 13 de outubro do mesmo ano, o tal requerimento chegou às mãos do Intendente de Polícia João Ignácio da Cunha, que o anexou e acrescentou de seu punho as seguintes palavras:

> *Mando-me [ilegível] O principe regente informar p requerimento, que vai por copia, dos moradores do bairro do valongo, em que pedem s'[...] o cemiterio dos pretos novos, em outro logar mais remoto attento os malles, que tem produzido o que s acha naquelle sitio; envio-o por isso os motivos e malles allegados, me informe sobre tudo quanto antes, para poder dar conta na compettente secretaria d'estado.*
> 
> *Deos g$^e$ a V. M. Rio em 13 de outubro de 1821.*
> *João Ignácio da Cunha.*[54]

No ensejo de se informar do ocorrido, João Ignácio da Cunha pede que um representante do poder público, no caso o juiz de crime de Santa Rita, verifique *in loco* as condições do campo santo, a fim de prestar contas na Secretaria de Estado. Assim o fez Luiz de Souza Vasconcellos, juiz de crime de Santa Rita à época: na mesma semana se abalou até a região do Valongo para fazer as averiguações.

> *Em cumprimento do off$^o$ de Vs$^a$ de 13 do corr$^e$, em q me manda proceder às necessárias averiguaçoens sobre o requerimento de alguns moradores do Valongo que se queixão dos graves incommodos que sofrem com a vizinhança do cemiterio, em q se enterrão os pretos novos muito próximo às suas casas; Eu me dirigi àquele lugar; e ahí observei ser este muito limitado em g$^{de}$ numero de pretos que morrem, e que nelle hão de ser enterrados: e alem disso está hoje quaze todo circulado de cazas, só estas só estas razoens já serião sifficeintes para semelhante fim:*
> 
> *Quanto mais que pelo summario da testenhas a que procedi, e q levo à presença de V. S.$^a$ igualmte se verificando incommodos q soffrem os habitantes daquelle lugar com tão dezagravel vizinhança.*
> 
> *He que passo informar.*
> *R. 21 de O$^{bro}$ de 1821.*
> *Illmo intendente geral de policia*
> *O Juiz de Crime do B$^o$ de S$^{ta}$ Rita.*
> *Luiz de Souza Vansconcellos.*[55]

---
54 *Idem*, (doc 7).
55 *Idem*, (doc 8).

O juiz verifica que o espaço do cemitério era pequeno. Freireyss estimou o cemitério em 50 braças,[56] ou seja, o cemitério deveria medir mais ou menos um campo de futebol dos dias atuais. O problema proposto é que, por causa do intenso tráfico negreiro, o volume de mortes e, por conseguinte, de sepultamentos, como veremos adiante, era muito alto. Por outro lado, tais escravos não eram bem sepultados.

Há de se ressaltar que a visão que impressionara a retina do juiz de crime, em 1821, foi muito similar à que teve o viajante alemão G. W. Freireyss, quando da sua visita ao Cemitério dos Pretos Novos em 1814. Ele assim o descrevera:

*Próximo à rua do Valongo está o cemitério dos que escapam para sempre da escravidão... na entrada daquele espaço cercado por um muro de 50 braças em quadra, estava assentado um velho, em vestes de padre, lendo um livro de rezas pelas almas dos infelizes que tinham sido arrancados de sua pátria por homens desalmados, e a uns dez passos dele, alguns pretos estavam ocupados em cobrir de terra os seus patrícios mortos, e, sem se darem ao trabalho de fazer uma cova, jogam apenas um pouco de terra sobre o cadáver, passando em seguida a sepultar outro...[57]*

O viajor nos informa do ritual aparente: um velho envolto em vestes de padre encomenda as almas. Com efeito, o religioso deve ter nas mãos um muito conhecido "aparelho de bem morrer",[58] no qual lê preces pelas almas dos negros. Mais ao fundo, no interior do cemitério, a visão é de deixar estarrecido o alemão acostumado a ver e visitar cemitérios europeus: outros negros que jogam, apenas, "um pouco de terra" sobre os mortos, deixando muito por ser coberto:

*No meio deste espaço havia um monte de terra da qual, aqui e acolá, saíam restos de cadáveres descobertos pela chuva que tinham carregado a terra e ainda havia muitos cadáveres no chão que não tinham sido ainda enterrados.*

*Nus, estavam apenas envoltos numa esteira, amarrados por cima da cabeça e por baixo dos pés. Provavelmente procede-se o enterramento apenas uma vez por semana, como os cadáveres facilmente se decompõem, o mau cheiro é insuportável. Finalmente chegou-se a melhor compreensão, queima de vez em quando um monte de cadáveres semidecompostos.[59]*

---

56 Segundo Dahas Zarur, a braça vale 2,2 metros, e o cemitério do Caju tinha 50 braças, equivalendo a 110 metros. Ver: *Cemitérios da Santa Casa da Misericórdia do Rio de Janeiro*. p. 157.
57 FREIREYSS, G. W., *Op. Cit.*, p. 134.
58 Os aparelhos de bem morrer consistiam em um pequeno manual eclesiástico, usado pelos padres na hora de proceder à extrema-unção, sacramentos ou atos referentes à hora da morte. É provável que tal "livrinho" fosse similar ao *Breve Aparelho e modo fácil para ajudar a bem morrer um Cristão* de autoria do padre Estevam de Castro, 1573-1639, do qual existe um exemplar na BN, OR: 135, 01,05.
59 FREIREYSS, G. W., *Op. Cit.*, p. 134.

Custa-nos acreditar, mas o fato é que os corpos se amontoavam no centro do terreiro e tal acontecimento levou o alemão a supor que os corpos eram queimados uma vez por semana, para que as cinzas fossem mais bem absorvidas pelo solo farto de corpos. Mas de uma coisa Freireyss tinha certeza: o cheiro era insuportável.

Seguindo a descrição de Freireyss, é preciso que se note que, pelo menos em 1814, havia a figura de um religioso, o que indica a existência de algum tipo de ritual realizado pela igreja naquele local. Poderia ser o caso de um ritual simplificado por causa do grande volume de escravos que lá adentravam. A impossibilidade de fazer preces individuais fez com que o religioso ficasse rezando postado à porta por onde passavam os defuntos.

Porém, esta foi a única diferença entre os relatos dele e o do juiz de crime, em 1821, portanto sete anos mais tarde. O juiz não mencionou nenhum pároco, nenhum religioso a encomendar as almas. Isto nos faz supor que, na década de 1820, os rituais fúnebres por parte da Igreja cessaram, de modo que nem mesmo tal figura fora percebida, ou o juiz fez sua visita em um dia no qual não havia nenhum "velho com vestes de padre" encomendando os mortos. E isto, mesmo depois de os moradores terem reclamado formalmente da existência do cemitério. Contudo, não localizamos nenhuma outra documentação que confirmasse, ou não, a encomendação das almas. O relato de Freireyss é único, e os das autoridades não fazem menção ao fato.

Voltando às averiguações do juiz de crime no Cemitério dos Pretos Novos, em 1821, o próximo passo foi relatar as suas impressões sobre aquele sítio e intimar os reclamantes para deporem como testemunhas sobre os motivos que os levaram a pleitear o fechamento do cemitério. E assim se fez. Em dia e hora marcados, na casa do juiz de crime de Santa Rita, os reclamantes prestaram seus depoimentos.

O primeiro a ser ouvido foi José Maria dos Santos Lopes, branco, solteiro, *"cincoenta anos"* de idade. Disse ser natural do Porto e ter matrícula de comerciante e jurou *"aos santos evangelhos dizer a verdade"*.[60] Perguntado pelo conteúdo na petição dos moradores do Valongo, respondeu:

> *Que sabe por ver e pressencia o grande e máo cheiro que esalla o cemiterio dos pretos novos a ponto de se fecharem as janelas por não se poder tolerar e por isso arruinandando a saude dos moradores da quelle lugar, sendo a causa disto grande numero de corpos que ali enterrão e sendo o terreno muito pequeno e pessimamente administrado e q athe chega a estar os corpos vinte e quatro horas sem serem enterrados e mais.*[61]

---

60 BN. Ofício de João Inácio da Cunha Op. Cit., (doc 9).
61 *Idem.* (doc 9).

O comerciante atacou frontalmente a administração do cemitério. Note-se, porém, que José Maria era um comerciante. Se seu negócio estava naquela mesma região, nada pior que "uma tão desagradável vizinhança". Em outras palavras, seu negócio poderia estar fadado ao fracasso.

O segundo reclamante a ser ouvido foi José Francisco Moreira, branco, viúvo e de idade um pouco mais avançada que o primeiro, *"cincoenta e quatro annos"*. Também *"jurou aos santos evangelhos"* e prometeu dizer a verdade sobre o arguido.

> *Disse que sabe por ver e presenciar que o cemiterio dos pretos novos he sumamente prejudicial a toda aquella gente, pois que ele testemunha tando naquelles sitiu huma casa para ir espairecer pelos [..] he prohibido [...] pelo grande fedito que daquelle semiterio exalla tanto por ser o terreno muioto pequeno para tantos corpos pára serem mal interrados e por tudo isto se faz inhabitavel aquelle sitio e mais.*[62]

Segundo seu relato, Moreira comprara uma casa naquela região para *"espairecer"* ou respirar melhores ares, mas, em razão do cemitério, não podia abrir as janelas. Dito de outra forma, havia investido certa quantia de dinheiro sem que isto lhe trouxesse benefício algum. Aos seus olhos deveria ter sido dinheiro jogado fora. Novamente o cemitério é considerado pequeno para tantos sepultamentos.

O testemunho da terceira pessoa arrolada como reclamante deveria ter um peso mais elevado perante os outros. Tratava-se do tenente-coronel Joaquim Antonio Almeida Pinto, Cavaleiro da Ordem de Avis, digno de alta distinção na sociedade imperial. Disse ser natural de Lisboa, ter "quarenta e quatro annos" e morar "junto ao cemitério". O seu testemunho confirmou os anteriores. Relatou saber "por ver esperimentar, sofrer grandes malles" e que "do semiterio dos pretos novos exalão por todo aquelle contorno a ponto de elle" e todos "aquelles moradores terem suas" famílias trancadas "de dia e de noite com receio de serem pestiados".[63]

O último a testemunhar fora José Alves Carqueja, branco, casado, dado a negócios, *"quarenta annos"* [sic] de idade. Jurou conforme os anteriores e confirmou o teor do que havia sido dito antes:

> *Disse que todo o alegado nelle he verdade, pois, elle testemunha e os não moradores esperimentão sofrem grandes feditos que continuadamente que exalla daquelle semiterios dos pretos novos e obriga a que elle testemunha e os mais conservem suas janelas feixadas continuadamente e disse. (sic)*[64]

---

62 *Idem.*
63 *Idem.* (doc 9).
64 *Idem.*

Como se pode ver no depoimento acima, os corpos eram deixados à flor da terra, sem nenhum tipo de cuidado, o que deve ter feito com que os odores dos cadáveres insepultos incomodassem sobremaneira os vizinhos. Esta pequena amostra dos moradores do Valongo nos apresenta um grupo formado por brancos, todos eles portugueses e quase todos comerciantes. Com efeito, se havia um prejuízo certo era o de ter um comércio fechado continuamente. Este estado de coisas motivou os moradores do Valongo a reclamarem por direitos.

Um segundo aspecto importante seria o de que tal grupo, no mínimo letrado, teria conhecimento das doenças ou *miasmas* que poderiam contrair por respirar o ar putrefato de corpos insepultos. São estes mesmos que atacam veementemente a administração do cemitério como a culpada por tanto desmazelo. Definitivamente, eles não queriam ter por vizinho o referido campo santo.

Entrementes, como se não quisesse crer no que lera através dos relatos documentais, no ano seguinte, em 12 de março de 1822, o intendente de polícia João Ignácio da Cunha se dirigiu até o cemitério a fim de constatar ele mesmo as condições deste. Mais tarde anexou aos autos o seu seguinte parecer:

> *O espaço que constitui o cemitério é muito pequeno para nele enterrarem tantos corpos de pretos novos, como os que ordinariamente para ali são mandados, além disso são mal enterrados, porque esse trabalho está confiado a um, ou dois, escravos, que não se cansam de fazerem covas fundas, porém sobre tudo me admirou a nenhuma decência do lugar. Pelo lado do fundo está tudo aberto, dividido do quintal de uma propriedade vizinha por uma cerca de esteiras, e pelos outros dois lados com mui baixo muro de tijolos, e no meio uma pequena cruz de paus toscos mui velhos, e a terra do campo revolvida, e juncada de ossos mal queimados.*[65]

A figura de um religioso descrita, oito anos atrás, deu lugar a *"uma pequena cruz de paus toscos mui velhos"*, símbolo da religiosidade cristã ocidental amplamente difundida entre os fiéis. A cristandade ocidental estava representada no local. O que comprova não se tratar de um cemitério clandestino. No entanto, à volta da cruz tosca, o caos era completo: na esteira que delimita o cemitério, aos fundos, o muro baixo deixa ver corpos insepultos e outros defuntos sendo sepultados por dois negros, e aqui e acolá, pedaços de corpos expostos à luz do sol, denunciando a falta de

---

[65] Idem.

*"decência do lugar"*.⁶⁶ Mas isto não é tudo, o signatário passa a explicar a natureza do cemitério:

> *Se aquele espaço de terreno, e local, era suficiente, e próprio para cemitério dos pretos novos no tempo em que foi para isso destinado, não se pode dizer, que o é presentemente, porque naquele tempo era muito menor o número de pretos novos que se introduziam nesse porto, e por consequência muito menos morriam, naquele tempo o lugar do cemitério era despovoado, hoje está rodeado de prédios habitados de moradores: não é fácil porém achar-se terreno (...) as circunstâncias (...) para servir de cemitério; porque perto não o há, e longe é um tanto incômodo para a condução dos cadáveres; e então pertencia a outra freguesia, em prejuízo dos rendimentos e (...) do atual vigário.⁶⁷*

O adensamento populacional abordado no capítulo 1 aparece aqui como a razão pela qual o cemitério está rodeado de casas. Entretanto, João Ignácio reconhece que a situação não era fácil. Voltamos a enfatizar a questão da localização estratégica do cemitério. Situado junto à praia e à rua do Valongo, dificilmente se acharia um outro lugar tão ou mais cômodo, ainda que não para os moradores.

Preço era também o que estava em jogo no sepultamento dos escravos. O intendente menciona em seu relatório que o cemitério já foi alvo de disputa, uma vez que *"pertencia a outra freguesia, em prejuízo dos rendimentos e [ilegível] do atual vigário"*.⁶⁸ Como vimos anteriormente, em 1814, seria criada a Freguesia de Santana, com a transferência da jurisdição ao pároco dessa freguesia.⁶⁹ O vigário de Santa Rita logo interveio, alegando a perda da renda advinda dos sepultamentos.⁷⁰ Depois de algumas controvérsias, foi criada a Freguesia de Santana, mas um acordo estabelecia que mesmo o cemitério estando em solo da jurisdição da nova freguesia, continuaria sob o controle de Santa Rita. Ora, o que se vê é, novamente, uma disputa de poder travada, desta vez, pela renda de 400 réis cada sepultamento, pagos pelo senhor à Santa Casa da Misericórdia.⁷¹

Não encontramos registros do valor do sepultamento pago à paróquia de Santa Rita, mas acreditamos que o valor seja este, ou um bem pró-

---
66 *Idem.*
67 *Idem.*
68 *Idem.*
69 Segundo Marilene Silva, a freguesia de Santana surge em 1814 e tem como sede a Antiga Sé, a igreja de Santana, demolida em 1856, aonde foi construída a Estação de Ferro D. Pedro II. A antiga igreja foi construída em 1878, na Rua Barão do Capanema. Grande quantidade de comércio varejista, o Ministério da Guerra, Casa da Moeda, Inspetoria de Obras Públicas, Quartel General do Corpo de Bombeiros, Senado Federal e estação de Ferro, se situava nela. A população era na maioria de baixa renda e aglomerava-se em cortiços. Conforme: SILVA, Marilene Rosa Nogueira da. *Negro na rua: a nova face da escravidão*. São Paulo: Hucitec; Brasília: CNPq, 1988. (série Estudos Históricos), pp. 39-42.
70 FAZENDA, Dr. José Vieira, *Op. Cit.*, p. 414.
71 *Idem*, pp. 410-411.

ximo. A pesquisa realizada nos arquivos da Santa Casa da Misericórdia revelaram documentos que comprovam que de 1836 a 1840, os senhores pagavam o mesmo valor, 400 réis, por cada sepultamento, e a Santa Casa fornecia a mortalha ou o esquife para buscar o corpo. Posto isto, acreditamos que a Freguesia de Santa Rita cobrasse este mesmo valor ou um pouco menos por cada escravo sepultado.

O restante do negócio seria feito ao modo realizado pelas irmandades. Apesar de a Santa Casa possuir o monopólio dos sepultamentos desde o acordo firmado com o governador Castro e Caldas, várias irmandades possuíam licenças para procederem com os sepultamentos de seus irmãos, pagando por isto a taxa de um cruzado, conforme expressou Vieira Fazenda:

> Os cadáveres dos captivos, confrades de associações ou sodalícios religiosos, poderiam ser inumados no interior, nos adros e dependências das respectivas igrejas e capellas. Algumas destas irmandades gozavam da licença de possuir esquife próprio, pagando de cada enterro a quantia de um cruzado à Misericórdia, a qual, como é sabido, tinha o monopólio de todo o serviço funerário.[72]

Pelo visto, a Freguesia de Santa Rita devia economizar em esquifes e mortalhas, pois parece ter usado apenas esteiras, uma vez que nem mortalhas nem esquifes foram notados quando da visitação do intendente geral de polícia, em 1822. Ademais, tudo nos faz crer que os trabalhadores do cemitério – os dois negros relatados – eram escravos, o que diminuía a despesa. Logo, do dinheiro percebido por cada sepultamento, se deveria retirar apenas um cruzado à Santa Casa, referente à licença, como qualquer outra irmandade o fazia. O restante era lucro certo.

Ao fim, mais uma vez Santa Rita saiu vitoriosa e não seria um exagero afirmar que não foi por acaso que o vigário José Caetano Ferreira de Aguiar, pároco de Santa Rita, tenha sido eleito senador no mesmo período, e que o seu retrato figure na galeria de benfeitores da Santa Casa de Misericórdia do Rio de Janeiro. Controlar a morte, sobretudo a dos outros, conferia status e mantinha o poder.

Em nossa análise, dado o número expressivo de vezes em que os reclamantes denunciam que o espaço do cemitério era pequeno para tantos corpos, somos inexoravelmente levados a pesquisar a quantidade de sepultados no referido campo santo, ao menos na década de 1820, para aferir o real teor e fundamento das reclamações. Foi por isto que voltamos

---

[72] Idem.

novamente ao livro de óbitos de Santa Rita e verificamos que de 1824 a 1830 foram sepultados 6.119 escravos no Cemitério dos Pretos Novos,[73] o que daria o número de 1.019 sepultamentos por ano. Um número incrível se levarmos em conta que o Cemitério dos Pretos Novos deveria ter mais ou menos o tamanho de um campo de futebol.

Voltemos às observações feitas pelo intendente de polícia que, finalmente, passa às providências a serem tomadas e arremata:

> *Que se ordene ao vigário da freguesia da Santa Rita, a cujo distrito pertence o cemitério, que contrate o terreno que lhe fica contíguo para aumentar o cemitério existente, que o cerque todo de muro alto pellos quatro lados; que ponha pessoa capaz, que cuida em fazer enterrar bem os corpos; e finalmente que olhe para a decência, e decoro do cemitério como deve, e é de esperar do seu caráter, conhecimentos e probidade.*[74]

A administração eclesiástica foi considerada culpada. Como se pode observar, a igreja de Santa Rita é vista como a única responsável pelos sepultamentos. Desta feita, as sugestões incluíam o aumento do terreno por aquisição de algum contíguo; muros altos que impeçam que os odores se espalhem; pessoas capazes de sepultar os corpos; e o zelo pela decência ao sepultar.

O intendente de polícia não estava errado em passar o caso à observância eclesiástica, já que o próprio Direito Canônico previa que o lugar do sepultamento dos fiéis era inviolável; o corpo do defunto deveria ser respeitado; além do quê, não podia ser cremado para que pudesse se encontrar com Cristo no advento da Ressurreição.[75]

Os documentos do Arquivo Geral da Cidade não nos possibilitaram verificar se o cemitério de fato fora aumentado ou se fora trazida uma *"pessoa capaz em fazer enterrar os corpos"*. No entanto, as reclamações dos moradores voltaram à tona dois anos mais tarde.

*"Uma portaria de 8 de outubro de 1824 ordenara ao provedor-mor da Saúde Francisco Manoel de Paula que averiguasse"*[76] se o Cemitério dos Pretos Novos causava males à saúde. A reclamação era antiga. Aquela pilha de documentos do abaixo-assinado que analisamos anteriormente caiu sobre o colo do provedor. A discussão religiosa não é mencionada, nem levada

---

73 ACMRJ, Livro de Óbitos de escravos da Freguesia de Santa Rita, 1824-1830.
74 BN. Ofício de João Inácio da Cunha, *Op. Cit.*
75 "Todos deben venerar y respectar los cadáveres y los lugares en que están depositados para su descanso... Así pues: I.º Los cuerpos de los fieles difuntos han de ser sepultados estando reprobada la cremación de los mismos.. Sin la voluntad del difunto... y os que se atreven a violar los sepulcros o cementerios son castigados con severas penas" Pd. Maroto. *Instituições de Direto Canônico* p. 55. (Apesar de o código ter sido impresso em 1919, ele reúne os códigos mais antigos da Igreja que estavam em pleno vigor à época do Cemitério dos Pretos Novos).
76 RODRIGUES, Jaime. *De costa a costa*. p. 302.

em conta. Afinal, a situação dos enterramentos não era muito diferente dos praticados *ad sanctus*, e nesse ponto estava longe de ser resolvida, porque a Igreja afirmava a supremacia no tocante a estes assuntos. A morte estava dentro dos limites da religiosidade, circunscrita ao perímetro da fé. Neste sentido, pouco importava o que era feito do corpo, considerado mero invólucro da alma, da qual importava a salvação.

Havia de se ter muita perspicácia para se desviar dos assuntos da fé, enquanto se buscasse um novo meio de provar os males trazidos pelo campo santo. Parece que o vigário não atendera à ordem dada pelo intendente de polícia. Era preciso que se provasse, por meio da ciência, o mal que o cemitério causava. Neste contexto, foi dada a ordem para que a Provedoria-Mor da Saúde se pronunciasse sobre o cemitério.

Entretanto, quando parecia que as coisas se encaminhavam no sentido de fechar o cemitério, fatos começaram a demonstrar que o assunto não era de fácil resolução. De Paula, o provedor-mor da Saúde que recebeu o caso, foi presto em dar respostas à sociedade, pois se tratava, também, de legitimar um cargo criado há pouco. Porém, o seu primeiro relatório não foi animador. Ele reclamou por não possuir médicos suficientes, porque havia apenas um médico e um cirurgião, os quais, por sobrecarga de trabalho, estavam sempre nas vistorias do porto. Ou seja, o provedor não tinha os meios para realizar uma "tarefa extraordinária".[77]

O pedido do provedor logrou êxito. Tão logo ele recebeu o contingente de médicos pedidos, abalou-se para a região do cemitério junto com a comitiva e, como os anteriores, pôde testemunhar ocularmente o que ocorria na região. Como se pode imaginar, nada mudara desde as primeiras reclamações:

> *O dito cemitério no lugar em que se acha causa prejuízo à saúde, e comodidade geral dos moradores do mesmo bairro [...] pela sua situação local ser muito baixa, e receberem os vizinhos próximos imediatamente a evaporação emanada do cemitério, o que deve atacar muito a saúde dos mesmos vizinhos; por ser muito pequena a superfície do cemitério relativamente ao número de cadáveres, que ali se enterram anualmente; por ser muito baixa a situação do terreno, e cercada de casas, que embaraçam a corrente do ar necessária para conduzir as emanações do cemitério para fora da povoação; por ter o terreno muito pouca altura de terra sobre o pântano, de maneira que a pouca profundidade ficam os cadáveres mergulhados em água, sendo um terreno desta natureza não só impróprio para consumir os corpos, mas muito apto*

---

[77] Relatório de Francisco Manoel de Paula a João Severino Maciel da Costa, 10 de outubro de 1824, Arquivo Nacional, maço Is 4.2. Apud: RODRIGUES, Jaime. *De costa a costa*. p. 303.

*para aumentar a putrefação dos mesmos, e finalmente por se achar cercado de casas habitadas por todos os lados; sendo além disso de crer, que haja descuido do modo de fazer as sepulturas por ser isso entregue a um negro coveiro, e que portanto deve ser removido para lugar competente.*[78]

O provedor observou as mesmas condições precárias, com o agravante de que os corpos insepultos, agora, praticamente estavam em meio a poças d'água. Os médicos não podiam chegar a outra conclusão, a não ser a de que o cemitério fazia mal à saúde dos moradores. A esta época o cemitério já está "cercado de casas habitadas por todos os lados",[79] esperava-se que o laudo emitido pelos médicos, representantes da cientificidade, sepultasse de vez o nefasto cemitério. Entretanto, as reclamações dos moradores do Valongo, ainda que acrescidas e afiançadas pelo saber científico, não se mostraram fortes o bastante para pôr termo aos sepultamentos naquele lugar.

Em 23 de janeiro de 1829, o editorial do jornal *Aurora Fluminense* rompeu esse silêncio e publicou um editorial contra o *"cemitério dos Pretos Novos"*.[80] O teor do publicado é praticamente o mesmo de 1822. Voltavam às mesmas reclamações após sete anos, com os moradores mobilizados novamente para pressionar o poder público:

> *Nesta ocasião não podemos deixar de lastimar que a imundície, despejos, e aguas empossadas, apareção em todos os pontos da Capital; o mangue da Cidade nova, cujos miasmas putridos se espalhão por toda a athmosphera; o desaceio das cadeias, dos açougues, dos Matadouros, Cemitérios, Depósitos de negros novos. (sic)*[81]

Vê-se que ao chegar os anos 1830, as condições precárias às quais se referem o artigo não eram mais toleradas, mas atacadas como o principal fator desencadeador de doenças. Dentre estes fatores, o jornal cita o depósito de *"negros novos"* numa referência ao mercado de escravos do Valongo.

> *He para desejar que a nova Municipalidade, logo que seja instalada, lance os olhos para tantas desordens, que atacão(sic) ou mais ou menos a saúde publica, que, se são neutralizados por hum Ceo, e um clima benéfico, podem com tudo combinadas com outras causas produzir doenças epidemicas de todo gênero. [sic]*[82]

---
78 Idem.
79 Idem.
80 Biblioteca Nacional. Jornal *Aurora Fluminense*, 23/1/1829. II-34, 26, 3.
81 Idem.
82 Idem.

Clamava-se com urgência por novas posturas municipais que regulassem o espaço público, saneando as prisões, açougues e matadouros. Nota-se uma forte influência do higienismo que procura legitimar e tomar para si, aliado ao Estado, um novo campo de ação.[83] Como ressalta o editorial:

> *Mas o que concorreria muito desde já para assegurar a salubridade ao nosso Rio de Janeiro seria a formação de cemitérios, fora de povoado, para não estarmos respirando em todos os ângulos a putrefação dos corpos mortos, e sepultados à flor da terra.*[84]

A proposta é a de que se deixasse a prática de sepultamentos *intramuros*, ou seja, dentro da cidade, e se procurasse criar cemitérios fora da área urbana, onde os odores e miasmas seriam afastados do contato com os vivos. Pode ser que o editorial esteja falando sobre os sepultamentos *ad sanctus*, muito embora o documento não lhe faça referência direta. No entanto, a expressão *"à flor da terra"* é a mesma usada para o modo pelo qual se faziam os sepultamentos no Cemitério dos Pretos Novos, ou seja, uma alusão direta ao cemitério de escravos recém-chegados da África.

O poder público talvez tenha se mostrado frágil e incapaz de responder com uma ação mais enérgica no tocante às questões dos sepultamentos. Uma legislação eficaz, neste sentido, era imprescindível para cuidar da salubridade e a reorganização do espaço urbano, até então quase que indissociável do espaço sujeito às ações eclesiásticas. Por este motivo é que se fez necessário um aparato jurídico mais refinado que abarcasse questões tão caras à população da Corte. A Câmara Municipal se apresenta neste momento como o *locus* privilegiado para este debate, ainda que ela mesma não se mostrasse pronta para este embate.

A Carta Régia de 20 de janeiro de 1736 observava que os vereadores não eram mais subordinados aos governadores gerais.[85] A partir daí, a Câmara começou a ganhar cada vez mais força no campo das ações decisórias no poder público.[86] A carta de 1757 concedeu à alta corporação o título de *"Senado da Câmara"*, ampliando as suas atribuições e despa-

---

83 COSTA, Jurandir Freire. *Ordem médica e norma familiar*. Rio de Janeiro: Graal, 2ª edição, 1983. Passim.
84 BN. Jornal *Aurora Fluminense*, Op. Cit..
85 Com o advento da descoberta de jazidas de ouro em Minas Gerais, no século XVIII, quando o rei de Portugal havia diminuído o poder do Senado da Câmara subordinando-a aos governadores gerais. Tal ação enfraqueceu em muito as ações da Câmara, já que o poder do governador estava acima da esfera de ação dos senadores.
86 A provisão de 14 de março de 1745 *"regulou a recepção dos vereadores nas festas religiosas, cabendo à Câmara na festividade da Misericórdia, no dia de Santa Isabel, o primeiro lugar ao lado da irmandade da Santa Casa"*. A carta de 14 de março de 1757, tida como "especial", concedeu à alta corporação o título de *"Senado da Câmara"*, ampliando as suas atribuições e despachos, sem preterição dos direitos estatuídos pela provisão de 14 de março de 1748, a qual conferia exclusivamente a *"el-rei a prerrogativa de exarar despachos no alto de petições levadas à sua assinatura"* Cf: Noronha Santos. *Crônicas da cidade do Rio de Janeiro*, p. 240.

chos. Depois de 1809, com a Corte instalada dentro da colônia e extinta a figura do governador geral, a Câmara passou a legislar cada vez mais, interferindo no espaço urbano, abrindo ruas e concedendo licenças para edificações.[87]

Finalmente, em 1º de outubro de 1828, a municipalidade foi reformulada: foi feita a divisão das províncias em distritos, criando as municipalidades em todas as comarcas. O Senado da Câmara foi extinto e criada a Câmara Municipal. A sua jurisdição abrangeria: inspeção pública, higiene, posturas, obras, cadeias, foros, sesmarias e o ensino do Seminário de S. Joaquim, posteriormente transformado em Imperial Colégio de Pedro II, após 1840, bem como a legislação sobre novos cemitérios.[88]

É provável que o cenário político estivesse se desenhando cada vez mais para o abarcamento de novas questões do cotidiano da população da Corte. Uma nova resposta formulada diante do estado de coisas por que passava a nação. É disto que o jornal *Aurora Fluminense* discursa em seu editorial, como vimos anteriormente. Resta-nos compreender até que ponto este aparato jurídico consegue fazer frente aos entraves que impediam que a Corte obtivesse as mudanças necessárias para o bem da sociedade.

Neste contexto, no aproveitamento desta municipalidade recém-nata, em 1829, é que o Juiz Presidente da Câmara da Corte Luiz Paulo de Araújo Bastos remete um ofício à Câmara Municipal, alegando ser o "assunto da competência da municipalidade, devido a um decreto imperial de 1828". Segundo este, a Câmara deveria ser incumbida da transferência de cemitérios para fora dos templos, "bem como tudo o que fosse relativo à saúde pública".[89] Repare-se tão somente que o signatário, desta vez, soma novos argumentos para sustentar o seu discurso:

*Tendo-se-me feito varias representações sobre o danno, q á saude Publica resulta da existencia do Cemiterio dos negros nóvos, proximo ao morro da saude, e do mau estado, em q se acha o mesmo Cemiterio, fui eu mesmo á aquele lugar e admira-me, q em huma capital civilizada exista o q ali se encontra: hum pequeno terreno (q alias está colocado no meio de muitas casas habitadas, e hoje com arruamento erguido) cheio todo em roda de esteiras, q de ordinarias sempre necebem alguma couza de corrupção dos corpos nelas envolvidos... [sic]* [90]

---
87 Noronha Santos. *Op. Cit.*, p. 242.
88 *Idem*.
89 RODRIGUES, Claudia, *Op. Cit.*, p, 77.
90 AGCRJ, Códice 58.2.1. Cemitérios, 1829-1839. "Negros novos", próximo ao morro da Saúde, no Valongo. Ofício de Luis Paulo de Araújo Bastos.

Se o discurso anteriormente utilizado contra o cemitério, que remetia o problema à esfera dos sentidos físicos – como o mau cheiro e a péssima conservação – não dera nenhum resultado, restava apelar para a questão ética. Neste sentido, coloca-se a cidade em um plano ideal de limpeza, dentro do qual não se pode conceber a co-existência da imagem do indesejável cemitério. Já que todos os esforços anteriores haviam redundado em nada, tornava-se necessário procurar mostrar o mal que o cemitério causava à cidade em geral, por meio da ideia do discurso de higiene. Um outro ponto importante é que o juiz Luiz Bastos menciona o fato de ter recebido vários requerimentos da parte dos moradores insatisfeitos que clamavam pela transferência do cemitério, o que demonstra que, aparentemente, os moradores continuavam mobilizados em combater o cemitério, a despeito do tempo passado e da luta inglória.

*"Covas abertas tanto à superfície do terreno, que apenas um palmo resta para cobrirem-se os corpos que nelas se lançam aos pares"*,[91] afirmou o juiz, procurando descrever o cemitério em profusão de detalhes. As esteiras, das quais o juiz fala, são aquelas nas quais os corpos eram enrolados,[92] para, então, serem lançados em covas. Entretanto, como os corpos não eram sepultados, estas esteiras rompiam-se, fazendo com que as vísceras dos mortos ficassem expostas ao tempo. Como ele arremata adiante:

> *Cóvas abertas tanto á superficie do terreno q apenas hú palmo resta para cobrirem-se os córpos, q nellas se lanção aos pares; eis o q eu mesmo, torno a repetir vos: [ilegível] he todo da atribuição desse Illmo Senado tanto pelo lado da Saude Publica, como pelo do Cemiterio, e por isso advertindo á sua consideração e providencias, espero q quanto antes VSS procedão como as Leis mandão, a fim de se tirar este foco de corrupção, e peste d'entro [ilegível] mesmas moradores, e em geral de todos os habitantes da Corte.*[93]

As atribuições do Senado estavam corretas, desde 1º de outubro de 1828, quando a nova municipalidade havia sido reformada e, como vimos, era incumbida da saúde da cidade. Contudo, a resposta do Senado não foi animadora: responderam que não podiam fazer nada sobre o assunto, tendo em vista que a lei de 1º de outubro não legislava sobre antigos cemitérios. Desta documentação não há vestígios, mas sabemos o seu teor por intermédio do juiz Luis Paulo de Araújo Bastos que, insatisfeito, voltou a responder ao Senado, sobre o tema:

---

91 *Idem.*
92 No quarto capítulo desta publicação observaremos que o enrolar do corpo do morto em uma esteira era uma prática comum na África.
93 AGCRJ, Códice 58.2.1.

*Recebi o officio de VVSS de 28 do mez passado, em q respondendo ao meu de 14 do dito mez relativo ao Cemiterio do Valongo, dizem não lhes ter como pedir a dar providencias, e q a Ley do 1º de Outubro do anno passado apenas providencias sobre estabelecimentos de novos Cemitérios acedem como o Regulamento do Provedor da saude só trata da maneira de fazer as vizitas aos navios, q estão neste porto*

*Não posso concordar com VVSS, e direi q quando lhes dirigi este negócio foi tendo em vista mui particularmente o disposto no art. 66 paragrafo 2 titulo 3 da mesma Ley do 1º de Outubro do anno passado, a qual diz q a Camara proverá sobre estabelecimento de Cemiterios fora do recinto dos Templos, conferindo a esse fim com providencias tal authoridade Eclesiastica do Lugar.*

*Á vista de taõ pozitiva não sei q outra Authoridade pertença este negócio; não sei q a Ley trate de cemiterios futuros e náo dos atuais; e mesmo quando tratasse de nóvos não vejo como aquele do Valongo possa ser remediado, se vale a saude dos habitantes d'aquele lugar, senão removendo-o d'aly e fazendo-se hum novo.*

*Alem disto para [ilegível] este negocio as suas providencias [..me] tambem naó no Regulamento do Provedor da saude de q VVSS falao qual sendo unicamnete por objeto a Inspeção da saude Publica do Porto do Rio de Janeiro; mas sim na Ley de 30 de Agosto de 1828, a qual no Artigo 1º diz q pertence ás Camaras respectivas a inspenção sobre a saude Publica : ora se ha objeto, q mais prejudique, mais a aprainha á saude Publica he o Cemiterio do Valongo no Estado em que eu vi.*

*Pela minha parte tenho respondido e feito neste negocio quando posso; direi, q VVSS fação oq me pareceu do [ilegível] officio, athe par aqueles habitantes, náo se chamem infelizes, pois eles andão em requerimentos, e pertenção desde aguns annos, e dizem q por [ilegível] só sem colhido, ou remessa de huma para outra authoridade, ou alguma vistoria, com se me affirma, q agora se fez por ordem.*[94]

    A burocracia herdada da estrutura da América Portuguesa mostrava-se, mais uma vez, incapaz de poder dar conta de antigos problemas que afligiam a vida da população. Os problemas de fácil resolução e que não encontravam a barreira do interesse próprio eram rapidamente resolvidos. Por outro lado, problemas mais sérios, ou que, como o Cemitério dos Pretos Novos, tangessem interesse particular, eram protelados, empurrados de instância em instância, aguardando uma solução.

---

94 AGCRJ, Códice 58.2.1.

Os atores sociais envolvidos nesta trama, a saber, os traficantes de escravos e a Igreja, administradora do campo dito *santo*, pairam como que incólumes ante os problemas propostos e dele não fazem caso algum. Falta coragem ao poder público para acusar abertamente os primeiros, e mostrar força perante a segunda, obrigando-os a fazerem o que era necessário. Outrossim, a burocracia se equilibra entre inspeções e pareceres para tornar pública à população a sua vontade, ao mesmo tempo que seus quadros não são dotados de um poder cabal contra os que lhe infringem as regras. A resposta para isto pode ser clara e surpreendente. Enquanto em uma camada mais baixa, os representantes do poder lutam e medem forças, na esfera superior, transgressor e transgredido caminham de braços dados.

Quanto aos *"infelizes moradores"* só restava seguir de requerimento em requerimento e receber a visita de inspetores que nada podiam fazer. Bastos, ainda em 1829, assinou uma matéria no *Jornal do Commercio*, uma cópia do seu primeiro requerimento, clamando contra o *"foco de corrupção"*.[95]

O discurso nascente da higiene embasava o clamor pelo fim do cemitério. A imagem de tal campo santo confrontava-se com o modelo de cidade que se queria forjar, e não é por acaso que o próprio jornal *Aurora Fluminense*, na voz de seus redatores, reforçava a tese de que um cemitério em más condições era inadmissível.

> *A acumulação de corpos mortos no recinto de huma Cidade tão populosa, e comprehendida em circulo tão limitado, deve ser huma origem fecunda de infecção, e concorrer para o grande numero de enfermidades, que se soffrem no Rio de Janeiro. O bom senso, e a hygiene nos recommendão que os mortos sejão sepultados no campo, e em certa distancia das povoações: he isto mesmo o que hoje se pratica em quasi todos paizes da Europa, aonde alias não se experimenta hum calor tão violento, que rapidamente desenvolve todos os principios de putrefação, como aquelle que sentimos. [sic]* [96]

Nota-se que o modelo europeu está posto para o articulista como o desejado e digno de ser imitado. O Cemitério dos Pretos Novos se inclui na imagem negativa da cidade, algo a ser erradicado, lançado para fora do perímetro urbano.

No transcorrer do artigo, o autor pede que os senadores antes de votarem sobre a nova municipalidade, observem o exemplar número 25 do jor-

---

95 BN. *Jornal do Commercio* V, VI, n. 406, de 17/2/1829. Cemitérios, conservação e restauração.
96 BN. Jornal *Aurora Fluminense*, nº 145 de 23/1/1829. "Sobre o depósito de pretos novos e a necessidade de um cemitério".

nal *Observador Constitucional*, de São Paulo, pois que alude às questões sobre os sepultamentos e os lugares destinados a este fim. As qualidades, citadas pelo *Observador*, eram as seguintes: Em primeiro lugar, que o "terreno fosse enchuto, longe dos rios, e ajuntamento de aguas; bastantemente vasto, para dar lugar a todos os corpos, durante quatro annos pelo menos, sem se bulir no lugar das primeiras covas".[97]

Em segundo lugar, de *"facil escoamento de agua de chuva – 3. situação tal, em respeito á povoção, que seja contraria aos ventos mais dominantes, para que os miasmas, que dahi emanão, não sejão levados pelos ventos ao povoado"*[98] e por último, mas não menos importante na visão do *Observador*: "que fique longe das habitações o mais que for possivel, combinado isto com o modo do transporte dos cadáveres."[99]

A comunidade médica também se movimentou neste sentido. A Sociedade de Medicina do Rio de Janeiro publicou várias teses que denunciavam o perigo dos sepultamentos nas igrejas e de cemitérios intramuros. As fontes geralmente eram francesas, baseadas em problemas reais e imaginários, mas de grande valor para se dimensionar a preocupação com a saúde naquele momento.[100] Citemos por exemplo a tese de José Martins da Cruz Jobim, intitulada *As moléstias que mais afligem a classe pobre do Rio de Janeiro*, publicada pela SMRJ em 1835.[101] Nesta obra, Jobim aponta como causa das doenças no Rio de Janeiro vários fatores tais como o *"clima"*, a *"posição geográfica"*, os *"mangues"* e finalmente os *"sepultamentos nas igrejas"*.[102]

Ao fim e ao cabo, em 4 de março de 1830, o cemitério foi fechado, pois nesta data se deu o último sepultamento. Um escravo novo do qual não sabemos nem nome nem origem, muito menos o navio que o transportou, foi lançado à flor da terra da mesma sorte que todos os seus antecessores. Sem nenhum outro documento localizado, nem nenhuma menção ao fato nos jornais da época, nem gazetas, nem oficios, o Cemitério dos Pretos Novos cessou os seus trabalhos de inumação e os moradores do entorno enfim se viram livres do indesejado local de sepultamentos.

Já, quanto aos pretos novos, sabe-se que estes continuaram a chegar aos milhares, e que morriam tanto ou mais que no período antes de 1830. Mas para onde foram os seus corpos? É o que tentaremos expor no próximo capítulo.

---
97 *Idem*.
98 *Idem*.
99 *Idem*.
100 Para mais aclaramento sobre este tema, ver: REIS, João José. *A morte é uma festa*, pp. 254-269.
101 José Martins da Cruz Jobim. *As moléstias que mais afligem a classe pobre do Rio de Janeiro: lido na sessão pública de sociedade de medicina, 30/6/1835*, p. 7. Segundo ele doenças eram: sífilis, tétano, raiva, hepatite, bexigas, sarnas e pneumonias.
102 *Idem*, p. 7.

## CONCLUSÃO

Neste capítulo, nossos esforços se direcionaram no sentido de traçarmos uma história do Cemitério dos Pretos Novos. Todavia, sua história desvela em si uma faceta característica da sociedade escravista vivenciada por ambas as culturas. De um lado, temos os traficantes que lucram com o tráfico negreiro na mesma proporção em que trazem mais escravos, por outro, o número de mortos está relacionado com a existência de cemitério que, por sua vez, está posto sob a égide da Igreja; de outro, ainda, temos uma população reivindicando os seus direitos e o afastamento do campo santo para fora do perímetro urbano. No centro desta queda de braços está o Estado, engessado e incapaz de dar respostas satisfatórias frente aos problemas que surgem. Alijados do poder decisório, os que sofrem as agruras da escravidão e perecem não são de forma alguma respeitados em termos de sua religiosidade, amplamente desconhecida pelos seus opressores, representados pelos "homens da boa sociedade" e senhores de escravos, amparados pela conveniência clerical.

Há ainda os vizinhos do cemitério, que enviam suas petições demonstrando o seu poder de mobilização frente aos problemas impostos pelo tipo de sepultamento ali realizado. Se suas ações são incapazes de sozinhas resolverem a situação, não se pode negar que grande parte das ações do Estado se deu através da manifestação dos moradores. Foi a partir dela que as comissões foram enviadas em visita ao Cemitério dos Pretos Novos.

Finalmente, podemos ressaltar que o estudo do Cemitério dos Pretos Novos pode, em certa medida, nos revelar como eram as práticas das inumações no Brasil, pelo menos do século XVII aos meados do XIX, e mostrar que mesmo na hora da morte, o cuidado com o corpo inerte nem sempre foi uma preocupação entre os homens. Desta feita, a forma e o lugar no qual se é inumado variam de acordo com a posição social do morto, o que nos faz lembrar a oração que dizia, certamente carregada de outro sentido: *"(...) assim na terra como nos céus"*.[103] A desigualdade terrena espelha uma desigualdade nas práticas inumistas e nos locais de sepultamento, já que o local do sepultamento está carregado de implicações simbólicas forjadas ao longo do tempo pelos homens das mais variadas culturas.

---

103 *Bíblia Sagrada de Jerusalém*, Mateus, cap. VI, vers. 9, parte b.

# Capítulo 3. História e arqueologia: revelações e redescobertas

## 3.1. AS DOENÇAS QUE FREQUENTEMENTE FAZIAM OS ESCRAVOS DESCEREM À SEPULTURA

> Ao classificarmos os escravos sepultados no Cemitério dos Pretos Novos podemos seguir uma regra básica nos estudos sobre escravidão: dividi-los em boçais, ou pretos novos, e ladinos. Porém, tendo em vista que se tratava de um cemitério destinado a boçais, a presença de escravos ladinos, ao menos na prática já inseridos na cultura vigente, é no mínimo algo digno de menção. Muitas Joaquinas Conga, Ritas Angola, Marias Rebolla, Paulos Moçambique e Josés de Nação foram ali sepultados. Nossa fonte indica que 247 ladinos foram inumados no Cemitério dos Pretos Novos: seus nomes foram lançados no livro, ou seja, não eram indigentes, e seus donos compareceram no campo santo e pediram para sepultá-los, sob a égide da Santa Igreja.

Se o espaço do sepultamento era diferenciado de acordo com a posição social que o morto ocupava em vida, é difícil precisar com exatidão a causa de termos ladinos sepultados em um cemitério de recém-chegados, já que estes ocupavam o último patamar da hierarquia escrava.[1] Poucos destes ladinos devem ter recebido os sacramentos. Apenas o escravo Ambrósio, sepultado em fevereiro de 1825, recebeu o batismo, mesmo assim em "caso de perigo";[2] e o escravo Manoel, de quem não sabemos o sobrenome, pertencente em vida a José Dias Camargo, foi sepultado "amortalhado em panos brancos",[3] o que demonstra que já havia adotado a religiosidade cristã ocidental, ou que o seu senhor fez questão de sepultá-lo desta forma. De todo modo, apenas estes dois es-

---
[1] SOARES, Mariza de C. *Op. Cit.*, p. 137.
[2] Este tipo de batismo era ministrado ao enfermo quando se suspeitava de que alguém iria morrer sem ter tempo de chamar o padre, então este recebia o batismo rapidamente e no leito de morte.
[3] Arquivo da Cúria Metropolitana do Rio de Janeiro - Livro de Óbitos da freguesia de Santa Rita. Fl. 107.

cravos dentro de um universo de 247 registros receberam algum tipo de sacramento. É provável que a questão de terem recebido ou não os sacramentos estivesse atrelada à vontade dos seus senhores e, desta forma, desde que estes estivessem dispostos a pagar as contas dos paramentos, a Igreja não faria objeção alguma. Por outro lado, este pode ser o motivo de eles estarem em um cemitério de pretos novos, já que ninguém poderia ser inumado nas igrejas, ainda que nos adros, sem ter recebido os sacramentos. Contudo, estes 247 ladinos representam apenas 4,03% do total de 6.119 escravos sepultados no Cemitério dos Pretos Novos, ou seja, uma taxa ínfima dentro de um universo do qual a maioria era composta por recém-chegados. Talvez estivessem sepultados ali mais por exceção do que por regra.

Também podemos ressaltar que a falta de laços culturais recriados na América Portuguesa por parte dos africanos fez com que muitos fossem sepultados no Cemitério dos Pretos Novos, uma vez que não pertenciam a nenhuma irmandade que cuidasse das suas mortes, como vimos no capítulo 1. Para os pretos novos, ou seja, os escravos recém-chegados, isto é completamente compreensível, pois morriam tão logo aportavam em novas terras. Mas como explicar que escravos ladinos tivessem o mesmo fim? A resposta talvez seja a de que o tempo destes em vida tenha sido curto, não deixando tempo para que se filiassem às irmandades, ou que a morte tenha chegado tão de surpresa que não tenha lhes deixado tempo de se preparem como era devido.

Este pode ter sido o caso de Antônio Cabinda, marinheiro do bergantim Dezengano (sic), um navio negreiro recorrente em nossa documentação por causa da grande quantidade de escravos que transladava para o Brasil. Antônio Cabinda adoeceu e veio a falecer em agosto de 1828, e não teve outro destino senão o Cemitério dos Pretos Novos. A vida agitada daqueles que se davam ao trabalho marítimo pode tê-lo impedido de tomar as precauções de praxe com relação à vida futura.[4] Sem destino certo ou paradeiro, foi ceifado pela morte em solo brasileiro e o seu corpo jogado ao lado de outros tantos.

Um outro dado importante é o fato de que nenhum escravo ou liberto tenha mandado sepultar alguém no Cemitério dos Pretos Novos. Vários estudos mostraram que, no Brasil, muitos escravos possuíam outros, e que muitos deles foram sepultados em igrejas através das irmandades. É sem dúvida, algo emblemático o fato de que dos 6.119 óbitos registrados no período de 1824 a 1830, nenhum escravo, ou mesmo liberto, tenha mandado sepultar algum ente querido, ou um seu escravo. Ora,

---

4 Quanto à lida diária dos marinheiros, ver: RODRIGUES, Jaime. *De costa a costa*, Op. Cit.

qual seria o motivo pelo qual os africanos não mandavam sepultar ali, como acontecia nas igrejas, através das irmandades de homens de cor? A esta questão, levantamos uma hipótese no último capítulo. No momento, prendamo-nos às causas que levaram os escravos à morte.

Há poucos dados sobre a *causa mortis* dos falecimentos. Manoel, que fora sepultado amortalhado em panos brancos, falecera de bexigas – ou seja, varíola – uma doença que grassava entre a população carioca daquele tempo. Por outro lado, a ciência não possuía meios de tratar eficazmente muitas das doenças da época, o diagnóstico era precário e, na falta de uma nomenclatura que desse conta do motivo do falecimento, registrava-se o mal como "moléstia interior", como no caso do Amaro Mina, falecido em outubro de 1828.[5] Não havia à época uma legislação que obrigasse a se registrar a *causa mortis*. Tal exigência somente seria feita mais tarde, motivo pelo qual não temos mais dados sobre o que deve ter levado estes escravos ao falecimento. Porém muitos relatos de viajantes deram conta desta faceta da vida escrava.

O reverendo Walsh, quando esteve aqui na expedição do Lord Strangford, como capelão entre 1828 e 1829, assim anotou:

*Os negros frequentemente causam doenças a eles próprios, comendo terra e cal. Mas é de suposição geral que essa tendência seja o efeito e não a causa da doença, e que ela surja devido ao estado doentio do estômago, que se assemelha a uma afecção que na Europa acompanha a verminose nas crianças.*[6]

É provável que algum tipo de doença tenha levado muitos escravos ao hábito de comer terra, pois muitos sofriam este sintoma. Debret também notou este problema nos escravos:

*Atrás da dona de casa, uma de suas jovens escravas, encarregada da aborrecida tarefa de espantar as moscas e mosquitos agitando ramos revela ao europeu o exemplo de um acréscimo de infelicidade pelo espetáculo doloroso da máscara de zinco com que o rosto da vítima esta coberto, índice sinistro da resolução tomada de morrer comendo terra.*[7]

O comer terra (geofagia), segundo o historiador norte-americano Kenneth Kiple, era um fato muito comum entre os cativos, não só no Brasil, mas também no Caribe. Tal sintoma pode estar relacionado à po-

---
5 ACMRJ - Livro de Óbitos da freguesia de Santa Rita. Fl. 205.
6 WALSH, *Op. Cit.*, 175.
7 DEBRET, Jean Baptiste, *Op. Cit.*, p. 208.

breza da dieta alimentar fornecida aos escravos.⁸ Ele relaciona a geofagia à ação dos ancilóstomos que habitavam a flora intestinal dos escravos. A ação do parasita causa uma severa anemia, daí os escravos sofrerem de falta de ferro e cálcio e sentirem a necessidade premente de recorrer aos nutrientes encontrados no solo.

O comer terra (geofagia), segundo o historiador norte-americano Kenneth Kiple, era um fato muito comum entre os cativos, não só no Brasil, mas também no Caribe. Tal sintoma pode estar relacionado à pobreza da dieta alimentar fornecida aos escravos. Ele relaciona a geofagia à ação dos ancilóstomos que habitavam a flora intestinal dos escravos. A ação do parasita causa uma severa anemia, daí os escravos sofrerem de falta de ferro e cálcio e sentirem a necessidade premente de recorrer aos nutrientes encontrados no solo.

Debret, como muitos da época, notou que certos escravos possuíam uma vontade deliberada em buscar fugir da vida escrava e alcançar a morte; não raro, escravos se davam a este hábito de comer terra, ou se matavam por qualquer outro meio. O suicídio de escravos não passou despercebido pela retina do reverendo inglês, nem incólume por suas mãos, que assim registraram:

> *São grandemente propensos ao suicídio (os negros do Gabão), valendo-se da primeira oportunidade que lhes aparece para tirarem a própria vida. Tem havido casos em que uma leva de dezoito ou vinte desses escravos toma a firme determinação de pôr fim à vida, e em pouco tempo eles todos apunhalam a si próprios ou mergulham na mais profunda e terrível melancolia.*⁹

Em outra ocasião, na casa de um anfitrião, Walsh ficou sabendo de uma escrava da Guiné que se atirou ao mar a fim de dar cabo da própria vida. Salva a tempo, permaneceu em repouso por algum tempo até se recobrar do ocorrido. Já em nossa fonte ao menos um escravo morreu de afogamento;¹⁰ não raro, alguns escravos se atiravam nas águas influenciados pela crença de que reencontrariam os seus ancestrais na África.¹¹

Outros tantos foram vitimas da varíola, uma doença tão comum no Brasil Colônia e Império. Tal enfermidade foi considerada uma doença infecto-contagiosa exclusiva do ser humano. Causada pelo *Orthopoxvírus variolae*, um vírus extremamente resistente aos agentes físicos externos, resistente a mudanças climáticas extremas, a doença se instalou no

---
8 KIPLE, Kenneth F. *The Caribbean Slave, a Biological history*. London: Cambridge University Press, 2002.P. 101.
9 WALSH, *Op. Cit.*, p.156.
10 ACMRJ - Livro de Óbitos da freguesia de Santa Rita. Fl.
11 Muitas sociedades antigas admiravam a imagem que se reflete na superfície da água, o que incorria na crença de um mundo paralelo após o espelho d'água.

Brasil, via navios negreiros, sem nenhum empecilho.[12] Ao mesmo tempo, o convívio por vários dias em um ambiente infecto como os tumbeiros, era propício para a propagação da doença entre os escravos, uma vez que a transmissão podia ocorrer de pessoa para pessoa e geralmente pelas vias respiratórias. Uma vez instalado no organismo, o vírus da varíola permanecia incubado de 7 a 17 dias. Logo após, o vírus se estabelecia na garganta e nas fossas nasais causando os seguintes sintomas: febre alta, dor de cabeça, nas costas e falta de ânimo, quadro clínico que permanecia de dois a cinco dias.

No caso de o escravo ter contraído a doença ainda no porto africano, o período de 7 a 17 dias de incubação do vírus coincidiria mais ou menos com o período de uma viagem entre Angola e Rio de Janeiro, durante a qual um escravo infectado transmitiria a doença a outros companheiros de infortúnio. O período que mais ou menos coincidiria com o desembarque no porto seria o momento em que a doença assumiria a forma mais violenta: a febre baixava e começavam a aparecer erupções avermelhadas, que se manifestavam na garganta, boca, rosto e depois se espalhavam por todo o corpo. Estas erupções evoluíam para pústulas, pequenas bolhas cheias de pus que provocavam dores e coceira intensa, e o contato de qualquer parte do corpo infectado com os olhos causava cegueira. Estas bolhas se chamavam, na linguagem popular, de *bexigas*.

Não havia nenhum tipo de tratamento para esta doença. A recomendação era a de esperar até que o corpo produzisse os anticorpos necessários e vencesse a doença por si mesmo. Muitos, porém, não resistiam e morriam. Nossa documentação acusa que 24 escravos faleceram de varíola,[13] seus corpos estavam cobertos de "bexigas", de forma que o signatário, por ocasião do registro no livro de óbitos, não conseguia nem ao menos identificar a marca feita a ferro em brasa no corpo do escravo. Neste caso o escrivão registraria como no exemplo abaixo, retirado do livro de óbitos da Freguesia de Santa Rita:

> *Em vinte e quatro de novembro de mil oitocentos e vinte e seis, João José mandou sepultar huã escava nova cuja marca* **ignora-se por se não poder conhecer pela muita bexiga,** *falecida a bordo do bergantim Economia, vinda de Benguela, de quem fiz este registro (grifo nosso).*[14]

---
12 Disponível em < *http://www.fiocruz.br/ccs/glossario/variola_p.htm*>. Acessado em 19/12/2005.
13 Acredito que um número muito maior tenha morrido de varíola, apenas a *causa mortis* nem sempre era lançada.
14 ACMRJ - Livro de Óbitos da freguesia de Santa Rita, 1824-1830.

A questão das bexigas[15] era um caso de saúde pública e afetava, sobretudo, os bolsos dos traficantes, já que eram obrigados a pagar a taxa de importação sobre cada escravo vivo.[16] No entanto, caso o escravo doente viesse a falecer no período de quarentena ou nos armazéns do Valongo, o importador se via obrigado a pagar pelo seu sepultamento, já que muitas vezes estes escravos não conseguiam ser vendidos ou os consignatários não os reclamavam. A discussão gerada em torno deste tema ganhou vulto no sentido de se saber se os escravos já estavam doentes desde que partiam da África ou se contraíam a doença no Brasil.[17]

O provedor-mor da Saúde, zelando pela saúde do porto e influenciado pelos traficantes de escravos, pediu explicações aos agenciadores africanos e portugueses para saber se os escravos embarcados para o Brasil já traziam a varíola.[18] No citado documento o provedor-mor pede aos agenciadores que tenham cuidado com a "carga humana" por estes enviada, para que a doença não invadisse com tanta frequência os portos brasileiros. Ao mesmo tempo, os importadores reclamavam que se os escravos já vinham doentes, era injusto ter de se pagar por eles, já que morriam logo após, além de infectar outros escravos, botando a perder toda a carga.

Manoel Vieira da Silva, o provedor-mor da Saúde reconhece, no referido documento encontrado no Arquivo Nacional do Rio de Janeiro, que a causa da alta mortalidade escrava era a péssima condição higiênica dos navios negreiros, ressalta que muitos escravos morriam de sarampo e relembra as epidemias que se abateram sobre o Rio de Janeiro, em 1804 e 1805.[19] O signatário reforça a ideia de que os doentes deviam ser levados para o Lazareto, ato que os traficantes relutavam em cumprir.

A questão da varíola é de fato muito importante. Para um período posterior, o trabalho de Sidney Chaloub tratou das questões epidemiológicas no Rio de Janeiro da segunda metade do século XIX,[20] principalmente a questão da resistência escrava à vacinação, baseada em preceitos culturais e religiosos. Com efeito, o tráfico de escravos sempre esteve na pauta do dia nas discussões do Senado no sentido de se saber se o mesmo era ou não um meio pelo qual a varíola entrava no Brasil: os senadores contrários a esta ideia defendiam que o surgimento de epidemias na Corte não estava ligado ao fluxo de escravos que entravam compulsoriamente ano após ano no Brasil. Em oposição a está ideia, havia senadores

---

15 *Idem*, Fl. 232.
16 Os impostos alfandegários eram cobrados somente sobre os vivos, de acordo com a lei de 20/5/1826, conforme: *Leis do Brasil, Fazenda*, p. 76.
17 Arquivo Nacional do Rio de Janeiro, I.S-4.
18 Arquivo Nacional do Rio de Janeiro, I.S-4. 2, 1810.
19 *Idem*.
20 Ver: Sidney Chaloub, *Cidade febril: cortiços e epidemias na Corte Imperial*. São Paulo: Companhia das Letras. 1996.

que defendiam o fim do tráfico, pois o julgavam como o principal veículo pelo qual a doença adentrava a Corte.[21]

A suposição da supressão do tráfico negreiro, ainda no primeiro quartel do século XIX, estava diretamente ligada às questões de profilaxia pela qual passava o país. Desta feita, a extinção do tráfico era vista como um passo importante para a erradicação da doença.[22]

O livro de óbitos do Cemitério dos Pretos Novos fomenta essas questões.[23] Em 25 de agosto de 1826, o traficante Miguel F. Gomes Filho mandou sepultar, de uma vez só, dez escravos! Os mesmos foram lançados em um só registro, ou seja, em um só dia e juntos. Vieram de Benguela, no bergantim Luís de Camões, e sobre eles não foi observada marca alguma feita pelos traficantes. Mas a doença não passou despercebida aos olhos do escrivão, que assim assinalou: "muita bexiga".

O bergantim Luís de Camões, pelo que demonstra a documentação em análise, fazia o percurso Rio de Janeiro–Benguela–Moçambique. O capitão era José Joaquim de Souza e Miguel Ferreira Gomes era o traficante responsável pelo negócio.[24] Dado o alto número de escravos infectados de varíola em uma mesma embarcação, pode-se comprovar que a doença se alastrava no interior do navio e colaborava para o aumento da mortalidade escrava (isso sem contar que muitos cativos poderiam ter sido vendidos já infectados, no período de incubação da doença, no qual não havia sintomas aparentes).

Para se ter uma ideia, só em agosto e setembro de 1826 foram sepultados 39 escravos, dos quais "de muita bexiga não se conhecia a marca".[25] Todos vinham de Benguela, eram homens, e muitos deles foram lançados em um só registro; sete, cinco, quatro, e aos pares, foram lançados ao solo do terreiro. Desconfiamos que estes escravos também tenham vindo no bergantim Luís de Camões, pois datam do mesmo período dos dez escravos com varíola sepultados por ele anteriormente.

Posto isto, a construção de uma enfermaria poderia ser importante para se impedir o aumento da mortalidade escrava. Em 1811, Manoel Vieira da Silva, ainda ocupante do cargo de provedor da Saúde, reclamava veementemente contra o fato de os traficantes recalcitrarem contra o pagamento de um tipo de "internação" de escravos doentes no Lazareto. Tal

---

21 RODRIGUES, Jaime. *O infame comércio. Passim.*
22 Pereira Rego, o mais importante higienista e historiador da saúde pública no Brasil do século XIX associou sistematicamente a ocorrência de varíola na cidade às condições do tráfico negreiro. Cf. José Pereira Rego, *Esboço histórico da epidemia que tem grassado na cidade do Rio de Janeiro, desde 1830 a 1870*. Rio de Janeiro, Typographia Nacional, 1872, p. 22. Veja também: O. Freitas, *Doenças africanas no Brasil*. São Paulo: Editora Nacional, 1935.
23 ACMJR, Livro de Óbitos da freguesia de Santa Rita, 1824 a 1830.
24 *Idem.*
25 *Idem.*

valor era destinado, segundo o provedor, à compra de remédios, curativos e utensílios. O provedor nos dá as pistas para as circunstâncias e o motivo pelo qual o novo Lazareto fora criado:

> *Tendo com evidente fundamento /estabelecido pelo alvará de regimento de 22 de Janeiro de 1816 que os Pretos novos antes de se exporem à venda publica fossem dezembarcados em hum lugar devido qual a ilha do Bom Jesus, fazendo-os ali sustentar de alimentos frescos, lavar, vestir de roupas nóvas e os observar por certo espaço sobre as moléstias de que costumão vir infectados: assim se executou.*[26]

Este antigo Lazareto era situado em uma ilha na Baía da Guanabara, em frente ao litoral de Inhaúma. Lá os enfermos deveriam ser tratados antes de serem expostos no Valongo. No entanto, muitos traficantes reclamavam do incômodo de transportá-los até a ilha e, depois de curados, reconduzi-los para o Valongo ou, se mortos, para o cemitério, ainda mais em se tratando de lugar de difícil acesso. Por essa razão, o documento propunha aos três maiores traficantes de escravos, João Gomes Valle, José Luís Alves e João Alves de Souza Guimarães, a construção de uma enfermaria.[27] Os escravos cuidados ali teriam a sua estada paga pelos seus senhores ou seus consignatários num valor de 400 réis, os quais, por sua vez, se recusavam a pagar, pois achavam a quantia exorbitante, o que motivou o missivista a redigir tal ofício.[28]

Muitos dos escravos sepultados no Cemitério dos Pretos Novos vinham do Lazareto: 2 em 1825; 11 em 1827; 8 em 1828.[29] Entretanto, nem todos vinham do Lazareto de João Gomes do Valle, como pretendia o provedor da Saúde. Isto pode ser um indicativo de que cada dono de armazém dedicado à venda de escravos continuava a cuidar dos seus doentes; e que outros Lazaretos existiam paralelamente ao dos grandes traficantes no qual se pagavam 400 réis sobre cada doente. Ademais, como vimos anteriormente, muitos comerciantes viviam de curar e revender escravos doentes chamados de "refugos".[30] Nenhum destes 21 escravos citados era ladino, visto que os escravos ladinos eram cuidados por seus senhores e, se livres, quase sempre sem recursos próprios,

---

[26] Arquivo Nacional do Rio de Janeiro, I.S-4. 1, DOC 1811- *Provedoria da Saúde*.
[27] João Gomes Valle foi um dos maiores traficantes de escravos do Brasil e, juntamente com os outros dois citados, aparece recorrentemente em nossa fonte.
[28] "Acuzão estes revoltosos de excessiva a prestação de 400 rs por cada escravo para os proprietários do lazareto, fundando este excesso em reflexões de huma notória futilidade. O seu maior argumento he que neste Porto entrão annualmente vinte mil escravos, que a 400 rs, produzem para os ditos proprietarios o interesse annual de vinte mil cruzados: e por consequencia na hipotese mesmo de gastarem na obra cem mil cruzados, tinhão hum lucro de sumamente expressivo, e conrrespondente a hum fundo trez vezes maior" (sic): ANRJ, I.S-4. 1, DOC 1811- *Provedoria da Saúde*.
[29] ACMRJ - Livro de Óbitos da freguesia de Santa Rita, 1824-1830.
[30] CAVALCANTI, Nireu Oliveira, *Op. Cit.*, p. 40.

na Santa Casa.³¹ Porém não se deve esquecer que muitos escravos do Brasil oitocentista buscavam outras soluções para as doenças que não os meios ortodoxos medicinais.

A fim de evitar a própria morte, eles recorriam a ervas, mandingas, chás, e muitos negros se davam à prática de cirurgião. Debret, a despeito do seu olhar europeu que aferia o que observava pelo esquadro do eurocentrismo, pôde notar e retratar a imagem de um cirurgião negro que, na rua, atendia sua clientela, "consolador generoso da humanidade negra, ele dá suas consultas de graça, mas como os remédios receitados comportam sempre alguma droga, ele fornece os medicamentos mediante pagamento".³² Debret afirma que muitos destes cirurgiões vendiam amuletos e talismãs, faziam curativos e usavam ventosas;³³ mas somente os pobres recorriam ao que Debret chamava de "charlatões", pois os senhores abastados, segundo ele, mandavam que os médicos da casa tratassem os seus escravos.³⁴

Pela observação do artista francês ficamos sabendo que as doenças mais comuns dos escravos, na primeira metade do século XIX: eram "os furúnculos, congestões, enfartamento ganglionar, a erisipela, o vírus venéreo, muitas vezes unido a uma velha sarna mal curada",³⁵ mas para o pintor nenhum mal podia se comparar ao causado pela "cachassa" (sic) que ceifava a vida de muitos escravos,³⁶ e que não deixava de ser um modo, ainda que infrutífero, de se escapar da vida real.

Retornando à construção do Lazareto, no tocante às questões econômicas, não podemos desprezar o fato de que, a um homem de grosso trato como João Gomes Valle, metido no tráfico de escravos e no comércio de importação e exportação na praça comercial do Rio de Janeiro, ainda coubesse legalmente a construção e manutenção de um Lazareto para os próprios escravos que importava e para os escravos de outros comerciantes de menor monta. Com efeito, a lógica escravista no Rio de Janeiro oitocentista seguia a norma da diversificação das empreitadas econômicas, como já demonstraram alguns historiadores.³⁷ Um traficante de escravos gozava de alta influência no meio governamental, a ponto de o próprio provedor-mor da Saúde sair em defesa de seus negócios.

---

31 KARASCH, Mary, C. *Op. Cit*, p. 194.
32 Debret, Jean Baptiste, *Op. Cit.*, p. 360.
33 *Idem*.
34 Debret, Jean Baptiste, *Op. Cit.*, pp. 360-2.
35 *Idem*.
36 *Idem*.
37 Ver: FLORENTINO, Manolo & MACHADO, Cacilda (Org). *Ensaios sobre escravidão*.

## 3.2. O CEMITÉRIO DOS PRETOS NOVOS - PADRÕES DE SEXO E FAIXA ETÁRIA

A verificação da quantidade de sepultamentos praticados no Cemitério dos Pretos Novos é um outro fator importante para o entendimento do funcionamento dos trabalhos de inumação. Por outro lado, esta mesma observação revelaria a mortalidade escrava nos momentos cruciais para os recém-chegados, a morte destes no intervalo de tempo entre o desembarque e a venda. Mas seria possível averiguarmos quantos morreram e foram sepultados no Cemitério dos Pretos Novos segundo a faixa etária e o sexo?

Foi com o intuito de tentar responder a estas questões que, novamente, retornamos ao livro de óbitos da Freguesia de Santa Rita, fonte privilegiada para o entendimento da lógica do cemitério, e realizamos a quantificação dos dois anos cruciais para o referido campo santo, a fim de verificarmos a demografia do campo dito "santo". Partindo de 1824-25, ocasião da abertura do livro, notou-se que, de dezembro de 1824 a dezembro de 1825 foram sepultados 1.126 escravos, a grande maioria composta de adultos do sexo masculino, ou seja, 815 pretos novos, o que representava 72,36% do total. Em segundo lugar, temos as escravas adultas, que aparecem com 104 pretas novas, correspondendo à taxa de 9,23% do total, conforme a tabela l.

TABELA 1. SEPULTADOS NO CEMITÉRIO DOS PRETOS NOVOS DE 1824-25, SEGUNDO O SEXO E A FAIXA ETÁRIA.

| Sexo e Faixa Etária dos Sepultados | # | % |
|---|---|---|
| Homens | | |
| Crianças (moleques novos) | 57 | 5,01 |
| Adultos (Pretos novos) | 815 | 72,36 |
| Mulheres | | |
| Crianças (molequas novas) | 33 | 3,12 |
| Adultas (Pretas novas) | 104 | 9,23 |
| Cria | 35 | 3,00 |
| Outros[38] | 82 | 7,28 |
| Total | 1.126 | 100,00 |

**Fonte:** Arquivo da Cúria Metropolitana do Rio de Janeiro. Livro de Óbitos de escravos da Freguesia de Santa Rita, 1824-1830.

Os dados organizados nesta tabela também indicam que foram sepultados, no Cemitério dos Pretos Novos, muitos jovens e crianças. Se a

---
38 Escravos ladinos.

escravidão não se furtava aos jovens, a morte também não escolhia idade. Foram sepultados 57 corpos de moleques novos, ou seja, jovens do sexo masculino com idade entre 8 a 15 anos, somando cerca de 5%, contra o total de 33 molequas [sic] novas, respondendo por 3,12% do total verificado.[39] A documentação também indica que muitas "crias" – crianças entre 0 e 4 anos – foram sepultadas no cemitério. No ano de 1824 para 1825, 35 crianças foram inumadas ali, perfazendo 3,00% do total. Na mesma tabela agrupamos, sob a categoria "outros", os 82 escravos ladinos sepultados no Cemitério dos Pretos Novos.

Percebe-se nitidamente que o número de homens é sempre maior, o que, em termos de taxa de mortalidade, nos leva a inferir que os homens morriam mais que as mulheres. Os números de entrada de escravos mostram que o número de homens sempre é maior que o de mulheres, fato que gerava um problema na demografia escrava. Góes & Florentino afirmam que:

> *O desequilíbrio entre os sexos variava segundo as flutuações do tráfico, e em tempos de grandes desembarques chegava a ser sete homens para cada três mulheres. Na média, as crianças representavam apenas dois entre cada dez cativos.*[40]

A lavoura cafeeira, os serviços do eito e a labuta diária faziam com que se buscasse a obtenção de mais braços masculinos que femininos, problema este acrescido da convivência em uma terra estrangeira. Com o número de homens maior, mesmo entre as crianças, a dificuldade para a contração de matrimônios, ou seja, a formação de laços familiares, deveria ser outra barreira a ser transposta, já que a desigualdade de gênero se mantinha sempre no mesmo patamar.[41]

Outros dados interessantes também foram retirados desta documentação paroquial. Procuramos quantificar o último ano do cemitério, com o intuito de verificar se, ao longo dos últimos seis anos do cemitério, a taxa de mortalidade se manteve estável ou não. Foi assim que, seguindo os mesmos padrões de sexo e faixa etária, quantificamos os dados referentes ao ano de 1829-30. Quais seriam as mudanças substancias entre estes dois momentos?

---

39 A nomenclatura da antiga classificava como "moleques" os escravos jovens com idades entre 8 e 15 anos, acima desta idade já era tido por adulto; dos 2 anos aos 7 eram chamados de "cria" e com idade inferior eram tidos por "inocentes".
40 GOES, J. R. Pinto de; FLORENTINO, Manolo. Morfologias da infância escrava: Rio de Janeiro, séculos XVIII e XIX. In: FLORENTINO, Manolo (Org.). *Tráfico, cativeiro e liberdade*, p. 210.
41 Para um estudo sobre a família escrava, *vide* o trabalho de Robert W. Slenes intitulado *Na senzala uma flor: as esperanças e as recordações na formação da família escrava*. Rio de Janeiro: Nova Fronteira, 1999.

A tabela 2 revela-nos que o número total de escravos sepultados foi de 678; por outro lado, o número de escravas continua sendo bem menor que o de homens, apenas 5,12% do total, enquanto os escravos homens perfizeram quase 92%! Já moleques e molequas também apresentam um número quase inexpressivo, 0,29% e 0,44%, respectivamente, mas nota-se aí um leve aumento do número de homens entre os jovens. Seja como for, o dado mais significativo é o decréscimo do número de sepultamentos, cujas possíveis razões analisaremos adiante.

TABELA 2. SEPULTADOS NO CEMITÉRIO DOS PRETOS NOVOS DE 1829-30, SEGUNDO O SEXO E A FAIXA ETÁRIA

| Sexo e Faixa Etária dos Sepultados | # | % |
|---|---|---|
| Homens | | |
| Crianças (moleques novos) | 2 | 0,38 |
| Adultos (Pretos novos) | 621 | 91,59 |
| Mulheres | | |
| Crianças (molequas novas) | 3 | 0,44 |
| Adultas (Pretas novas) | 40 | 5,92 |
| Cria | 3 | 0,44 |
| Outros[42] | 9 | 1,23 |
| Total | 678 | 100 |

**Fonte:** Arquivo da Cúria Metropolitana do Rio de Janeiro. Livro de Óbitos de escravos da Freguesia de Santa Rita, 1824-1830.

Cruzamos os dados dos sepultamentos no Cemitério dos Pretos Novos com a taxa de importação de escravos em seu número absoluto, com o intuito de encontrar o número aproximado de mortos naquele ano, pelo menos no desembarque dos navios negreiros, na Alfândega do Rio de Janeiro. Segundo os historiadores Manolo Florentino e João Fragoso, verificar o tráfico negreiro é de caráter primordial para o entendimento das relações escravistas e da manutenção da máquina econômica da Colônia.[43] Desta feita, usamos a tabela confeccionada por eles com o número de escravos que entraram no porto do Rio de Janeiro de 1790 a 1830 e a cruzamos com a quantidade de escravos sepultados, a fim de verificar quantos escravos morreram, no ano de 1825, no Valongo, antes mesmo de serem vendidos.

A tabela 3 refere-se à entrada de escravos no porto do Rio de Janeiro, de 1790 a 1830, confeccionada por Manolo e Fragoso. Para a nossa pesqui-

---
42 Escravos ladinos.
43 Fragoso e Florentino, *O arcaísmo como projeto: mercado atlântico, sociedade agrária e elite mercantil no Rio de Janeiro, c.1790-1840*. 2ª edição, 1986. Apêndice.

sa, nos deteremos apenas nos anos que vão de 1824 a 1830, respectivamente o início do livro de óbitos da Freguesia de Santa Rita e o ano que coincide com o seu fim.

TABELA 3. ESTIMATIVAS DO VOLUME DE ESCRAVOS AFRICANOS DESEMBARCADOS NO PORTO DO RIO DE JANEIRO, 1790 –1830, FEITAS POR MANOLO E FRAGOSO.

| Ano | Nº de Escravos | Ano | N° de Escravos | Ano | N° de Escravos |
|---|---|---|---|---|---|
| 1790 | 8.320 | 1804 | 9.075 | 1818 | 25.080 |
| 1791 | 9.910 | 1805 | 9.921 | 1819 | 21.030 |
| 1792 | 11.890 | 1806 | 7.111 | 1820 | 20.220 |
| 1793 | 13.870 | 1807 | 9.689 | 1821 | 21.100 |
| 1794 | 8.820 | 1808 | 9.602 | 1822 | 20.900 |
| 1795 | 10.640 | 1809 | 13.171 | 1823 | 19.500 |
| 1796 | 9.876 | 1810 | 18.667 | 1824 | 25.060 |
| 1797 | 9.267 | 1811 | 23.230 | 1825 | 26.180 |
| 1798 | 6.780 | 1812 | 18.330 | 1826 | 35.420 |
| 1799 | 8.857 | 1813 | 17.390 | 1827 | 28.750 |
| 1800 | 10.368 | 1814 | 15.370 | 1828 | 45.670 |
| 1801 | 10.011 | 1815 | 13.350 | 1829 | 47.630 |
| 1802 | 11.343 | 1816 | 19.010 | 1830 | 28.250 |
| 1803 | 9.722 | 1817 | 18.200 | | |
| | | | | TOTAL | 706.58 |

**Fonte:** FRAGOSO, João & FLORENTINO, Manolo Garcia. *O arcaísmo como projeto: mercado atlântico, sociedade agrária e elite mercantil no Rio de Janeiro, c.1790-1840*. 2. ed., 1986.

Observando-a atentamente, notamos que o tráfico transatlântico se intensificou a partir do ano de 1818, quando somou 25.080 almas, número jamais alcançado dantes. A partir de então, os números sempre se mantiveram na casa dos 20.000,[44] com exceção do ano de 1832, ano em que o total de escravos trazidos para o Brasil foi de 19.500, o que também não deixa de ser uma soma considerável. De 1818 até 1830, passaram pelo porto do Rio de Janeiro 166.230 africanos. Com efeito, a explicação para esse aumento se deu justamente pela vinda da família real, acrescida da expansão da lavoura cafeeira e aliada à sensação que os traficantes tinham de que a qualquer momento o tráfico poderia cessar, como afirma Manolo, em seu livro *Em costas negras*.[45] Segundo ele, essa média se intensificou a ponto de alcançar um aumento na média anual de 4,5% ao ano, em relação aos anos anteriores.

---

44 É interessante notar que em 1811, os traficantes reclamavam do pagamento para o Lazareto do valor de 400 réis, baseados justamente no argumento de que entravam no Brasil 20.000 escravos anualmente e que o valor pago por todos estes daria mais lucro aos donos do Lazareto do que aos próprios comerciantes que os importavam. Cf: Arquivo Nacional do Rio de Janeiro, I. S-4. 1, DOC 1811- *Provedoria da Saúde*.
45 Manolo Florentino. *Em costas negras*. p. 54.

No nosso caso, através do livro de óbitos do Cemitério dos Pretos Novos, sabemos que 1.044 escravos, conforme a tabela 1, morreram ao desembarcar no porto do Rio de Janeiro, no ano de 1825. Através dos dados de Florentino, sabemos que entraram, no mesmo ano, 26.180 escravos; logo podemos verificar que a taxa de mortalidade, neste ano, alcançou cerca de 4%. Se escolhermos o ano de 1828, no qual o cemitério chegou a sepultar 1.049 escravos recém-chegados, contra 45.670 que adentraram o porto do Rio de Janeiro, encontraremos o percentual de 2,3%.

Quando temos esses dados, percebemos que somente uma taxa de mortalidade tão alta poderia justificar a existência do cemitério, dentro de uma lógica de importação de mão-de-obra escrava, em números sempre crescentes, em que mais mortes significavam, no limite, a necessidade de se trazer mais escravos, sobretudo homens, como vimos anteriormente, conforme assevera Florentino:

*Mas a alta mortalidade escrava daí derivada tramaria para a constância da incapacidade colonial em suprir internamente de braços as empresas exportadoras. Desse ponto de vista, a perenidade do comércio de almas remete, paradoxalmente, ao próprio tráfico.*[46]

Esta "perenidade da vida escrava", previamente calculada e prevista, resultava na necessidade de se importar cada vez mais, a fim de preencher a lacuna deixada pelos mortos. Ademais, muitos dos que sobreviveram ao momento do caos do desembarque dos navios negreiros faleceriam logo depois de estarem com os seus novos donos. Como assevera Blackburns, "os fazendeiros calculavam que os jovens africanos levados para suas propriedades tinham uma expectativa média de vida de pouco mais de sete anos".[47] No Brasil, em alguns lugares do Agro fluminense, os escravos raramente chegavam aos 50 anos.[48]

Neste momento, é primordial que retornemos à questão da diminuição da quantidade de sepultamentos no Cemitério dos Pretos Novos, verificada após 1828, até cessar por completo em 1830, conforme observado na tabela 2. O que teria levado a esta drástica diminuição no número de sepultamentos? A mortalidade estava em queda?

Três hipóteses possíveis podem ser usadas para explicar esta diminuição: a primeira seria a de que os traficantes estivessem tomando várias

---

46 *Idem*, p. 27.
47 BLACKBURNS, Robins. *A construção do escravismo no Novo Mundo: 1492-1800*; tradução de Beatriz de Medina. Rio de Janeiro: Record, 2003, p. 410.
48 J. R. Pinto de Góes e Manolo Florentino, Morfologias da infância escrava: Rio de Janeiro, séculos XVIII e XIX. *Op. Cit.*, p. 210.

medidas para diminuir o número de mortes, tais como o avanço tecnológico na produção de embarcações, que poderia encurtar o tempo de viagem; a segunda seria a de que os corpos dos escravos mortos não estariam sendo registrados, não havendo, assim, um registro oficial dos mesmos; e finalmente a terceira hipótese seria a de que os corpos estariam sendo inumados em outro lugar.

Partidário da primeira hipótese, Miller acredita que um dos motivos da queda da mortalidade pode ter sido atribuído às inovações tecnológicas ocorridas nas primeiras décadas do século XIX. Neste período, a taxa de mortalidade em trânsito apresentou um percentual de 5% nos navios que faziam o percurso entre Luanda e Rio de Janeiro, contra a taxa de 30% do século XVIII.[49] Este avanço proporcionou uma diminuição no tempo de transcurso transatlântico. Cada vez mais, um número maior de bergantins é notado no tráfico negreiro.

> *Embora os bergantins carregassem menos escravos devido às suas limitações espaciais, eles eram velozes (...) essa característica poderia ser um dos fatores que levava as embarcações de dois mastros (brigues, patacho, sumacas e bergantins) a estarem entre os tipos prediletos para o comércio negreiro da repressão mais intensa promovida pelos ingleses.*[50]

Já de acordo com Cavalcanti, é bem verdade que não se pode estabelecer uma relação direta entre tonelagem, espaço disponível e mortalidade.[51] Porém, pode-se afirmar que a mortalidade poderia ser diminuída caso a viagem fosse encurtada e, neste sentido, uma embarcação mais ligeira representaria menos mortes durante a travessia e uma recuperação mais rápida por parte da escravaria. É lógico que uma viagem mais veloz poderia apresentar um transcurso menos traumático e com menos tempo para a propagação de doenças. Nessas condições, o número de óbitos ocorridos pós-desembarque também deveria ser menor. Esta assertiva pode ser feita se levarmos em conta que, em meados do século XVII, uma viagem entre Angola e Rio de Janeiro levava cerca de 60 dias. Entretanto, no início do XIX, a mesma viagem chegou a durar no máximo 40 dias. Comparando-se a mortalidade do século XVII de até 30% com a taxa de mortalidade de 5% do XIX, notamos que uma viagem menos demorada aumentava a chance de os escravos sobreviverem ao penoso translado.[52]

---
49 RODRIGUES, Jaime, Arquitetura naval: imagens, textos e possibilidades de descrições dos navios negreiros. *In:* FLORENTINO, Manolo (Org.). *Tráfico, cativeiro e liberdade, Rio de Janeiro, séculos XVII-XIX*, p. 96.
50 CAVALCANTI, Nireu Oliveira. *Op. Cit.*, p. 101.
51 Idem, p. 108.
52 *Idem*, p. 109.

Com efeito, no intuito de verificarmos se a premissa de que o uso de uma navegação mais rápida diminuiu o índice de mortalidade podia ser aplicada no Cemitério dos Pretos Novos, analisamos os dados obtidos no livro de óbitos, segundo os padrões das embarcações e montamos a tabela 4. Nela procuramos tabular as embarcações segundo a quantidade de escravos sepultados por cada uma, bem como os anos de suas respectivas viagens.

TABELA 4. TIPOS DE EMBARCAÇÕES E AS RESPECTIVAS QUANTIDADES DE VIAGENS DE 1824 A 1830.[52]

| | 1824 | | 1825 | | 1826 | | 1827 | | 1828 | | 1829 | | 1830 | | Total | |
|---|---|---|---|---|---|---|---|---|---|---|---|---|---|---|---|---|
| | # | % | # | % | # | % | # | % | # | % | # | % | # | % | # | % |
| Brigue | 00 | 00 | 09 | 0,55 | 26 | 1,60 | 12 | 0,73 | 43 | 2,64 | 22 | 1,35 | 00 | 00 | 112 | 6,89 |
| Bergantim | 11 | 0,67 | 124 | 7,63 | 256 | 15,76 | 119 | 7,32 | 277 | 17,05 | 50 | 3,07 | 00 | 00 | 837 | 51,53 |
| Galera | 00 | 00 | 74 | 4,55 | 43 | 2,64 | 50 | 3,07 | 66 | 4,06 | 60 | 3,69 | 00 | 00 | 293 | 18,04 |
| Navio | 08 | 0,49 | 02 | 0,12 | 26 | 1,60 | 13 | 0,80 | 27 | 1,66 | 12 | 0,73 | 00 | 00 | 88 | 5,41 |
| Escuna | 00 | 00 | 52 | 3,20 | 93 | 5,72 | 35 | 2,15 | 46 | 2,82 | 10 | 0,61 | 00 | 00 | 236 | 14,53 |
| Sumaca | 00 | 00 | 00 | 00 | 00 | 00 | 10 | 0,61 | 46 | 2,82 | 03 | 0,18 | 00 | 00 | 59 | 3,60 |
| Total | 19 | 1,16 | 261 | 16,07 | 444 | 27,33 | 239 | 14,71 | 505 | 31,09 | 157 | 9,66 | 00 | 00 | 1.624 | 100% |

**Fonte**: Arquivo da Cúria Metropolitana do Rio de Janeiro. Livro de Óbitos de escravos da freguesia de Santa Rita, 1824+1830.[53]

---

53 Consideramos para a confecção desta tabela apenas os dados que possuíam a referência ao nome da embarcação.

A partir destes dados, temos 1.624 registros de escravos sepultados pelos vários tipos de embarcações.[54] Observemos que os bergantins não aparecem em 1824, mas sobem vertiginosamente até responderem, em 1826, por 256 mortos, 15,76% do total. Porém demonstram uma queda a partir daí, sepultando, em 1827, apenas 119 pessoas, ou seja, 7,32% dos escravos. Entretanto, em 1828, os bergantins voltam a registrar um aumento no número de sepultamentos, 277 pretos novos, 17,5% dos sepultamentos, e em 1829 eles tornam a apresentar uma diminuição no número de sepultamentos, apenas 50 escravos são sepultados por eles. Em 1830, nem um registro há.

Conforme o gráfico 1, montado com os números da tabela 4, vê-se que as escunas, um outro tipo de embarcação pequena, porém ligeira, chega a responder, em 1826, pelo segundo maior número, 93 sepultamentos, 5,72% do total. Contudo, passa a registrar números cada vez menores, até chegar ao ano de 1830 sem nenhum registro.

**Gráfico 1. Tipos de embarcações**

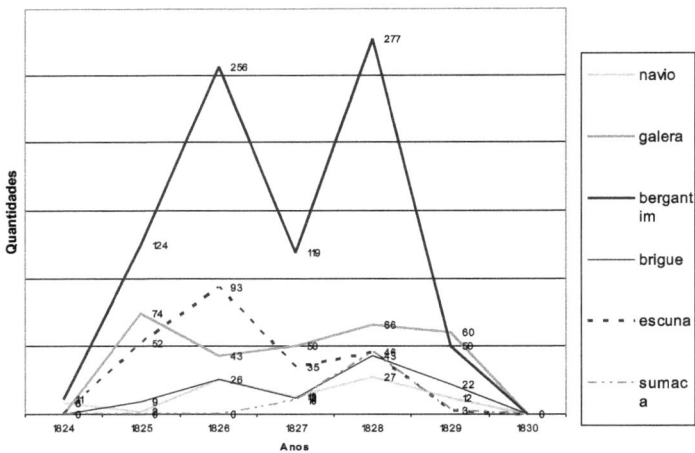

Fonte: ACMRJ. Livro de Óbitos da freguesia de Santa Rita, 1824-1830.

Por outro lado, as galeras, embarcações de grande porte e só de menor tonelagem que os navios, portanto, mais lentas que os bergantins, alcançam os seus maiores números em 1825, 74 escravos, 4,55%. Porém,

---

54 Excluímos, logicamente, os ladinos e os pretos novos dos quais não aparecem, na documentação, o navio nos quais faleceram; assim computamos o número de mortos em cada embarcação e os classificamos segundo os seus tipos: escunas, lanchas, bergantins, brigues, galeras, navios. Sendo estes dois últimos os de maiores tonelagens. Para a nomenclatura e compreensão das tonelagens, Veja RODRIGUES, Jaime. *De costa a costa, Op. Cit., Passim.*

só a partir deste ano diminuem as suas ocorrências, sem, contudo, deixar de comparecer na documentação com menos de 3% dos sepultados. A exemplo do que fizemos anteriormente, cruzamos estes dados com os números de entrada de escravos no porto do Rio de Janeiro, a fim de verificar se era possível haver alguma relação entre o uso de determinados tipos de embarcações e a diminuição da mortalidade. O gráfico 2 é o cruzamento destes dados.

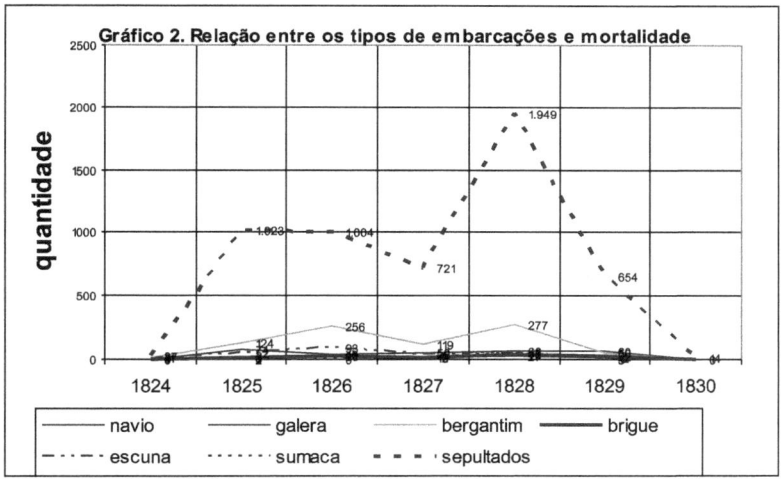

Fonte: ACMRJ. Livro de Óbitos da freguesia de Santa Rita, 1824-1830.

Em primeiro lugar, percebe-se nitidamente que o número de bergantins, como já havia notado Klein, cresce no período de 1826 a 1828, respondendo pela maior parte dos escravos sepultados. Por outro lado, quando cruzamos estes dados com o documento alfandegário com o qual Florentino e Fragoso construíram a tabela 3, percebe-se que o movimento de crescimento do número de ocorrência dos bergantins acompanha o crescimento, ainda que em uma escala inferior, do número de entrada de escravos. Donde pode se inferir que a maior incidência de bergantins está atrelada proporcionalmente ao volume do tráfico negreiro.

Entretanto, a maior ocorrência ou uso dos bergantins não se mostra ligada à diminuição da taxa de mortalidade, pois quando surgem mais negreiros bergantins mandando sepultar pretos novos, maior é também o número de escravos recém-chegados. Por isto, somos forçados a concordar com Cavalcanti, quando discordou de que houvesse alguma ligação entre o uso de bergantins e a taxa de mortalidade.

Por outro lado, se os dados não provam a ligação direta entre uma embarcação pequena e veloz com a queda da taxa de mortalidade, deve-se ressaltar que o uso destes barcos pode ter incrementado o tráfico, já que uma viagem mais rápida poderia ser menos dispendiosa, e, perto da década de 1930, uma embarcação veloz era imprescindível para se driblar a fiscalização que então principiava. Além do mais, mais armações poderiam ter sido montadas em menor tempo. Estes fatores podem explicar por que o volume do tráfico aumenta quando há mais bergantins e a diminuição das galeras.[55]

Portanto, esta correlação entre tráfico e a quantidade de sepultamentos nos parece cada vez mais pertinente. Foi com esta questão em mente que fomos verificar a quantidade de escravos sepultados no Cemitério dos Pretos Novos, ano após ano. Esta quantificação seria importante, pois demonstraria o momento de maior tensão entre o Cemitério dos Pretos Novos e os moradores do Valongo, já que estes viviam a reclamar da superlotação do cemitério.

A quantificação baseada na quantidade de sepultamentos, distribuídos dentro das categorias de pretos novos e ladinos, verificados ano a ano, pôde nos ajudar na confecção da tabela 5. Nela podemos verificar que a quantidade de sepultados em 1824 e 1830 foi a menor; 0,43% e 0,27%, respectivamente, de um universo de 6.119 registros, e representa uma diminuição de sepultamentos da ordem de 16% em 1830, em relação a 1824, ano do início do livro.

Desprezando os anos de 1824 e de 1830, pois somam uma quantidade muito pequena de dados, teremos em 1825, 1.097, ou 17,92 % dos sepultamentos. Já no ano de 1826, um ano conturbado para a política brasileira externa e interna,[56] o número de sepultamentos subiu para 1.533, ou seja, 25,4 % do total. Em 1827, a quantidade de sepultamentos caiu drasticamente para 763, 12,46%, o que representa uma queda de 50% em relação ao ano anterior.

---

55 Um dos motivos pelo qual faço questão de registrar esta parte do estudo é porque ele demonstra que o historiador pode chegar às mesmas respostas, usando fontes de natureza diferente. Apesar de trabalhar com uma documentação paroquial, um livro de óbitos, obtive em alguns aspectos respostas parecidas com as daqueles que trabalharam com documentações cartoriais, ou alfandegárias.
56 Com efeito, o ano de 1826 representou um período de transição na conjuntura político-econômica do Império recém-nato Cf. RODRIGUES, Jaime. *O infame comércio. Propostas e experiências no final do tráfico de africanos para o Brasil (1800-1850)*. Campinas. São Paulo: EdUnicamp/Cecult, 2000. pp. 99-100.

TABELA 5. QUANTIDADE DE SEPULTAMENTOS REALIZADOS ANO A ANO, NO CEMITÉRIO DOS PRETOS NOVOS.

|  | Anos Ladinos | | Pretos Novos | | Total | |
| --- | --- | --- | --- | --- | --- | --- |
|  | # | % | # | % | # | % |
| 1824 | 02 | 0,03 | 25 | 0,40 | 27 | 0,43 |
| 1825 | 74 | 1,20 | 1.023 | 16,71 | 1.097 | 17,92 |
| 1826 | 50 | 0,81 | 1.483 | 24,23 | 1.533 | 25,04 |
| 1827 | 42 | 0,68 | 721 | 11,78 | 763 | 12,43 |
| 1828 | 74 | 1,20 | 1.945 | 31,78 | 2.019 | 32,98 |
| 1829 | 9 | 0,14 | 654 | 10,36 | 663 | 10,5 |
| 1830 | 00 | 00 | 17 | 0,27 | 17 | 0,27 |
| Total | 251 | 4,06 | 5.868 | 95,53 | 6.119 | 100 |

Fonte: ACMRJ. Livro de Óbitos da freguesia de Santa Rita, 1824-1830.

Entretanto, o ano de 1828 mostrou um novo aumento do número de sepultamentos. Neste ano, a quantidade de sepultamentos alcançou o patamar de 2.019 inumações, respondendo por 32,98 % da quantidade total de sepultamentos. No ano de 1829 houve uma nova queda da quantidade de sepultamentos porque apenas 663 escravos foram sepultados, representando 10,5%. Por último, o ano de 1830 registrou uma queda ainda maior, apenas 17 sepultamentos, nada mais que 0,27% do total.

Os números são importantes, pois demonstram a quantidade de escravos sepultados no Cemitério dos Pretos Novos revelando variações consideráveis. Entretanto, para termos uma visão mais contextualizada sobre o assunto, a comparação com o número de sepultamentos no cemitério da Santa Casa da Misericórdia do Rio de Janeiro pode ser importante para podermos comparar o número de corpos sepultados em cada um dos campos santos e suas especificidades.

Mary C. Karasch,[57] analisando os óbitos da Santa Casa da Misericórdia, chegou aos seguintes números: 2.060 para 1.824; 2.086 para o ano de 1825; 2.019 para 1826; 2.014 para 1827; 2.028 para 1828 e 2.061 para 1834.[58] Nota-se que o número de sepultamentos se mantém quase que estável na casa dos dois mil por ano, o que demonstra que nestes anos não deve ter havido uma epidemia, ou qualquer anormalidade que contribuísse para o aumento da mortalidade não só escrava como da população, pois a Santa Casa não sepultava apenas escravos. Em contrapartida, os índices de sepultamento no Cemitério dos Pretos Novos, conforme a ta-

---

57 KARASCH, Mary C., *Op. Cit.*, pp. 192.
58 Ela não transcreveu os dados sobre 1829 e 1830 porque o livro estava ilegível nestas datas.

bela 5, demonstram uma variação contínua que evidencia a existência de um fator exógeno que interfere diretamente na quantidade de escravos sepultados. Ora, esta variação que se apresenta de forma que em um ano tenhamos um aumento de sepultamentos, como no caso dos anos 1826 e 1828, intercalados por períodos de menos sepultamentos realizados, só podem ser explicados à luz do funcionamento do tráfico negreiro, já que a quantidade de entrada de mão-de-obra escrava varia ano após ano, da mesma forma os sepultamentos. O gráfico 3 procura demonstrar esta relação.

GRÁFICO 3. RELAÇÃO ENTRE O VOLUME DE TRÁFICO NEGREIRO E QUANTIDADE DE ESCRAVOS SEPULTADOS NO CEMITÉRIO DOS PRETOS NOVOS DE 1824-1830

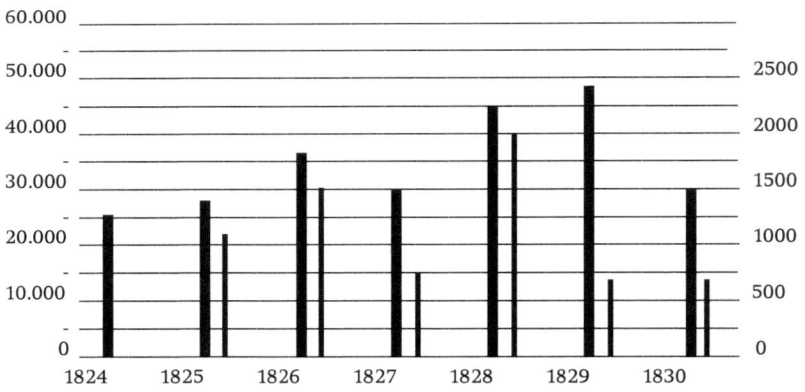

Escravos que entraram no porto do RJ
Escravos que foram sepultados no Cemitério dos Pretos Novos

Fonte: ACMRJ. Livro de Óbitos da freguesia de Santa Rita, 1824-1830.

Ao observarmos os números de entrada e o número de sepultamento, notamos que a quantidade de ambos segue um mesmo padrão, indicando que quando entram mais escravos no porto do Rio de Janeiro, mais escravos são sepultados no Cemitério dos Pretos Novos. Logo, pode-se entender que, de fato, o tráfico negreiro agia de forma direta sobre a quantidade de mortos, não que este aumentasse a mortalidade escrava, mas porque aumentava o volume de escravos transplantados para o Brasil.

Esta análise não deve ser generalizada para todo o período de vida dos escravos, já que não consegue mensurar o número de escravos que morreriam anos após o contágio, nem os que se curariam, nem a camada da população escrava que fora contaminada em decorrência do contato com estes escravos no Valongo. Trata-se, na verdade, de um olhar ajustado para um momento micro que reflete o instante fugaz que acompanha apenas os escravos que morriam tão logo aportavam no Rio de Janeiro.

Por outro lado, verificamos que o ano de 1828 representou o momento no qual a soma de sepultados no Cemitério dos Pretos Novos chegou a 2.019, o maior número registrado em todos estes seis últimos anos. Com efeito, é neste mesmo ano que as reclamações ganharam mais peso e as documentações são expedidas à Câmara, no intuito de acabar com os sepultamentos no nefasto campo santo. Ao mesmo tempo, a nova municipalidade de 1º de outubro do mesmo ano contemplava esta questão dos cemitérios intramuros, assim como no ano posterior, 1829, o jornal *Aurora Fluminense* publicou uma série de editoriais sobre esta temática, o que faz com que tenhamos o grosso das reclamações neste período.[59]

Se a relação entre tráfico e quantidade de sepultamentos está demonstrada, falta explicar o porquê de um número tão pequeno de sepultamentos em 1830: apenas 17 sepultados. Mas o que se apresenta como um obstáculo pode tornar-se extremante instigante e talvez a parte de maior contribuição deste trabalho; a de explicar como, ou por quais razões, o Cemitério dos Pretos Novos teria sido extinto em 1830.

Retornando ao gráfico 3, visto anteriormente; ou observando o gráfico 4, confeccionado a partir dos dados quantificados por Florentino & Fragoso, percebemos que o ano de 1828 foi o momento no qual entraram 45.670 almas no Rio de Janeiro e em 1829, 47.630. Estes dois anos representaram o maior volume de entrada de escravos no porto do Rio de Janeiro. Porém, em 1830 o Rio de Janeiro recebeu 28.250 escravos. Se de fato o número de importação de escravos está diretamente relacionado com o índice de sepultamentos no Cemitério dos Pretos Novos, como explicar que tenhamos em 1830 um número tão baixo de sepultamentos, já que tivemos uma entrada considerável de escravos oriundos da África?

---

[59] Quanto à mobilização dos moradores para o fim do cemitério, veja o capitulo dois desta dissertação.

## GRÁFICO 4. QUANTIDADE DE ESCRAVOS QUE ENTRARAM NO PORTO DO RIO DE JANEIRO DE 1824 A 1830.

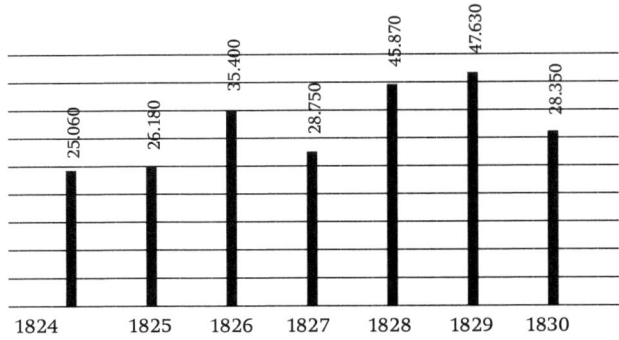

Fonte: FRAGOSO, João. FLORENTINO, Manolo Garcia. *O arcaísmo como projeto: mercado atlântico, sociedade agrária e elite mercantil no Rio de Janeiro*, c. 1790-1840, 2ª ed., 1986.

Em primeiro lugar, no tocante às evidências internas, não foi encontrado nenhum outro livro de óbitos que dê continuidade aos registros dos óbitos dos escravos. O livro de óbitos da Freguesia de Santa Rita de 1824 a 1830 termina com folhas em branco ainda por serem utilizadas, demonstrando uma interrupção abrupta nos lançamentos que apresentam desde janeiro sepultamentos cada vez mais espaçados, ou seja, apenas 17 em todo este período.

Verificamos se nos livros de óbitos da mesma freguesia havia indícios de escravos novos sendo sepultados em igrejas, após ou em 1830, mas nenhum registro foi encontrado, nem mesmo um aumento do número de sepultamentos nestes livros.[60]

Ainda no tocante à busca por evidências do fim do cemitério, a pesquisa realizada no arquivo da Santa Casa da Misericórdia do Rio de Janeiro foi providencial. Em primeiro lugar, os documentos pesquisados revelaram que muitas pessoas eram sepultadas na Santa Casa, na capela da Misericórdia, sob a fórmula abaixo:

> *No primeiro dia do mez de junho de mil oitocentos e quatro, depois de encomendado por mim, foi sepultado nesta igreja da Misericórdia, a ino-*

---

[60] Por exemplo, no Livro de Óbitos de livres e escravos, de Santa Rita, de 1820-1832, localizado na ACMRJ, não foi encontrada nenhuma menção a escravos novos, mesmo depois de 1830. Não foi verificado um aumento de sepultamentos em relação a antes de trinta, o que indicaria que os senhores estariam sepultando pretos novos como se fossem ladinos, nas igrejas, mas tal aumento não foi constatado.

cente Maria, filha de João dos Santos Roiz, para constar fiz este termo que assignei O. P.[ilegível] Joaquim de Duarte Nunes. Sacristão Mor[61]

Este livro de óbitos foi aberto em 1824 e fechado em 1834 e era destinado a brancos, livres e escravos, desde que tivessem sido encomendados por seus senhores. Existem referências ao uso de mortalhas e hábitos de São Francisco, mas não há menção alguma de que escravos novos tenham sido sepultados lá.

Entretanto, ao lado da capela, no terreno que parece ter sido uma parte contígua ao hospital da Santa Casa, havia uma ladeira chamada "Ladeira da Misericórdia" Nela eram sepultados os escravos e indigentes, pois encontramos em outra documentação indícios que comprovam que os pretos novos passaram a ser sepultados neste local, após 1830.

A documentação se constitui de pedaços de papel que parecem ter sido bilhetes que eram transportados com os cadáveres por aqueles que os levavam até a Ladeira da Misericórdia para inumá-los. Ao chegar o cadáver, os que o transportavam mostravam o bilhete ao pároco, junto com o dinheiro para as custas do sepultamento. O morto já devia estar envolvido em mortalha, comprada previamente à Santa Casa. De posse deste papel com as informações do defunto que nós chamaremos de "bilhete", o notário deveria lançar os dados do morto em um livro de óbitos. Tal livro deve ter-se perdido no tempo, ou nunca ter sido escrito, de fato, mas os registros dos bilhetes foram guardados. Eis abaixo o teor de um deles:

> *Do deposito dos Escravos novos vindos de Lourenço Marques nas Barcas Zefirino, vai sepultar na Santa Casa da Misericórdia hum preto a marca "F" no peito esquerdo ficando a disposição do Senhor Juiz do Crime do Bairro São José.*
> *Lazareto, 31 de janeiro de 1833*
> *M, Olindo Couto.*[62]

Estes bilhetes, tal qual o livro de óbitos da Freguesia de Santa Rita, de 1824 a 1830, têm as informações do local de falecimento, a barca que trouxe o escravo, a marca do cativeiro e a data. Como pode se ver, apesar de o escravo ter vindo do Lazareto que se situava no Valongo, ele foi encaminhado para a Santa Casa, o que indica que o Cemitério dos Pretos Novos já não existia nesta época. O bilhete é datado de 1833, portanto três anos após o fim do Cemitério dos Pretos Novos.

---

[61] Arquivo da Santa Casa da Misericórdia do Rio de Janeiro (ASCMRJ) - Livro de sepultamentos, livro 2, 1824 a 1834.
[62] ASCMRJ - Misericórdia, janeiro de 1833, Lata n.1.

Um exemplo pinçado do ano de 1831 pode reforçar esta nossa proposição. Um preto forro, capoeira, intrépido tocador de sino, morreu ao cair da torre da Igreja de Nossa Senhora Mãe dos Homens, depois de se aventurar a fazer badalar o sino da igreja. O juiz de crime não hesitou em enviá-lo à Ladeira da Misericórdia para ser sepultado.[63]

Muitos bilhetes devem ter-se perdido, deixando certa lacuna no período pesquisado, mas após 1833, temos os bilhetes de forma sistemática. Através deles, sabe-se que na ladeira não eram sepultados apenas escravos novos, fato comprovado no fragmento abaixo:

> *Do deposito dos Escravos novos vindos de Lourenço Marques vai sepultar na Santa Casa da Misericórdia hum moleque com a marca "F" peito esquerdo ficando este corpo a disposição do Exc. Juiz do Crime do Bairro São José. Lazareto 31 de janeiro de 1833.*[64]

É bem verdade que nem todos os bilhetes eram tão minuciosos. Muitos eram bem objetivos, com apenas o nome do defunto, como este: "Nome Maria Escrava da Senhora Joana Rosalina".[65] Outros bem singelos e carregados de eufemismos, apesar de poderem passar despercebidos, são de um teor simbólico imenso: "O anjinho he Manoel, enquanto vivo foi escravo de Antônio Barboza Correa, Rio 25 de Janeiro de 1833".[66] Neste caso, diferentemente dos registros que vimos que atestavam a condição jurídica de escravo, o que o escritor quis destacar era que este menino não era mais escravo, pois que já se tornara anjo e, portanto, livre das amarras da servidão.

A obrigação de se ter um médico que atestasse o óbito das pessoas na Corte do Rio de Janeiro, a partir de 1830, fez com se pudesse ter mais informações sobre a *causa mortis* da população, ao mesmo tempo que propiciou a confecção de boletins de estatísticas do governo imperial que, desde então, puderam monitorar de forma mais apropriada a saúde dos cidadãos e saber as principais doenças que assolavam o Brasil. O documento abaixo é emblemático neste sentido, pois demonstra o modo detalhado pelo qual o atestador da morte se refere ao ocorrido:

> *Attesto que Roque, preto de nação escravo do senhor coronel José de Amorim Lima, morador da rua do semitério da gamboa. falleceu hoje pellas sette oras da manhã de huma gastro-interite crônica que terminou por diarreia*

---
63 AN, Ij6-165, 1831-1833, 2/11/1831. Apud: Carlos Eugênio Líbano Soares, *A Capoeira Escrava e outras transformações no Rio de Janeiro (1808-1850)*, p. 152.
64 ASCMRJ - Misericórdia, janeiro de 1833, Lata n.1.
65 Idem.
66 Idem.

*estando enfermo ha mais de dois meses: pode-se dar sepultura três horas depois da pernoite, não excedendo a quarenta destas sobre a terra.*
  *Rio de janeiro 21 de novembro de 1834.*
  *João Álvares carneiro (sic)*[67]

Neste trecho temos quase todos os dados de que precisamos, mas, para nossa pesquisa, o mais importante é que ela fornece o endereço do defunto, neste caso "rua do semitério da gamboa" *(sic)*, Ora, sabe-se que o nome da rua na qual ficava o Cemitério dos Pretos Novos era rua do Cemitério. Desta forma, caso o cemitério ainda existisse, seria praticamente impossível que mandassem o corpo de Roque para um local tão di[68]stante como o do cemitério da Ladeira da Misericórdia, ainda mais que, como o documento parece indicar, havia urgência no sepultamento.

Pode-se inferir daí que, com certeza, em 1833 o cemitério não mais existia e todos os corpos de brancos, crioulos, forros, livres, escravos, ladinos ou pretos novos, iam direto para a Ladeira da Misericórdia, não existindo entre eles nenhuma separação quanto ao local de inumação, sendo todos depositados em um mesmo solo.[69]

Por conseguinte, o próprio Cemitério da Misericórdia se viu incapaz de absorver uma demanda tão grande. É neste momento que o Senado da Câmara voltou a sua atenção para aquele que representava o último cemitério intramuros, na cidade do Rio de Janeiro. Como este documento datado de 1833 atesta:

*Sendo o ambito do Cemiterio da Santa Casa d'Misericordia extremamente pequeno em relação ao numero de corpos, que ali se sepultão; e acontecendo alem disso que a terra já saturada se tem tornado imprópria para consumi-los; resultando d'estas circunstancias. e da localidade em que lhe se acha collocado, o acarretar a viração sobre a cidade, com reconhecido detrimento da saude dos habitantes, os miasmas que ali exalão: Manda a regencia em nome do Imperador, pela secretaria d'Estado dos negocios do imperio, que a Camara Municipal D'esta Cidade Designe, dos terrenos publicos existentess fóra do povoado, um ou mais, que pela sua situação e capacidade sirva para aquelle fim, e nelle faça estabelecer o Cemiterio da dita Santa Casa;*

---
67 Idem.
68 "O acesso ao saco da Gamboa era possível através da Rua do Cemitério (atual Pedro Ernesto), que ligava essa praia à praia do Valongo, além das chácaras que o ladeavam, situava-se nesse lugar o Cemitério dos Pretos Novos, cuja presença dera nome ao logradouro" Cf. *História dos Bairros da Saúde, Gamboa, Santo Cristo*, p. 38.
69 Outrossim, encontraram-se dezenas de relatos de escravos recém-chegados sendo sepultados na Ladeira da Misericórdia.

*prohibindo, do prazo que lhe parecer razoável em diante, o enterramento do corpos no que ora existe.*
*Palácio do Rio de Janeiro, em 3 de Agosto de 1833.*[70]

Seria desnecessário abordar a questão de superlotação deste cemitério, já que temos abordado este fato ao longo de todo o livro e o seu caso é similar ao do Cemitério dos Pretos Novos. O que desejo, por hora, é mostrar que em 1833 o Cemitério da Santa Casa sofreu uma superlotação por conta do fim do Cemitério dos Pretos Novos.

Supomos que, se em 1833 já não havia o Cemitério dos Pretos Novos, não seria difícil que o referido campo santo, a partir de 1829, tenha deixado de ser usado pelos traficantes de escravos como o único local destinado ao descarte dos corpos. A pressão exercida pelos moradores e pela nova municipalidade de 1828, e que movimentou parte dos meios de comunicação desfavorável às práticas de sepultamento ali exercidas, deve ter forçado os comerciantes de escravos a buscarem um novo cemitério. Destarte, é provável que os escravos mortos tenham passado, lenta e gradualmente, a serem inumados na Ladeira da Misericórdia. Não teria sido mera coincidência o fato de Clemente Pereira ter conseguido aumentar o Cemitério da Santa Casa, em 1829, uma vez que, desde 1828, por ocasião da publicação da nova Municipalidade, o referido campo santo também era acusado de ser um foco de miasmas.[71] Isto explicaria o decréscimo de sepultamentos observado no Cemitério dos Pretos Novos, sentido a partir de 1829 até se extinguir totalmente em março de 1830, não obstante o tráfico experimentar números extraordinários. Pode explicar também por que os bilhetes nunca foram lançados em um livro próprio, já que o mesmo constituiria uma prova da entrada de escravos novos no país.

Por outro lado, as evidências externas comprovam que a nação brasileira vivenciou, no biênio 1829-30, anos cruciais para a política econômica externa, no tocante à cessação do tráfico de escravos. Com efeito, o ano de 1826 representou um período de transição na conjuntura político-econômica do Império recém-nato. Tanto no cenário interno quanto no externo, o momento era de turbulência. Em 1825, o Brasil, finalmente, havia tido a sua independência reconhecida pela Inglaterra, desde que não envidasse esforços em suprimir urgentemente o tráfico de escravos africanos. Diante disto, a Câmara dos Deputados se viu inundada de pro-

---

70 AGCRJ - Códice 58.2.1. Cemitérios 1829-839, doc 6.
71 Em 1829, José Clemente consegue reformar o cemitério da Santa Casa. É provável que esta reforma tenha sido o aumento do terreno, estendendo-o até a ladeira que passou a se chamar Cemitério da Misericórdia. FAZENDA, Dr. José Vieira. *História da Santa Casa da Misericórdia do Rio de Janeiro*. Rio de Janeiro: Imprensa Nacional, 1908, p. 56.

postas de supressão do infame comércio em longo e em curto prazo. Em 1826, portanto um ano depois do seu reconhecimento como nação independente, o Brasil firmava o tratado anglo-brasileiro, que previa o fim do tráfico em três anos. Tal tratado seria ratificado em 13 de março de 1827 pela Coroa inglesa e o tráfico deveria findar definitivamente em 13 de março de 1830.[72]

Sem prazos para recorrer do acordo, em 13 de março de 1830 o Brasil se viu forçado a cumprir o tratado firmado com a Inglaterra. Pela assim chamada "lei para inglês ver", o tráfico continuava, mas, para todos os efeitos legais, ele já não existia mais, trazendo, inclusive, sanções previstas na lei para quem continuasse a se aventurar no negócio, agora considerado vil.[73]

Às voltas com o tratado firmado com a Inglaterra que previa o fim do tráfico para 1830, "os compradores de africanos acreditavam no fim próximo e definitivo do comércio negreiro, e tal crença influiu no mercado de africanos entre 1826 e 1830",[74] e no lugar de sepultamentos também. Ao importarem cada vez mais (ver o gráfico 4), eles foram forçados a buscar um novo local de sepultamento que não evidenciasse a continuação das transações. Em 1830, já sabedores de que o governo não conseguiria impedir o comércio de escravos através do Atlântico, os traficantes não pouparam esforços em dissimular o engodo da lei para a cessação do tráfico e encobrir o seu *infame comércio*, e passaram a inumar os ladinos em cemitério já existente e não exclusivo dos pretos novos, já que, em última análise, seria uma prova cabal da existência do ato. Com efeito, o fim simulado do tráfico de escravos resultou no fim real do Cemitério dos Pretos Novos, no mesmo período da "lei para inglês ver".

O fim do tráfico legal de escravos também resultou no fim da parada obrigatória dos navios negreiros na Alfândega do Rio de Janeiro, e do mercado do Valongo e do seu cemitério. Nisto também acreditou o memorialista Vivaldo Coaracy:

> *Tão precárias e horríveis eram as condições desse cemitério, [dos pretos novos] onde os corpos eram envoltos em fétidas esteiras, mal ficavam encobertos por uma tênue camada de terra, que ainda em 1829 o intendente geral da polícia, Araújo Bastos, em enérgico ofício reclamava da Câmara urgentes medidas de saneamento. O cemitério, porém, permaneceu tal qual era até a extinção do Mercado que lhe dera origem e lhe alimentava.*[75]

---

72 RODRIGUES, Jaime. *O infame comércio*, pp. 99-100.
73 *Idem*.
74 FLORENTINO, Manolo Garcia. *Em costas negras*, p. 50.
75 Vivaldo Coaracy. *Memórias do Rio de Janeiro*, p. 297.

O memorialista, que não foi uma testemunha ocular, supôs que o mercado do Valongo não existia mais, mas com o fato de o Valongo ter sido declarado ilegal em 7 de novembro de 1830,[76] é, pois, difícil de se precisar em que momento o Valongo deixou de funcionar como um mercado de escravos. No mesmo período, verificou-se que a produção cafeeira aumentara sobremaneira. Aos poucos, os barracões de escravos deram lugar aos trapiches de café, que se espalharam pela Praia do Valongo e Valonguinho e que seriam transformados em cais.[77] Neste momento, os escravos são negociados às escondidas em vários barracões pela cidade, lado a lado com sacas de café, bois, milhos, açúcares e produtos vários.

Obviamente, por outros caminhos que não os pretendidos, os moradores do Valongo se viram livres do nefasto campo, tido por santo, ao mesmo tempo que os africanos recém-chegados devem ter experimentado condições piores de desembarque, pois a condição de ilegal obrigava os traficantes a usarem toda a costa marítima para dificultar as apreensões. Sob tais condições, os mortos que não foram transportados para a Ladeira da Misericórdia devem ter sido abandonados ao longo do percurso, sem local apropriado nem destino certo. Este deve ter sido o motivo pelo qual vários fiscais de crime, após 1830, reclamarem de corpos de defuntos lançados ao mar, na Ponta do Caju e na Baía de Guanabara.[78]

Entretanto, se o lugar de sepultamento mudou após 1830, a forma de se fazer os sepultamentos permaneceu inalterada. Se no Cemitério dos Pretos Novos os escravos recém-chegados eram lançados em valas comuns, na Ladeira da Misericórdia a situação não era melhor e a superlotação foi um problema constante e recorrente. O que demonstra que o descaso e a violação ao direito a um sepultamento digno foram sempre praticados, independentemente de que se tivesse um lugar exclusivo ou não. E que ser sepultado sem os paramentos fúnebres não foi um "privilégio" do Cemitério dos Pretos Novos.

### 3.3. AS DESCOBERTAS ARQUEOLÓGICAS

Em janeiro de 1996, a casa situada na rua Pedro Ernesto, n.º 36, na Gamboa, zona portuária do Rio de Janeiro estava em polvorosa. Os pedreiros, pela manhã, entre um gole de café e outro, aguardavam a autorização para o início da obra. A tarefa era a de reformar a casa onde

---

[76] KARASCH, Mary C., *Op. Cit.*, p. 74.
[77] A expansão cafeeira, em 1830, força a modernização do local, os traficantes são desalojados, os armazéns são destinados ao café. Em 1831 foi extinto o depósito de escravos na Rua do Valongo. Em 1834 a forca da Prainha (Praça Mauá) é retirada. Em 1837 um pequeno estaleiro foi colocado no lugar e, conforme o autor, esta "evolução" da região era um grande projeto político-econômico, Cf. *História dos bairros da Saúde, Gamboa, Santo Cristo e Zona Portuária*, pp. 50-56.
[78] AGCRJ - Códice 58-2.10. "Corpos lançados ao mar".

passaria a morar o casal Petruccio e Ana Maria Mercedes Guimarães, os novos proprietários.

Qual não foi o espanto dos trabalhadores quando, de súbito, perceberam que algo mais do que o chão era quebrado, pois ossos se misturavam à terra revolvida a cada vez que uma pá fendia o solo. Depois de muitas conjeturas sobre o que pudesse ser aquilo, o Departamento Geral de Patrimônio Cultural da Prefeitura da Cidade do Rio de Janeiro foi acionado, bem como o Instituto de Patrimônio Histórico, e chegaram à conclusão sobre o motivo de várias ossadas terem sido descobertas naquele local: aquele era o Cemitério dos Pretos Novos, do qual, há muito, se havia perdido a localização.[79] Toda esta história talvez ainda estivesse encoberta não fosse o caso de o local do campo santo ter sido assim redescoberto acidentalmente durante a reforma de um imóvel particular.

Um trabalho arqueológico foi iniciado no local para "salvar" o material descoberto. Naquele momento não se possuía uma ideia clara da magnitude do que pudesse vir a ser aquela descoberta. Como dissemos acima, o cemitério havia caído no esquecimento e mesmo o meio acadêmico não possuía muitos estudos sobre o tema. Encarregado da tarefa arqueológica, o Instituto de Arqueologia Brasileira (IAB) emitiu um laudo técnico, o qual passaremos a examinar.

Foram encontrados vários artefatos de ferro, comprovando a capacidade dos africanos, com relação à produção da metalurgia, bem como instrumentos que podem ser do uso diário tais como pontas de lança, argolas e colares que os africanos usavam em seus paramentos.

Contas de vidro também foram achadas no sítio arqueológico. Este fato confirma o que foi verificado por mim, no livro de óbitos da Freguesia de Santa Rita, de 1824-1830, pois encontramos registros de escravos que foram sepultados com contas de vidro no pescoço. Em 22 de setembro de 1826, cerca de cinco escravos foram sepultados com "contas brancas no pescoço".[80] Curiosamente, sobre estes escravos não havia a marca forjada pelos comerciantes, mas, no lugar destas, contas brancas como um sinal de distinção.[81] Na África, tais paramentos serviam para distinguir as etnias ou marcar uma determinada posição dentro do grupo social.

---
79 Conforme reportagem feita pela repórter Sabrina Petry, sob o título: "Criado no Século 18 para enterrar os africanos recém-chegados ao Brasil, local volta ser pesquisado por arqueólogos". Publicada pelo jornal *Folha de São Paulo*, Edição 26.530, em 21/11/2001, caderno *Cotidiano*.
80 ACMRJ - Livro de Óbitos da freguesia de Santa Rita, 1824 -1830. Fls. 94 e 95.
81 Um outro fato interessante foi o do escravo vindo de destino ignorado, no bergantim Luís de Camões que foi sepultado com "hum chumbo no pescoço" cf. ACMRJ - Livro de Óbitos da freguesia de Santa Rita, 1824-1830.

Outros artefatos de barro, como cachimbos, e cerâmicas também foram achados durante as escavações, que atestam o aspecto da cultura material dos africanos que se distinguem pelas características da coloração escura, grande resistência, desenhos feitos por incisões de linhas simples ou paralelas e que muitas vezes combinavam motivos indígenas.

Foram encontradas várias conchas que, segundo arqueólogos, fazem parte da sedimentação do solo e não têm qualquer ligação com os africanos sepultados ali. Mesmo assim vale ressaltar que existia, na África, o antigo ritual de sepultamento no qual pequenas conchas chamadas de Os cauris eram depositadas junto ao corpo do morto, a fim de que se adivinhassem quem havia sido o responsável por aquela morte. No entanto, volto a ressaltar que não se trata do material encontrado no Cemitério dos Pretos Novos, ao menos na amostra recolhida.

Finalmente, não só os aspectos da vida material africana foram desvelados, mas os próprios ossos dos escravos foram analisados para que se pudesse, à luz da arqueologia, verificar quem eram os sepultados naquele local.

Foi feito o salvamento de 28 ossadas, ou indivíduos. A análise dos ossos revelou terem pertencido predominantemente a jovens do sexo masculino, com idade estimada entre 18 e 25 anos. Também foram encontrados ossos de adolescentes entre 12 e 18 anos e crianças entre 3 e 10 anos. Esta amostra, embora pequena, confirma o que a análise histórica tem demonstrado até aqui.

Como vimos anteriormente, a população do Cemitério dos Pretos Novos era composta predominantemente por homens. Como se pode ver no gráfico 5, a composição demográfica do cemitério, de 1824-1830, era 83% de homens, ou seja, escravos entre os 15 e 26 anos.[82] Já as mulheres aparecem no gráfico respondendo por apenas 9% dos escravos e são classificadas na mesma faixa etária dos homens. Os rapazes, ou moleques novos, conforme a nomenclatura da documentação, e que estavam entre os 8 e 14 anos, eram 2% do total; as molecas novas, 1%; e as crias, crianças de 0 a 4 anos, representavam 2% da soma.[83]

---

82 Considera-se para este trabalho a nomenclatura da divisão etária apresentada por KARASCH. Cf. KARASCH, *Op. Cit.*, pp. 70-71.
83 ACMRJ – Livro de Óbitos da freguesia de Santa Rita, 1824- 1830.

## GRÁFICO 5. DEMOGRAFIA DO CEMITÉRIO DOS PRETOS NOVOS

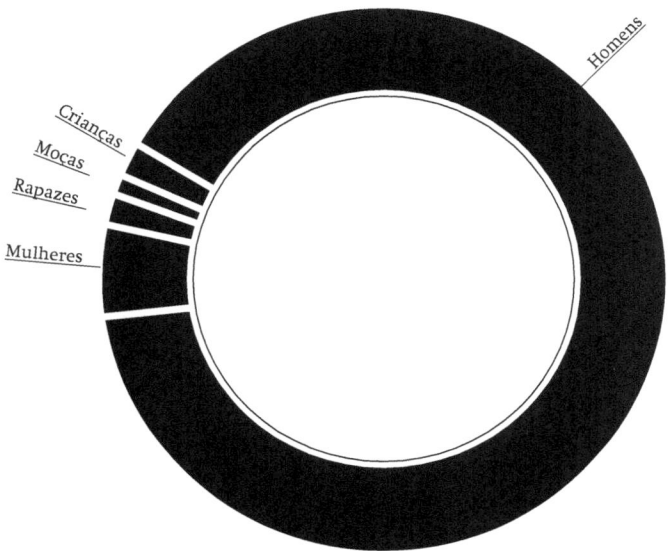

**Fonte:** ACMRJ - Livro de Óbitos da freguesia de Santa Rita, 1824 -1830.

A razão de a grande maioria dos escravos ser constituída por homens já foi contemplada anteriormente, bem como a sua desproporcionalidade em relação às mulheres. Resta-nos frisar que, se por um lado havia poucos sepultamentos de moleques e molecas, não se pode dizer o mesmo das crianças de 0 a 4. Obviamente, nesta faixa etária, nota-se uma alta mortalidade, porquanto os infantes eram incapazes de resistir às agruras do translado escravo, logo, estas eram as que mais morriam.

Voltando às contribuições arqueológicas, a análise no universo de 5.563 fragmentos proporcionou a verificação de que muitos ossos apresentavam marcas de queimação, ou seja, foram queimados após a descarnação,[84] o que confirma o relato do viajante alemão Freireyss e do juiz de crime de Santa Rita, que já haviam denunciado este fato.[85]

---

[84] AGCRJ - *Africanos Novos na Gamboa: Um portal arqueológico.* Folder da Exposição. Rio de Janeiro, 2001, p. 15.
[85] Veja o capítulo 2 desta publicação.

Através de uma microanálise na arcada dentária, um outro fato importante foi detectado. Estes ossos salvados permitiram a verificação de uma marca tribal comum entre os angolas: os dentes limados. Ou seja, entalhes feitos nos dentes da arcada superior. Tal marca era feita em várias tribos a fim de definirem os ritos de passagem, ou a distinção de determinados grupos sociais, uma prática corriqueira entre os bantos. Um outro fato importante é que isto confirma as pesquisas históricas que indicam que a maioria dos sepultados no Cemitério dos Pretos Novos era de origem banto, e está em conformidade com as pranchas de Debret sobre os grupos étnicos, suas marcas e escarificações faciais.

Os problemas patológicos foram confirmados através de certos ossos retirados do Cemitério dos Pretos Novos que apresentavam sinais de maus tratos, como fraturas, infecções, anemias e degenerações. Um fragmento de crânio apresentou sinais de anemia ativa, por ocasião da morte; tratava-se de um crânio infantil, do qual se estima que possuía entre 3 e 5 anos.[86] Por causa de uma alimentação precária baseada em uma dieta pobre de vitaminas B1 e B6, era frequente o caso de escravos que desenvolviam, entre outras doenças, a anemia.

Quanto à importância do uso do espaço geográfico como uma marca de distinção para o morto e sobre o morto, pode-se dizer que o trabalho de Carlos Egemann, Marcelo de Assis e Manolo Florentino avança com maestria nesta seara. Ao se debruçarem sobre os sepultamentos de escravos, na igreja Matriz de Nossa Senhora do Desterro, na Freguesia de Itambi, no Rio de Janeiro, baseados na ideia de que "A distribuição espacial dos sepulcros na área de templo cristão tendia, portanto, a refletir uma dentre as várias hierarquizações presentes entre os cativos",[87] analisaram o local de inumações, podendo perceber que esta se diferenciava de acordo com a importância do escravo enquanto vivo. Já inseridos na especificidade do catolicismo brasileiro, os escravos preferiam ser sepultados dentro da igreja e, quando possível, próximo do altar. Os de menos recursos tinham de se contentar com os adros do templo. Desta feita: "somente metade dos cativos foram inumados dentro da nave, e dois entre cada três deles (28% do total) conseguiram ser enterrados próximos ao altar".[88]

Infelizmente, a pesquisa arqueológica não avançou mais no sentido de revelar outras questões cruciais para o entendimento do Cemitério dos Pretos Novos, tais como, por exemplo, verificar a posição em que os

---

86 AGCRJ - Africanos Novos na Gamboa. Op. Cit., p. 17.
87 ENGEMANN, Carlos. Sociabilidade escrava e mortalidade escrava no Rio de Janeiro – 1720-1742. In: FLORENTINO, M.; MACHADO, C. (org.). *Ensaios sobre escravidão*, p.195.
88 ENGEMANN, Carlos, *Op. Cit.*, p.195.

escravos foram inumados. Conhecer a distribuição espacial dos corpos dentro do terreiro teria sido importante para sabermos como eles eram dispostos no solo e se de fato estavam entulhados conforme a documentação histórica indica.

Com efeito, a descoberta deste fator poderia mudar o posicionamento das pesquisas feitas sobre a forma inglória com que os antepassados dos escravos foram tratados. Similarmente, a análise da composição do solo poderia mostrar se o cemitério sofreu alterações em seu tamanho ao longo do tempo, como o que foi ordenado pelo poder público, ao longo da década de 1820 do Brasil oitocentista. Enfim, estas questões poderiam ser a "pedra de toque" no que se refere à discussão entre moradores, Igreja e poder público.

Estive no IAB e lá entrevistei os responsáveis pela pesquisa arqueológica, com o intuito de buscar estas informações, mas o que obtive foram as de que não fora feita uma pesquisa aprofundada e sim um "salvamento" e que, por conta disto, não havia mais nada a acrescentar ao que já fora publicado no folder da exposição dos Pretos Novos, já citado neste livro. Disseram precisar de verbas e recursos para esta finalidade. Entretanto, enquanto nada mais se faz neste sentido, ao fim e ao cabo, somos obrigados a agradecer à musa *Clio*, que não pretende ser rainha, mas também não é mais serva. É livre e escolhe os seus companheiros livremente[89] e, mais, é capaz de continuar atuante quer tenha parceria ou não.

### 3.4. THE AFRICAN BURIAL GROUND, UM CASO DIFERENTE

Entre as ruas da Broadway, Duane, Elk e Reade, a poucos metros do centro da cidade, vez por outra ossos teimavam em surgir do chão como que se brotassem do solo. Sabia-se, pois, que em algum lugar naquela região o solo guardava, recôndito, ossos dos ancestrais dos negros norte-americanos. O fato é que em maio de 1991, durante escavações de um prédio público, caixões foram encontrados em meio à terra, indicando a localização do antigo cemitério de escravos da ilha de Manhattam, do século XVIII.[90]

Nele foram encontradas cerca de 20 mil ossadas, entre escravos, libertos, indígenas e brancos pobres. A diferença básica entre o The African Burial Ground e o Cemitério dos Pretos Novos é que aquele pertencia à própria comunidade escrava, enquanto este estava debaixo dos auspícios clericais católicos. Logo, toda a forma de organização muda completamen-

---
89 SCHORSKE, Carl E. *Pensando com a história*. Tradução: Pedro Maia Soares. São Paulo: Companhia das Letras, 2000, p. 242.
90 WILSON, Sherrill D. *African Burial Ground Project. Classroom Study Guide & Glossary*. New York, 2004. page 3.

te, pois no *The African Burial Ground* os escravos foram sepultados segundo os seus rituais e crenças. Um outro fator de diferenciação é de que no Cemitério dos Pretos Novos não foi encontrado nenhum branco, nem nenhum escravo sepultando outro.

A pesquisa, neste caso, tanto no campo da antropologia quanto no da arqueologia, conseguiu aprofundar as indagações sobre a participação do negro norte-americano na formação da nação norte-americana. O principal fator de avanço foi a verificação da cultura escrava presente na hora da morte e como esta crença no além reorientou a vida dos vivos. Por exemplo, a simples averiguação da posição dos caixões pôde revelar a preferência escrava em serem inumados com a cabeça na direção do norte. Sabemos que na África, muitos africanos foram sepultados em posições diferenciadas dos demais, que indicavam o momento particular da morte ou a posição social do morto. Desta forma, mortos por relâmpagos, suicidas, abortos e mortos em batalha possuíam um tratamento mortuário diferenciado.[91]

No campo demográfico, a pesquisa baseada em 314 indivíduos classificados segundo o sexo e a faixa etária das pessoas sepultadas demonstrou que 89 eram adultos do sexo masculino, representando 28% do total; 73 eram mulheres em idade adulta, representando 23% do total; mas 152 indivíduos eram crianças de menos de 16 anos de idade, representando 49% da soma de todos os indivíduos, conforme o gráfico 6.[92]

---
91 *Idem*, p. 35.
92 WILSON, Sherrill D., *Op. Cit.*, p. 35.

## GRÁFICO 6. DEMOGRAFIA DO AFRICAN BURIAL GROUN

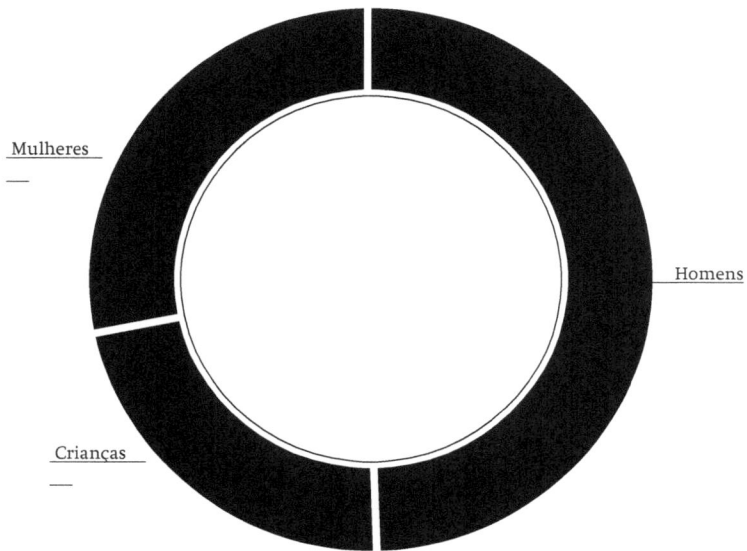

**Fonte:** ACMRJ - Livro de Óbitos da freguesia de Santa Rita, 1824-1830.

Neste aspecto, há de se notar uma outra diferença entre o *The African Burial Ground* e o Cemitério dos Pretos Novos: a elevada mortalidade infantil presenciada no cemitério norte- americano indica com precisão a qualidade de vida escrava que, neste caso, ceifava a vida dos que estavam em tenra idade. Por outro lado, isto pode explicar a dificuldade da reprodução do plantel escravo americano, uma vez que uma criança escrava dificilmente chegaria à vida adulta. Entretanto, quase não existe diferença entre os índices de mortalidade de homens e mulheres adultos. Ambos aparecem quase que em proporções idênticas. Ou seja, o momento mais delicado da sobrevivência do escravo americano era do nascimento até os 16 anos, pois após este período a expectativa de vida para ambos os sexos era praticamente a mesma.

Entretanto, a pesquisa por nós realizada sobre o Cemitério dos Pretos Novos revelou um alto índice de mortalidade infantil, não em relação aos adultos e, sim, aos jovens (ver o gráfico 5). Com efeito, não se pode generalizar estes dados para o cotidiano escravo. Na verdade, são um espelho do tráfico escravista, pois estão ligados e alimentados por ele. Uma verificação em um cemitério rural, destinado e administrado por escravos, crioulos ou libertos, revelaria com muito mais nitidez a mortalidade escrava, no Brasil.[93]

A questão étnica, tão cara aos americanos, foi debatida através da pesquisa realizada. A análise do solo evidenciou as principais patologias apresentadas pelos escravos, exames de DNA estão sendo providenciados, a fim de se confeccionar a árvore genealógica de muitos negros norte-americanos.

Enfim, a pesquisa no The African Burial Ground foi vastíssima e contemplou aspectos que ultrapassam até mesmo a abordagem que faço aqui. Diante disto, a fim de não perder o foco das questões que creio serem importantes, deixo sinalizados os avanços obtidos quando existe vontade política em se preservar a memória. Hoje, em Nova York, está erguido um Memorial aos ancestrais do negro norte-americano. Todos os anos o local é aberto à comunidade a fim de celebrarem junto aos seus antepassados. Palestras, peças, exposições e conferências são realizadas com este objetivo.

## CONCLUSÃO

Confesso que esta análise densa, pela qual perpassa uma preocupação em se traçar a radiografia demográfica dos escravos sepultados, não arroga esgotar todas as questões suscitadas. Contudo, a sua contribuição talvez seja a elaboração de uma resposta plausível para o fim do Cemitério dos Pretos Novos. A comprovação da ligação tráfico/cemitério revelou que não havia, em 1830, nenhuma outra resposta à questão do fim dos sepultamentos intramuros que não uma que pudesse contemplar o fim do tráfico, já que este era o seu realimentador contínuo.

Pudemos demonstrar que, ao mesmo tempo, os traficantes souberam forjar em tempo hábil uma solução para o fim de um cemitério contra o qual crescia cada vez mais a indisposição da sociedade que o enxergava como o foco de muitos males. Os comerciantes deixaram de sepultar neste campo santo, para passarem a utilizar, de forma discreta e gradual, o Cemitério da Santa Casa, conhecido como Ladeira da Misericórdia. Entretanto, se o local de sepultamento mudou, a forma continuou a mesma: a vala comum continuou sendo o destino dos corpos dos pretos novos, com a única diferença de que agora estes estavam camuflados entre os defuntos dos indigentes e dos brancos pobres.

---

[93] Infelizmente a Pesquisa de Egemann, na freguesia de Itambi, não contempla estas questões; está enfocada na diferenciação do espaço utilizado para sepultamentos, na classificação entre crioulos e africanos e no plantel dos senhores de escravos.

Por outro lado, ao mesmo tempo que dirimimos esta questão, outras começam a pairar sinalizando as possíveis transformações, forjadas a partir de 1830, na cidade do Rio de Janeiro. A imagem do comerciante passou à ilegalidade, bem como tudo o que era ligado ao seu *infame comércio*. Com efeito, tudo o que pudesse lembrar a referida empreitada foi sendo apagado paulatinamente do cenário carioca escravista. Neste sentido, se fez urgente encetar o aniquilamento dos indícios do Cemitério dos Pretos Novos, que se apresentara como um elemento incômodo para o modelo de nação que se forjava no primeiro quartel do século XIX.

Contraditoriamente, como quase tudo que lembra o Brasil, o modelo buscado ensejava, ainda no período imperial, algo que amalgamasse a escravidão com os ares de modernidade ainda incipiente da *Belle-époque*. É, pois, esta contradição que fez com que, no Brasil, se mantivesse o tráfico de escravos e se camuflasse a morte e o sepultamento destes. Desta forma, o cemitério foi apagado com a memória dos antepassados escravos, pois constituía os indicativos de uma sociedade escravista e prova inconteste de uma ganância que ainda não fazia parte do passado.

No próximo capítulo, buscaremos verificar de onde provinham estes pretos novos, suas origens e cultura. A observação do cotidiano da vida e da morte destes mesmos escravos, do outro lado do Atlântico, será fundamental para entendermos que tipo de experiência viveram os africanos ao saberem o destino que era reservado aos seus mortos. Se não se pode entender o Brasil sem que se compreenda a África, iremos, pois, a ela.

Recentemente, a dissertação de Mestrado defendida pelo arqueólogo Reinaldo Bernardes Tavares, hoje pesquisador do Núcleo de Pesquisa do Instituto de Memória e Pesquisa Pretos Novos, trouxe nova luz à questão arqueológica no tocante ao espaço que o cemitério ocupava. A dissertação, intitulada "Cemitério dos Pretos Novos no Rio de Janeiro, século XIX: uma tentativa de delimitação espacial" – apresentada ao programa de Pós-graduação em Arqueologia da Universidade Federal do Rio de Janeiro (Museu Nacional), sob a orientação da profª Drª Tania Andrade – demonstrou que, de fato, o espaço reservado para os sepultamentos era muito menor do que imaginávamos.

Imbuído da necessidade de uma melhor delimitação espacial do sítio arqueológico, em virtude do processo de revitalização da Zona Portuária, iniciada em 2010, e da importância da necrópole como único cemitério exclusivo para escravos conhecidos na América, Reinaldo passou a utilizar toda a metodologia necessária para o esclarecimento da posição real do cemitério. Era o primeiro momento em que a arqueologia se deparava com a possibilidade de se encontrar ossadas e artefatos arqueológicos desde de o "salvamento" realizado em 1996.

Após a execução de "uma série de poços-testes",[94] "poços de sondagem", cotejamento de mapas e fontes históricas e a aplicação da metodologia pertinente ao campo arqueológico, Reinaldo B. Tavares concluiu que o terreno devia ter cerca de 4.235 m² e não os supostos 690m (levando em conta somente a informação do muro em 50 braças em quadra), o que, de todo modo, não inviabiliza a proposta de que o espaço era pequeno para tantos sepultamentos em tão pouco tempo, já que a inumação era realizada, na sua totalidade, em valas comuns, necessariamente retrabalhadas para receberem mais corpos. O processo de destruição dos ossos se mostrou extremamente violento, pois foram encontrados ossos queimados, calcinados e quebrados espalhados pela superfície da necrópole. Era necessário reduzir ao máximo o volume dos remanescentes ósseos para que novos corpos pudessem, em tão pouco tempo, dar entrada na sepultura coletiva.

A pesquisa encontrou também um sítio de contato indígena, possivelmente um acampamento de pesca, o que demonstra que a região do Valongo foi uma importante via de acesso para os diversos colonizadores portugueses que se mesclaram aos indígenas em um mesmo espaço, já que foram encontradas cerâmicas indígenas tupi-guarani ao lado de cerâmicas europeias.

Um sítio pré-histórico batizado de Sambaqui do Propósito também foi encontrado muito próximo ao Cemitério dos Pretos Novos. Apesar de ser um sambaqui residual, portanto quase totalmente destruído para a fabricação de cal virgem durante o período colonial, ainda havia no seu interior finas lascas de quartzo (utilizadas como lâminas), restos de ossos de peixe queimados (alimentação) e conchas diversas. Os sambaquis são descritos pela literatura arqueológica, de forma simplificada, como um amontoado artificial de conchas construído por uma civilização anterior à migração tupi-guarani que habitou a costa brasileira por volta de 6.500 anos AP (antes do presente). De acordo com MaDu Gaspar (2004)[95] são vestígios muito mais complexos e que contam, arqueologicamente, uma boa parte da história do povoamento das Américas:

> *Os sítios são caracterizados basicamente por serem uma elevação de forma arredondada que, em algumas regiões do Brasil, chega a ter mais de 30m de altura. São construídos basicamente com restos faunísticos como conchas, ossos de peixe e mamíferos. Ocorrem também frutos e sementes, sendo que determinadas áreas dos sítios foram espaços dedicados ao ritual funerário e lá foram sepultados homens, mulheres e crianças de diferentes idades.*

---
94 TAVARES, Reinaldo, p. 97.
95 GASPAR, MaDu. *Sambaqui: arqueologia do litoral brasileiro.* 2ª edição. Rio de Janeiro: Jorge Zahar Ed., 2004, p.9-10.

Contam com artefatos de pedra e de osso, marcas de estadas e manchas de fogueiras, que compõem uma intricada estratigrafia. Os restos que mais sobressaem na composição dos sambaquis são as conchas [...]

Durante as pesquisas, no momento da reforma do salão que iria abrigar o memorial dos Pretos Novos, foram encontrados – tanto na sondagem 02 quanto na sondagem 03 – vários fragmentos de artefatos que normalmente não estão associados a um cemitério. Tavares não pôde se furtar à análise e, após todos os cuidados metodológicos afirmou ali haver:

> Fragmentos de cerâmica, de faiança inglesa, portuguesa, fragmentos de metal ferroso e restos alimentares. Tudo estava misturado, não somente corroborando uma das nossas duas hipóteses, mas ampliando a sua abrangência. Pois, se imaginávamos que o terreno da antiga necrópole havia sido utilizado como depósito de detritos urbanos, após o seu fechamento constatamos que ele foi utilizado como depósito de lixo urbano ainda durante o seu uso, o que, ao nosso ver, é simbolicamente muito mais grave.[96]

Foram encontrados também contas de vidro, miçangas brancas e azuis, além de ossos de animais (restos alimentares depositados como lixo urbano), fragmentos de material construtivo (telhas, tijolos e pedras-de-mão) e fragmentos de cultura material africana. Mas uma coisa muito nos chamou atenção, por ser testemunho de individualidade dos povos africanos e dos próprios indivíduos. Como ele mesmo afirma:

> Surpreendentemente também, encontramos pequenas contas de vidro e miçangas que estavam espalhadas no solo. Neste caso, não se tratava de lixo urbano, mas sim de fragmentos da cultura material dos africanos submetidos à escravidão, os pretos novos.... Foram encontradas miçangas brancas e azuis (de diversas tonalidades), além de contas vermelhas, verdes, brancas e azuis.[97]

Os ossos dos escravos estavam sem nenhuma organização espacial, torcidos, queimados em diferentes graus de exposição ao fogo (cremados, carbonizados e calcinados), quebrados, lascados, soltos no solo sem nenhuma conexão anatômica. Aqui arcadas dentárias em meio a ossos longos, ali ossos curtos com o indicio de terem sido quebrados após a descarnação, mais adiante fragmentos de crânios em meio a artefatos variados. Tudo isto à mostra em um espaço pequeno, uma janela arqueológica de 1 m² (sondagem 03). Não era necessário abrir mais nada, essas

---
96 TAVARES, Reinaldo, *Op. Cit.* p. 136.
97 Ibidem, p. 138,

duas únicas sondagens, a primeira de 4m e a segunda de 1m revelavam o contexto descrito pelo Intendente de Polícia João Ignácio da Cunha: "[...] a terra do campo revolvida e juncada de ossos mal queimados."

Nas sondagens externas foram encontrados fragmentos que corroboram a contemporaneidade entre o período de utilização do Cemitério dos Pretos Novos e a crescente ocupação urbana da região, "uma cultura material dos séculos XVIII e XIX, que incluiu louças, cerâmicas, metais, ossos de animais, diversas conchas e carapaças de moluscos"[98] do período em que o cemitério Pretos Novos ainda estava em funcionamento.

Os restos de fauna marinha encontrados durante as pesquisas realizadas na década de 90 de século XX e em 2011 são provenientes da proximidade da necrópole com o sambaqui, nada tendo de uso ritual africano e de elementos naturais do solo, como inicialmente os arqueólogos supunham. Foram introduzidos de forma contaminante em toda a estratigrafia do solo pela própria exploração do sambaqui, como recurso mineral durante a atividade de caieiras (usinas de beneficiamento de cal virgem pela queima de conchas e moluscos) que existiam na região. Portanto, já estavam espalhadas pelo solo antes do início das atividades do cemitério e foram misturadas com os restos mortais no trabalho de escavação e reaterro contínuo dos coveiros.

Recentemente também, o Projeto "Por uma antropologia biológica do tráfico de escravos africanos para o Brasil: Análise das origens dos remanescentes esqueletais do Cemitério dos Pretos Novos, Rio de Janeiro", por meio da análise isotópica de estrôncio, reuniu pesquisadores da FIOCRUZ, da UFRJ e do IAB com o propósito de encontrar indícios que pudessem mapear o continente africano através dos vestígios de estrôncio ainda presentes nos restos mortais dos africanos inumados no cemitério Pretos Novos.

A equipe, coordenada por Ricardo Ventura Santos e formada pelos pesquisadores Sheila Mendonça de Souza; Murilo Quintans Bastos, Roberto Ventura Santos, Glaucia Malerba Sene e Claudia Rodrigues Ferreira de Carvalho, publicou artigo na revista *Ciência hoje*, nº. 291, em que analisa parcialmente os dados encontrados.

Através da análise do estrôncio, tais pesquisadores chegaram à conclusão de que os pretos novos inumados naquele campo santo vieram de diferentes áreas do continente africano, reforçando a afirmativa que a necrópole é, de fato, constituída por pessoas de origem africana.[99]

---

98 TAVARES, Reinaldo, *Op. Cit.* p. 105.
99 Revista *Ciência Hoje*, Número 291, Vol. 49, Abril de 2012, pp 22-27.

# Capítulo 4. Viver e morrer na África

## 4.1. PORTOS, ÚLTIMA PARADA ANTES DA TRAVESSIA DO ATLÂNTICO, A KALLUGA GRANDE

> Aos dezoito de julho de mil oitocentos e vinte sete, Joaquim Antônio Ferreira mandou sepultar um escravo novo, com a marca à margem no braço direito, vindo de Angola no navio Despique; do que fiz este assento (grifo nosso).[1]

O trecho acima é um assentamento de óbito de um escravo novo no Cemitério dos Pretos Novos e pertence ao livro de óbitos lavrado pela Freguesia de Santa Rita, aberto no ano de 1824 e findo em 1830.[2] Através da análise dos dados obtidos, pudemos ter uma visão privilegiada referente ao local de onde vieram os escravos ali sepultados. O livro de óbitos nos conta o nome do traficante ao qual cada escravo fora consignado e quem foram os mandantes e as datas dos sepultamentos. No tocante ao escravo, cada registro traz a faixa etária, e a condição jurídica do mesmo. Quanto à embarcação, declara o tipo, o nome, o capitão do navio e principalmente os portos de origem de cada um deles. No intuito de verificar a procedência dos escravos, transcrevemos todo o livro de óbitos, de dezembro de 1824, início do livro, até março de 1830, término do livro, retirando dele todas as referências aos portos de origem de cada embarcação.

Por esta documentação localizamos pelo menos 11 portos de origem das embarcações que cruzaram o Atlântico e incrementaram o comércio de almas que alimentava o mercado do Rio de Janeiro. Consideramos não o número de navios, mas a quantidade de escravos mortos por cada embarcação, tendo assim, muitas vezes, que multiplicar o número de viagens pela quantidade de escravos mortos em cada uma delas. Assim descobrimos não só o número de viagens das embarcações, mas a quantidade de escravos falecidos em cada uma delas e a origem das mesmas. Os dados indicam que do universo de 6.119 óbitos, pelo menos 3.128 re-

---

1 ACMRJ - Livro de Óbitos de es cravos da freguesia de Santa Rita, 1824-1830. Fl. 59 (Registro do sepultamento de um escravo no Cemitério dos Pretos Novos).
2 ACMRJ - Livro de Óbitos de escravos da freguesia de Santa Rita, 1824-1830.

gistros traziam os portos de origem, conforme se pode ver na tabela 6. É com estes números que trabalhamos nesta seção.

De acordo com a tabela, podemos observar que neste curto espaço de tempo que o livro de óbitos abrange, cerca de seis anos, o antigo porto de Angola foi o responsável pelo envio à Corte do Rio de Janeiro de 891 dos pretos novos sepultados, número correspondente a 28,4 % do total. Com uma vantagem um pouco maior, o porto de Benguela enviou 914 escravos, correspondendo a 29,2%. Os dois portos juntos responderam, nestes quatro últimos anos do cemitério, por 57,6% do total. Isto demonstra a clara supremacia comercial que o Reino de Angola desfrutava, ainda no início da primeira metade do século XIX, pelo menos para o Rio de Janeiro. Entretanto, do outro lado da África, 354 escravos vieram morrer na América Portuguesa, embarcados pelo porto de Moçambique que, assim, figura em terceiro lugar com 11,3%.

O porto de Cabinda também figura na documentação: 309 escravos passaram por ele, ou seja, 9,8% do total. Logo após, o porto de Ambriz se destaca pelo envio de 229 escravos. Com quantidades quase inexpressivas temos escravos que vieram dos portos de Quiliname, Luanda e rio Zaire, com 282, 95 e 38 respectivamente. Logo após temos os escravos vindos de Inhambane, 12 escravos; Mina, com três escravos e, por último, Guiné com apenas um escravo novo sepultado (ver os principais portos no mapa 2).

TABELA 6. QUANTIDADE DE ESCRAVOS SEPULTADOS NO CEMITÉRIO DOS PRETOS NOVOS SEGUNDO OS PORTOS DE ORIGEM.

| Anos | 1824 | | 1825 | | 1826 | | 1827 | | 1828 | | 1829 | | 1830 | | total | |
|---|---|---|---|---|---|---|---|---|---|---|---|---|---|---|---|---|
| Portos | # | % | # | % | # | % | # | % | # | % | # | % | # | % | # | % |
| Cabinda | 01 | 0,03 | 30 | 0,95 | 68 | 2,17 | 51 | 1,63 | 145 | 4,63 | 14 | 1,44 | 00 | 00 | 309 | 9,8 |
| Rio Zaire | 00 | 00 | 00 | 00 | 27 | 0,86 | 04 | 0,12 | 06 | 0,19 | 01 | 0,03 | 00 | 00 | 38 | 1,2 |
| Angola | 01 | 0,03 | 153 | 4,89 | 437 | 13,97 | 87 | 2,78 | 178 | 5,69 | 35 | 1,11 | 00 | 00 | 891 | 28,4 |
| Ambriz | 03 | 0,22 | 30 | 2,25 | 69 | 2,20 | 30 | 0,95 | 64 | 2,04 | 33 | 1,05 | 00 | 00 | 229 | 7,3 |
| Luanda | 02 | 0,06 | 24 | 0,76 | 18 | 0,57 | 09 | 0,28 | 37 | 1,18 | 05 | 0,15 | 00 | 00 | 95 | 3,0 |
| Benguela | 09 | 0,28 | 164 | 5,24 | 317 | 10,13 | 159 | 5,08 | 236 | 7,54 | 29 | 0,92 | 00 | 00 | 914 | 29,2 |
| Moçambique | 05 | 0,15 | 82 | 2,62 | 42 | 1,34 | 53 | 1,69 | 72 | 2,30 | 100 | 3,19 | 00 | 00 | 354 | 11,3 |
| Inhamba-ne | 00 | 00 | 00 | 00 | 00 | 00 | 00 | 00 | 10 | 0,31 | 02 | 0,06 | 00 | 00 | 12 | 0,3 |
| Guilina-me | 00 | 00 | 94 | 3,00 | 84 | 2,68 | 05 | 0,15 | 53 | 1,69 | 44 | 1,40 | 02 | 0,06 | 282 | 9,0 |
| Guiné | 00 | 00 | 01 | 0,03 | 00 | 00 | 00 | 00 | 00 | 00 | 00 | 00 | 00 | 00 | 01 | 0,3 |
| Mina | 00 | 00 | 02 | 0,06 | 00 | 00 | 00 | 00 | 01 | 0,03 | 00 | 00 | 00 | 00 | 03 | 0,09 |
| Total | 21 | 0,67 | 580 | 18,54 | 1.062 | 33,95 | 398 | 12,72 | 802 | 25,63 | 263 | 8,43 | 02 | 0,06 | 3.128 | 100 |

**Fonte**: ACMRJ. Livro de Óbitos de Santa Rita, 1824-1830.

MAPA 2. PRINCIPAIS PORTOS AFRICANOS.

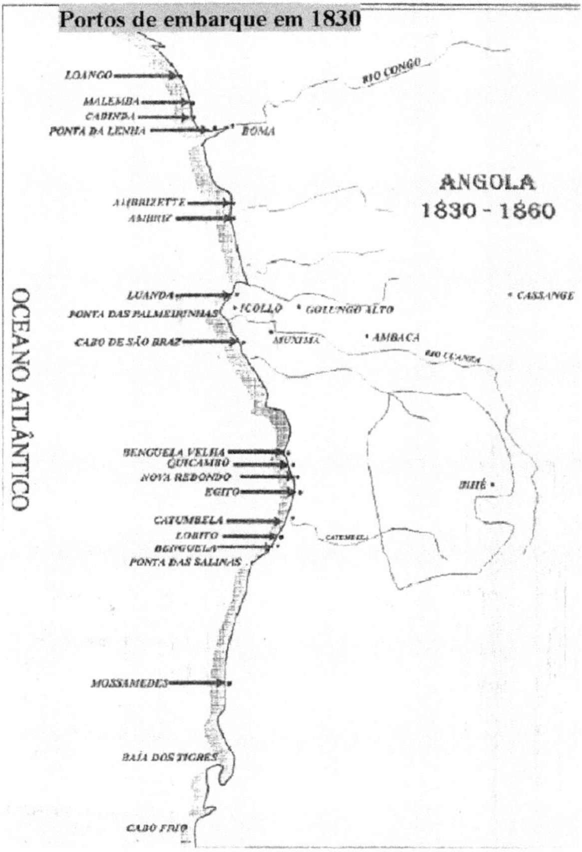

Fonte: FERREIRA, Roquinaldo A. *Dos sertões ao Atlântico*, p. 253.

Cada um destes portos possuía a sua especificidade e o seu papel dentro da relação entre a praça comercial do Rio de Janeiro e a Costa Ocidental da África. Isto era um reflexo de um comércio de escravos cada vez mais volumoso e acirrado pela concorrência entre reinos africanos em uma busca cada vez mais interiorizada de cativos retirados do sertão africano. Segundo H. S. Klein, a década de 1820 demonstrou um alto crescimento em relação aos anos posteriores,[3] porém, os portos de Luanda e Benguela, que no período posterior – 1797 a 1811 – responderam "por

---

[3] KLEIN, Herbert S. O tráfico de escravos africanos para o porto do Rio de Janeiro, 1825-1830. In: *Anais de história*. (Dep. de História FFCLA) Assis, Brasil, 1968/69. Ano V, 1975, p. 89.

mais da metade do comércio da África Ocidental"[4] relativo ao tráfico de escravos para o Brasil, a partir de 1825 tiveram sua posição de supremacia desafiada por novos portos, como nos casos de Ambriz e Cabinda. A partir de 1820 ocorre a abertura total de novos portos acima do rio Zaire, portos que se mostraram como grandes fornecedores de escravos. Nesta região passou a existir o porto de Cabinda, Molembo e o rio Zaire. Mais ao norte de Cabinda, surgiu mais um mercado, o de Ambriz, aumentando a concorrência com os velhos portos de Luanda e Benguela.

Conforme assegura Manolo Florentino, "com a passagem para o século XVIII tem início a fase áurea do tráfico pela África Central Atlântica, especialmente no período de 1760-1830, quando legitimando uma situação de fato, a Coroa abriu mão de seu monopólio". Este fato, segundo o autor, permitiu o "livre acesso de todos os nacionais a tal comércio".[5]

A partir de então, o volume do tráfico tendeu a aumentar, tanto por causa da competição de novos entrepostos, como pelo fato de que, desde então, os mercadores de escravos precisavam ir buscar suas presas cada vez mais longe, ou seja, no interior do continente. A África Central passa a conhecer um período de guerras constantes, em que se busca através da pilhagem e da razia o abastecimento de novos mercados litorâneos chefiados por africanos ou portugueses interessados em manter o seu negócio. Esta combinação de competição por mercados, guerras, secas sazonais e disputa por prestígio exacerbava o conflito, "transformando a área bantu do Atlântico em um cenário ideal para a produção de cativos"[6] em larga escala.

Todavia, esta relação de comércio entre a região do Congo e o Brasil não pode ser dissociada da longa história de aproximação entre ambos. Portugal, ao se lançar ao 'resgate' das almas, travou contato, fez alianças, incentivou revoltas e se viu refém, em certo período, da própria política implementada pelo governo luso,[7] pois a produção de cativos mediante as guerras nem sempre surtiu o efeito que se desejava, pelo menos não para os portugueses, é o que o exemplo da guerra entre os reinos do Congo e de Angola pode nos deixar. Ao eclodir em 1640, por incentivo de Portugal, serviu muito mais para atrapalhar o comércio luso-angolano, no qual o primeiro viu as rotas comerciais serem desviadas ou dominadas por novos agentes, sobretudo africanos que tiraram proveito do enfraquecimento do reino do Congo. Assim, muitos portugueses foram mortos ou expulsos, e tudo aquilo que representava o avanço conquistado pelos reis anteriores do Congo, tal como religião e comércio, estava agora ruin-

---
4 *Idem*.
5 Manolo G. Florentino. *Em costas negras*, p. 101.
6 *Idem*, p. 102.
7 *Idem*, p. 102.

do de uma forma inexorável diante da guerra. Como o que sobressalta Florentino quando assegura que: "(...) o exemplo português mostra que, quando se tentou, através de guerras, uma maior produção direta de escravos, desestabilizaram-se as rotas que secularmente alimentaram de braços os portos do Atlântico".[8]

Quanto ao porto de Cabinda, responsável por 9,8% dos escravos sepultados no Cemitério dos Pretos Novos, Karasch afirma que os traficantes cariocas utilizavam Cabinda como base para suas "exportações comerciais em toda a costa ao norte do cabo Lopez",[9] e de lá faziam conexões com os mercados do rio Zaire, onde adquiriam escravos capturados pelos reinos *Tios*.[10] Na verdade, a produção cativa adquirida daquela região era dividida entre o próprio porto de Cabinda, rio Zaire,[11] e o porto de Molembo, todos pertencentes aos domínios da região conhecida por Congo Norte.[12] Destarte, os reinos *tios,* também conhecidos por *nsundis* ou *tekes,* que estavam integrados ao tráfico do Congo Norte, faziam da guerra sua principal fonte de obtenção de escravos, principalmente das vias fluviais do próprio Zaire. Mas pode ser que muitos deles mesmos tenham sido vendidos como cativos nos portos de Cabinda. É o que supõe Karasch ao relacionar os desenhos de Debret, pois este, ao retratar *monjoulos* e *angicos,* no Rio de Janeiro, os fez com escarificações faciais, tais como as praticadas no reino *tio* que guardava este antigo costume.[13]

Seguindo o rio Zaire em direção ao Gabão, encontrava-se outro grupo de africanos, feitos cativos pelos *tios.* Os africanos traficados de lá tinham o estigma de serem preguiçosos, não dados ao trabalho e com grande propensão ao suicídio.[14] A terra do Gabão, segundo Karasch, era conhecida como um lugar de febres, e a mortalidade verificada no transporte negreiro era muito alta.[15] Uma indicação que confirma este relato pode ser verificada no caso dos pretos novos oriundos deste porto. Em um único dia, 12 de julho de 1826, o negociante F. N. Madruga *(sic)* mandou sepultar cinco escravos novos, todos do sexo masculino, que vieram a bordo do brigue Espadarte, do porto do rio Zaire. Este número é um dos maiores encontrados para um mesmo dia em um mesmo navio. Pois, no dia 14 daquele mês, Madruga mandou sepultar mais três escravos novos, que faleceram a bordo do mesmo navio, um número que pode ser considerado alto em relação ao pequeno número de viagens.[16] Por outro lado, se de fato estes

---
8 FLORENTINO, Manolo G. *Em costas negras.* p. 104.
9 KARASCH, Mary C., Op. Cit., p. 51.
10 *Idem.*
11 Pelo qual passaram 2,2% dos pretos novos inumados no campo santo.
12 Conforme a tabela 2. de autoria de H. S. Klein.
13 KARASCH, Mary C., *Op. Cit.*,p. 53.
14 *Idem,* p. 54.
15 *Idem.*
16 ACMRJ - Livro de Óbitos de escravos da freguesia de Santa Rita, 1824-1830.

escravos eram preteridos em relação a outros, pelos motivos elencados acima, isto poderia explicar o porquê de somarem apenas 0,9% dos sepultados no Cemitério dos Pretos Novos.

Mais tarde, após 1840, por causa da pressão inglesa pela supressão do tráfico, Cabinda viria a despontar em número de exportações. Neste período, o comércio feito em Luanda e na foz do rio Zaire foi duramente perseguido, fazendo com que os traficantes que antes comerciavam na margem do Zaire, no intuito de fugirem da fiscalização cerrada, desviassem sua mercadoria humana mais para o norte, indo abastecer o mercado de Cabinda nos barracões de Malemba, Loango, Mayumba.[17]

Outrossim, no Rio de Janeiro, todos estes escravos da região do Congo Zaire eram conhecidos pelo nome genérico de congos[18] e cabindas, mas um outro grupo de expressão numérica no Rio de Janeiro eram os angolas. Conforme a tabela 6, verificamos que 891 escravos, por volta de 28,4%, eram deste porto. Entrementes, a Angola daquela época não corresponde à área total de Angola, tal qual como a conhecemos hoje. No comércio escravista, denominavam-se "angola" "geralmente os cativos vindos da região central controlada pelos portugueses da Angola moderna, em especial de Luanda, sua capital colonial e seu interior, o vale do rio Kuanz,"[19] bem como da região compreendida entre este rio e Cassange. De Luanda, exportavam os escravos acomodados em barracões mais próximos, ou de Ambriz, que era porto de Luanda.

Muitos destes escravos comerciados devem ter passado pelo mercado de Cassange, outros tantos podem ter vindo do leste de Angola, onde viviam os *lunda-tchokue*. Uma vez no Rio de Janeiro, estes escravos eram genericamente chamados de *cassange* ou poderiam ser inseridos dentro do grupo 'angola' se os traficantes estivessem se referindo ao porto de origem, como é o nosso caso. Ao lado destes e situados entre Cassange e Luanda, encurralados entre um grande mercado e um considerável porto de escoamento de produtos, os *ambaca* sofreram a escravização pelos portugueses. Ademais, ao sul do rio Kuanza, os *quisssamas* e os *libolos* também foram vendidos como escravos aos portugueses e exportados pelo porto de Angola.[20]

Já Luanda aparece com um fraco desempenho como porto exportador (apenas 2,50%), pelo fato de que já não podia se manter como uma grande fornecedora de escravos, diante da concorrência dos traficantes portugueses estabelecidos em Benguela. Estes desviavam os escravos fornecidos pelos *ovimbundos* para o porto de Benguela. Depois, ao logo do século XVII,

---

17 KARASCH, Mary C., *Op. Cit.*, p. 52.
18 Este é praticamente o motivo pelo qual não encontramos escravos oriundos do Congo.
19 KARASCH, Mary C., *Op. Cit.*, p. 55.
20 KARASCH, Mary C., *Op. Cit.*, p. 57.

tais comerciantes conseguiram alcançar o alto Kuanza, de onde passaram a comprar escravos em larga escala.[21] Tais escravos, segundo Marina de Mello e Souza, eram conhecidos por *guanguelas*, que por sua vez eram chamados pejorativamente pelos *ovimbundos* pelo "termo depreciativo de *ngangela*"[22] estes eram "os *luimbes, luchases, mbundas e mbwelas*",[23] que viviam nas planícies ao sul e ao norte de Benguela. No final deste mesmo século, os mesmos comerciantes lusos já haviam chegado ao Zambezi, retirando de lá escravos dos reinos de *"mbunda, mbwila* e *lozi".*[24]

Ainda no século XVII, o porto de Luanda recebeu um outro golpe, desta vez internamente. Os chefes das tribos matamba e cassange, seus principais parceiros comerciais, agiram no sentido de barrar o acesso às savanas d´além Congo, um manancial de escravos do período. Souza ressalta que "os reis cassanges, com a ajuda de seus estados satélites, não deixavam os comerciantes portugueses sequer avistar o rio Cuango".[25]

Por outro lado, o porto de Ambriz, local pelo qual passaram pelo menos 229 escravos que foram sepultados no Cemitério dos Pretos Novos, é um exemplo emblemático da relação escravista tramada entre traficantes estrangeiros e antigos chefes guerreiros na África. Seu posto de comércio de escravos fora implantado em 1640, pelos holandeses, na foz do rio Loje, em território Mosul, distrito periférico das relações comerciais de Mbamba. Com o passar dos anos, a prosperidade do comércio fez com que Mosul conseguisse se separar de Mtamba que, envolvido em guerras internas, não conseguiu impedir o crescimento do entreposto comercial firmado sobre o porto de Ambriz. Com a separação, o chefe de Mosul pôde negociar diretamente com os estrangeiros a fim de obter armas de fogo e pólvora. Ao fim do século XVIII, Ambriz já se tornaria o principal porto da região do Congo.[26] Comerciantes espanhóis, cubanos e brasileiros dominaram o comércio de escravos dos portos de Loango, Cabinda, Malemba e Ambriz, no século XVII, ocupando os lugares deixados por franceses e ingleses.[27] A obtenção de escravos e, por conseguinte, sua venda aos traficantes, ou troca por armas de fogo, impulsionava o desenvolvimento dos reinos envolvidos na obtenção de escravos vizinhos mediante a guerra. Como se pode ver, as relações do reino de Mosul corroboram o que já foi demonstrado pelo historiador J. Thornton. Segundo ele:

---

21 Marina de Mello e Sousa. *Reis negros no Brasil escravista*, p. 130.
22 KARASCH, Mary C., *Op. Cit.*, pp. 57-8.
23 *Idem*, p. 58.
24 SOUSA, Marina de Mello e. *Op. Cit.*, p. 130.
25 *Idem*.
26 *Idem*, p. 131.
27 A França se retirou do comércio na região em 1789 por conta da Revolução Francesa. A Inglaterra deixou esta pratica após a Revolução Industrial. Conforme: Marina de Mello e Sousa, *Op. Cit.*, p. 131.

*Nesse cenário – 'o ciclo arma-escravo' ou o 'ciclo cavalo-escravo' –, os africanos foram impelidos a negociar escravos, porque sem esse comércio eles não poderiam obter a tecnologia militar necessária (armas e cavalos) para se defenderem de inimigos. Ademais, a posse dessa tecnologia tornava-os mais capazes de conseguir escravos, pois guerras bem-sucedidas lhes garantiam grandes suprimentos.*[28]

A esta proposição, para o caso de Mosul, poderíamos acrescentar que tão logo este desenvolvimento é alcançado através da venda de escravos, rompem-se os laços de comércio com os intermediadores, fazendo com que se busque, cada vez mais, o acesso direto à fonte consumidora que, neste caso, eram os traficantes estrangeiros.

Ao sul de Angola, estava a região do porto de Benguela, uma área comercial das mais importantes da região de Angola que, conforme a tabela 6, registra o número de 914 escravos novos, ou seja, 29,2 % dos 3.128 pretos novos dos quais se sabe a origem. Com efeito, os comerciantes de Benguela, ao longo da década de 1820, suplantaram a supremacia de Luanda enquanto porto de exportação, chegando a competir com o tradicional comércio de Angola.

No outro lado da África, a costa do oceano Índico se apresentou para os traficantes como área de suma importância para a obtenção de cativos. A África Oriental aparece em nossa documentação representada pelo porto de Moçambique, pelo qual, de acordo com a tabela 6, passaram 354 pretos novos, em torno de 11,3% do total verificado. Na década de 1811, a região passou a ser mais procurada para o tráfico de escravos, já que, neste mesmo momento, a pressão inglesa pela supressão do tráfico se abatia cada vez mais sobre a região da África Ocidental. Fugindo desta barreira e a fim de evitar o apresamento de suas embarcações, os comerciantes cariocas iam buscar nos portos de Moçambique a sua carga humana. Concomitantemente os traficantes, através do desenvolvimento de tecnologias de transporte marítimo, diminuíram o tempo de viagem e, consequentemente, a mortalidade em alto-mar; o que, em última análise, aumentou o lucro e provocou uma inundação de moçambicanos no Rio de Janeiro, que começou nos anos de 1825 e aumentou sobremaneira após 1830.[29]

Favorecida geograficamente, a região de Moçambique possuía vários portos, entre eles, os de Mombassa, Quiliname e Inhambane e o próprio porto de Moçambique. Quiliname figura em nossa documentação sepa-

---
28 John Thornton, *A África e os africanos na formação do mundo atlântico, 1400-1800*; tradução de Marisa Rocha Mota. Rio de Janeiro: Elsevier, 2004, p.153.
29 KARASCH, Mary C., *Op. Cit.*, pp. 58-9.

radamente de Moçambique, sob a grafia de Guilliname, mas com 282 escravos (ver tabela 6). Estes dados sugerem pelo menos duas interpretações; a primeira é o fato de ter sido um comércio bem pontual, em datas bem delimitadas no tempo; a segunda, que o escrivão não tenha sido tão especifico quando do lançamento dos assentamentos quanto às procedências dos navios, daí que tenha chamado de Moçambique a todos os portos daquela região. No nosso caso, nem uma nem outra hipótese desqualifica nossa fonte, visto que nos interessa o fato de que os escravos embarcados daquela região eram de uma região étnica específica. Karasch assegura que desta região vieram para ao Rio de Janeiro as seguintes etnias: os *macuas, lagos, iaôs*, do interior de Moçambique; os *ngunis* do sul de Moçambique; e os *senas*, do vale do baixo Zambeze.[30]

Por fim, o porto de Mina figura com apenas 0,09% de escravos novos embarcados para o Rio de Janeiro. Em outras palavras, segundo a documentação transcrita, apenas três escravos minas foram sepultados no Cemitério dos Pretos Novos. Dois escravos novos foram sepultados em 1825, e um em 1828. Um outro escravo mina foi sepultado no Cemitério dos Pretos Novos em 10 de janeiro de 1825,[31] mas este era o ladino Graciano, pertencente ao desembargador Garcez. Já em 28 de dezembro de 1824, a escrava Ignácia Mina foi sepultada no referido campo santo, a mando de Joaquim Antônio Ferreira, mas também era ladina e não havia vindo de Mina e sim da Bahia, ou seja, estava inserida no tráfico intraprovincial.

Deste óbito, podemos frisar pelo menos duas coisas interessantes. Primeiro, o fato de Joaquim Antonio Ferreira,[32] comerciante abastado do mercado carioca, ter mandado sepultar Ignácia Mina, uma ladina, que por sua vez havia vindo da Bahia, demonstra a compra de escravos dentro de uma mesma região, a despeito do fato de que a Bahia tenha no mesmo período recebido uma população escrava formada em grande parte por minas.[33] Ignácia fora vendida para um comerciante carioca e ficara aguardando nos barracões do Valongo, à espera de ser vendida; no entanto, não suportara as agruras e falecera, vindo a ser inumada no campo santo junto a centenas de escravos recém-chegados. Se houvesse sobrevivido, seria mais uma das dezenas de pretas minas que viveriam na corte e, assim, teria participado da formação cultural da cidade. Em outras palavras, poderia ter colaborado para com a formação de uma cultura recriada através dos laços de solidariedade, da qual os escravos se vale-

---
30 KARASCH, Mary C., *Op. Cit.*, pp. 58-9.
31 ACMRJ - Livro de Óbitos de escravos da freguesia de Santa Rita, 1824-1830.
32 FLORENTINO destaca a importância de Joaquim Antônio Ferreira como um dos principais comerciantes do Rio de Janeiro do século XIX, no Rio de Janeiro, ver: Manolo G. Florentino. *Em costas negras*, p. 146.
33 Ney Lopes. *Bantos, Malês e identidades negra*, p. 57.

ram, sobretudo diante da morte. E, além disso os dados demonstram que o traficante carioca não só se dava ao comércio transatlântico, como se envolvia no comércio intracosteiro, diversificando a sua ação comercial e aumentado seu capital.

Ignácia não foi a única preta mina que teve como destino o Cemitério dos Pretos Novos depois de falecida. Em 16 de outubro de 1828, faltando, portanto, dois anos para que o comércio de almas se tornasse ilegal, Joaquim José Pereira de Faro compareceu à paróquia de Santa Rita, responsável pelo Cemitério dos Pretos Novos e mandou sepultar um escravo seu, de nome Amaro Mina. O que chama a nossa atenção para este escravo, além de ser mina, é o fato de que este é um dos casos raros que trazem no óbito a causa da morte do escravo. Deste, o escrivão observou que falecera "de moléstia interior,"[34] o que demonstra que o senhor deste escravo, que não aparece recorrentemente na fonte, se preocupara ao menos em tratar o doente, ou, ao menos, em saber de que mal sofria o escravo.

Entretanto, o fato de encontrarmos uma quantidade tão pequena de escravos minas sepultados no Cemitério dos Pretos Novos corrobora a hipótese da coesão entre um mesmo grupo étnico, se não linguístico, que teria sido transplantado para o Rio de Janeiro, no século XIX. Além disto, o trabalho de Mariza de Carvalho Soares, sobre os minas no Rio de Janeiro, aponta para as características deste grupo africano específico, sobretudo com relação ao sagrado. Ela assevera que tais africanos, oriundos do reino de Maki, situado na atual Daomé, antes conhecida como Costa da Mina, reuniam-se, no Rio de Janeiro, pelo menos a partir de 1740, em uma irmandade própria.

Ao seguirmos os indícios das prováveis regiões que se tornaram fontes para a obtenção dos escravos que vieram para a região Sudeste do Brasil, verificaremos que a maior parte deles, pelo menos até onde se sabe, era da região Central Atlântica da África. Foi pensando nesta problemática que montamos um quadro com as principais áreas afetadas pelo tráfico (ver quadro l).

34 ACMRJ - Livro de Óbitos de escravos da freguesia de Santa Rita, 1824-1830. Fl. 205.

QUADRO 1. PRINCIPAIS ETNIAS E ÁREAS ATINGIDAS PELO TRÁFICO.

| Porto | Etnia, Reinos | Reino/Região |
|---|---|---|
| Cabinda | Tios (tekes); margens do rio Zaire; Gabão. | Congo/Gabão |
| Angola | Lunda-tchokue, Ambaca quisssamas,[35] libolos, Milua (Lunda [36]) | Angola/Benguela |
| Benguela | Mbunda, Mbwila e Lozi, guanguelas, luimbes, luchazes, mbundas, mbwaelas[37] | Benguela |
| Luanda | Mbunda, Mbwila e Lozi[38] | |
| Moçambique | Macuas, lagos, iaôs (Interior de Moçambique)[39]; ngunis (sul de Moçambique);[40] senas(Vale do baixo Zambeze),[41] | Moçambique/Inhambanne |

(As respectivas fontes de consulta para cada região estão inseridas nas notas.)

Ao compararmos este quadro confeccionado a partir de dados de vários autores, cruzamos as informações obtidas com as regiões fornecidas no mapa reproduzido por Karasch, "sobre as origens das nações africanas",[42] e chegamos à conclusão que, de fato, os reinos escravizados ou envolvidos no tráfico correspondiam em sua maior parte à região da África Central Atlântica, o que faz com que concordemos com Slenes, quando disse que "a escravidão no Centro-Sul, no entanto, era "africana" e "bantu",[43] ou seja, a grande maioria dos escravos que aqui chegaram, de 1808 a 1830, eram do Centro-Oeste Africano,[44] ou, como alguns preferem denominar, África Central Atlântica.

As agruras do tráfico negreiro contribuíram de forma definitiva para o aumento da mortalidade entre os escravos e, por conseguinte, do grande número de cativos sepultados no Cemitério dos Pretos Novos. A região do Caribe, o maior entreposto de escravos africanos que foram introduzidos na América do Norte, também passou por problemas semelhantes. Segundo Kenneth Kiple, para se evitar o prejuízo com a alta mortalidade durante a travessia ou no desembarque, os compradores caribenhos se especializavam na identificação da icterícia e das febres. Dentes, gengivas e

---

35 KARASCH, Mary C., *Op. Cit.*, p. 57.
36 Malungo, p. 7.
37 KARASCH, Mary C., *Op. Cit.*, pp. 57-8
38 SOUSA, Marina de Mello e, *Reis negros no Brasil escravista: história da festa da coroação do rei congo*. Belo Horizonte: Editora UFMG, 2002, p. 130.
39 KARASCH, Mary C., *Op. Cit.*, pp. 58-9.
40 *Idem*.
41 *Idem*.
42 KARASCH, Mary C., *Op. Cit.*, p. 53.
43 Robert W Slenes. *Op. Cit.*, p. 12.
44 KARASCH, Mary C., *Op. Cit.*, p. 50.

línguas eram examinados.⁴⁵ Os especialistas em comprar escravos diziam que os indicadores de um cativo saudável poderiam ser vistos a olho nu: dentes brancos, língua vermelha, joelhos fortes e barriga pequena, mas alguns examinadores seguiam apenas este último indício.⁴⁶

Kiple assegura, no entanto, que identificar escravos doentes poderia se tornar extremamente difícil, principalmente quando se tratava de pessoas do sexo feminino, que poderiam portar algumas enfermidades não visíveis que comprometeriam, além do trabalho braçal, a sua capacidade reprodutiva; por isso, muitos médicos ligados ao tráfico negreiro se especializarem no exame de lotes de escravos comprados em África. Os indícios de doenças não aparentes eram vasculhados a fim de se evitar que a disseminação de enfermidades dentro do navio negreiro causasse uma mortalidade ainda maior, colocando a carga humana a perder. Segundo Kiple, a taxa de mortalidade para região do Caribe alcançou, ao longo do século XIX, de 5 a 15%, sendo a grande vilã, em muitos casos, a desnutrição.⁴⁷

Os escravos recém-chegados morriam mais no período de aclimatação (*seasoning*), ou seja, logo após o desembarque. Segundo ele, em Cuba a taxa de mortalidade era de 7 a 12 % depois do desembarque. Caso sobrevivessem, os anos seguintes não seriam dos mais animadores: Kiple afirma que na Jamaica o período de aclimatação podia ser de dois a três anos, e a mortalidade podia alcançar de 25 a 33%; no Brasil, 50% dos escravos que sobrevivessem ao caos do Valongo estariam mortos nos próximos quatro anos. ⁴⁸ É provável que no Brasil a mortalidade fosse maior na travessia, por ser mais distante da Costa africana, mas menor no desembarque, em relação à região do Caribe; contudo, tais escravos morreriam não mais no Valongo, mas na companhia dos seus novos compradores.

Seja como for, em qualquer período e lugar, a mortalidade escrava era mais pronunciada nos primeiros anos de chegada ao Novo Mundo, sobretudo nos primeiros dias e semanas. A razão disso, segundo Kiple, era a forte desnutrição provocada pela disenteria amébica, cujo período de incubação levava de 20 a 30 dias⁴⁹ e era uma doença que devia passar despercebida aos compradores de escravos, manifestando-se durante a travessia do Atlântico. Ao lado da amebíase, a varíola e as febres completavam o quadro de morte.

---
45  KIPLE, Kenneth F. *The Caribbean Slave, a Biological history.* p. 58.
46  KIPLE, Kenneth F. *Op Cit.* p. 58.
47  Kiple cita CURTIN, *Atlantic Slave Trade* p. 278; Herbert S. Klein, *The Middle Passage.* Princeton, NJ 1978.
48  KIPLE, Kenneth F. *Op. Cit.* p. 65
49  Hoje em dia sabe-se que uma dieta rica em vitamina B, proteínas e baixo carboidrato pode ser um bom tratamento para a amebíase, mas a dieta dos escravos recém-chegados era o oposto: pobre em proteínas e complexo B e com altas taxas de carboidrato. KIPLE, Kenneth F. *Op. Cit.* p. 65

Além disso, Kiple alerta que a dificuldade de adaptação dos escravos à nova alimentação também contribuía para as altas taxas de mortalidade. Escravos provenientes de áreas diferentes também possuíam hábitos alimentares diferenciados que geralmente não eram os mesmos na dieta das *plantations*, a qual se constituía de farinha de mandioca, como no caso dos escravos da Costa do Ouro. O clima da região do Caribe impôs aos escravos uma adaptação forçada e brusca a um novo ambiente. Pela manhã o frio é intenso na região, à tarde faz sempre muito calor e à noite volta a esfriar, sobretudo nos meses de inverno. Sob tais condições, a pneumonia encontrava um campo fértil fazendo aumentar sobremaneira a mortandade.

Ainda que não contraíssem a pneumonia, ao serem colocados rapidamente no eito os recém-chegados teriam de consumir alimentos calóricos nos meses frios para poderem trabalhar normalmente; entretanto, a débil alimentação a que eram submetidos obrigava seus corpos a gastar as poucas reservas calóricas que possuíam.[50]

A desnutrição era um componente vigoroso do agravamento de doenças em decorrência da ação de vermes, cujos sintomas eram: dor abdominal, inchaço e diarreia. A desidratação era consequência da diarreia provocada pelos vermes, que através das fezes contaminavam todo o ambiente dando continuidade ao ciclo de infecção a bordo do navio negreiro.

A péssima alimentação dentro das embarcações era outro fator que gerava uma alta mortalidade. A bordo dos navios negreiros que faziam o translado para a região do Caribe, a alimentação consistia basicamente de arroz e mandioca, cozidos em um tipo de sopa feito de caldo de peixe, camarão ou carne. Às vezes essa mistura continha favas.[51] Kiple destaca que os documentos de alguns navios negreiros mencionavam uma dieta baseada em óleo de palmeira, pimentão vermelho e farinha para engrossar o caldo servido. Segundo ele, entre a variedade de alimentos oferecidos às vezes havia também frutas cítricas que proporcionavam de balanceamento alimentar um mínimo, mas há de se ressaltar que a maioria dos navios negreiros não oferecia mais que o tradicional arroz com mandioca cozidos.

Os escravos, mal nutridos, esquálidos e envoltos em trajes sumários, sofriam severas deficiências de quase todos os nutrientes alimentares; já perto de completarem a viagem estavam tão subnutridos que a *British South Sea Company* usava a Jamaica como um local para *revigorar* os escravos com destino aos portos coloniais espanhóis na América, enquanto a

---

50 KIPLE, Kenneth F. *Op Cit.* p. 66-70
51 KIPLE, Kenneth F. *Op. Cit.* P. 60

França usava a Martinica como um lugar de recuperação para os escravos trazidos de África, antes de desembocá-los em suas áreas coloniais,[52] quando então recebiam uma alimentação um pouco melhor, composta de carne fresca e legumes. Os escravos que vieram para o Brasil aportavam na Baía de Guanabara, cumpriam quando necessário a quarentena na Ilha de Bom Jesus e dali eram levados para o próprio Valongo, onde se recuperavam, saravam ou adoeciam, morriam e eram enterrados no Cemitério dos Pretos Novos.[53]

Várias pesquisas têm demonstrado que as condições do tráfico negreiro para o Brasil foram semelhantes ao tráfico da região caribenha, sobretudo no tocante à alimentação, pois muitos navios negreiros não transportavam nada além de um suprimento ralo de mandioca e favas. Contudo, aqueles que se deram ao tráfico negreiro para o Brasil também procuraram criar medidas que amenizassem as perdas humanas entre os cativos.

Alguns barbeiros e sangradores se contavam entre os tripulantes de diversas embarcações negreiras como aqueles cuja função era curar os escravos doentes. Em seu levantamento de tripulantes de navios negreiros, Jaime Rodrigues mostrou que, entre as 3.426 pessoas que alguma forma trabalhavam dentro dos navios negreiros, apenas 76 estavam relacionados com as práticas de cura (poucos). Um dado interessante é que a prática em navios negreiros poderia habilitá-los aos exames da fisicatura-mor, não deixando de ser uma via de ascensão social. Entretanto, os cargos mais altos eram, na maior parte, desempenhados por brancos portugueses, enquanto os barbeiros e sangradores eram de origem africana.[54] Entre os africanos, os minas tinham a seu favor o fato de possuírem experiências mágico-religiosas que os qualificavam, na visão dos comerciantes de almas, a tratarem dos escravos doentes. Por isto, muitos dos que estavam relacionados com a arte de curar eram desta etnia.

Como se pode ver, o tráfico negreiro para a região do Caribe guardava semelhanças com o tráfico negreiro para o Porto do Rio de Janeiro. Ambos eram feitos em condições precárias, havia pouca alimentação disponível para os africanos, o momento da chegada era o mais perigoso para os que aportavam em nova terra na condição de escravo. Apesar de haver uma mortalidade maior para o Caribe, não podemos dizer que nossa era tão menor, pois beirava quase os 5% do volume total, sem contar

---

52 KIPLE, Kenneth F. *Op. Cit.* p. 60
53 Criada após a vinda da família real, a Provedoria-mor procurou regulamentar a entrada de navios negreiros no porto do Rio de Janeiro. Os traficantes se opunham à inspeção sugerida por Hofman em função dos riscos de epidemia na ilha de Bom Jesus, propondo dispensar aos escravos doentes tratamento médico nos navios. RODRIGUES, Jaime. *De costa a costa: escravos, marinheiros e intermediários do tráfico negreiro de Angola ao Rio de Janeiro (1780-1860).* São Paulo: Cia. das Letras, 2005. p. 288.
54 RODRIGUES, Jaime. *Op. Cit.* p. 277,8.

aqueles cujos corpos foram descartados no mar, antes do desembarque. Por isto precisamos continuar a nossa jornada para além do Atlântico, no continente africano, a fim de entendermos quem foram os pretos novos sepultados no Cemitério dos Pretos Novos.

Resta-nos analisar como viviam os africanos da África Central, como se reagrupavam em comunidade e que aparelhos simbólicos usavam para representar a vida. Como era sua cultura e o trato com o sobrenatural, em outras palavras, como lidavam com a morte. Somente de posse destes conhecimentos é que poderemos traçar uma visão aproximada da experiência vivenciada pelos escravos recém-chegados ao ver os seus terem seus corpos deixados à flor da terra no Cemitério dos Pretos Novos.

Compartilhamos a ideia de que é impossível estudar o Brasil, sem que nos voltemos para o outro lado do Atlântico. É assim que passamos para a segunda parte deste capítulo, no momento em que perscrutamos as sociedades africanas em busca destas representações, sobretudo, desta forma de ver, sentir e se relacionar com o mundo ao seu redor e o além.

## 4.2. POVOS BANTÓFONES. SOCIEDADE E COSMOGONIA

O termo 'banto' deve-se a W. H. Bleck que, ao estudar, em 1860, cerca de quase 2.000 línguas africanas, classificou um grande grupo linguístico com este nome genérico. Ele chegou a esta classificação ao verificar várias semelhanças entre a estrutura linguística de africanos da África Centro-Oriental. Em quase todas elas havia a palavra *'untu'*, que tinha o sentido de 'gente', 'pessoa', e o termo *'bantu'* ou 'banto', o seu plural, tendo desta forma o sentido de 'povos'. Ou seja, este grupo preservava entre si certas características linguísticas, mas não representavam apenas um grupo cultural, e sim um "macrogrupo" que, segundo Bleck, possuía "características linguísticas e culturais semelhantes".[55] Entretanto, a origem destes africanos ainda é controversa. J. Ki-zerbo assegura que:

> *O problema da migração e da fixação dos povos bantófones não está ainda esclarecido. É um fenômeno histórico de primeira importância que se desenrolou numa vastíssima escala de espaço de tempo. Tendo se principiado provavelmente no início da era cristã, e ainda não estava terminado no fim do século XIX.*[56]

---

55 SOUSA, Marina de Mello e, *Op. Cit.*, p. 130.
56 KI-ZERBO, Joseph. *História da África Negra*. Segunda edição. Tradução de Américo de Carvalho. Paris, Publicações Europa-América, 1972. Volumes 1e 2, p. 232.

Comitini acredita que, bem antes de Cristo, grupos com essas características linguísticas desceram pelos rios Ubangi e Chari, daí se deslocando para o Ocidente.[57] O que está próximo do que Ki-zerbo afirma ao dizer que "tendo os povos negróides do Saara procurado ao longo dos rios e dos lagos da savana zonas propícias para a sua vida agropastoril".[58] Aí deveriam ter desenvolvido técnicas do ferro, de forma autóctone, ou por "transmissão do Oeste ou do Leste ou mesmo do Norte".[59] Ainda nesta região, deveriam ter ficado por um longo período até que a "utilização do ferro teria desenvolvido os recursos e a população a ponto de haver declarado uma pressão demográfica, trazendo consigo um processo de migração para o sul".[60]

Ultrapassando os territórios de Camarões e Nigéria, prosseguiram em direção à África Central e, por volta de 1500 a.C., novas ondas migratórias vieram do norte em busca de pastagens e campos férteis. Estes outros povos compartilhantes de um mesmo tronco linguístico ocuparam a região Centro-Ocidental e logo suplantaram numericamente as outras tribos que aí viviam.[61] É possível que a superioridade numérica, aliada aos conhecimentos de metalurgia, tenha contribuído para a expansão da língua banto como um tronco comum, do qual derivaram outras ramificações linguísticas.

Contudo, a floresta equatorial se apresentou para a expansão banto como uma barreira quase intransponível ao seu avanço migratório. Seguindo circulares ou muitas vezes circundando a região da mata, durante séculos, seguiram pelo curso do rio "Sangha e do Ubangui até o Zaire e a zona de savana que se estende, ao longo do Atlântico, do Zaire ao reino de Angola".[62] Então devem ter seguido a crista montanhosa que se entende ao longo dos grandes lagos, chegando desta feita ao "elevado planalto catanguês (Shaba) em país Luba. Aí se encontra o núcleo central bantófone definido pelos linguistas".[63]

Ao sul do rio Zaire, por volta de 400 a.C., agricultores que já falavam o kicongo se davam ao cultivo do inhame, legumes e dendê.[64] Neste local, uniram-se a outros falantes da língua banto vindos do leste, que tinham por hábito o cultivo e a armazenagem de cereais, assim como a criação de gado. Ao longo do século VI, as "organizações sociopolíticas se tornaram mais complexas, e em forma de cheferias se espalharam do litoral às

---
57 COMITINI, Carlos. *África, o povo*. Rio de Janeiro: Ed. Achiamé, 1982, p. 73.
58 KI-ZERBO, Joseph. *Op. Cit.*, p. 232.
59 Idem.
60 Idem.
61 "Beneficiado pelo domínio de armas e utensílios de ferro, facilmente dominaram as populações autóctones." Joseph Ki-Zerbo, *Op. Cit.*, p. 232.
62 KI-ZERBO, Joseph, *Op. Cit.*, p. 232.
63 Idem.
64 PRIORE, Mary Del; Venâncio, Renato Pinto. *Ancestrais: uma introdução à história da África atlântica*. Rio de Janeiro: Elsever, 2004, p. 139.

nascentes do rio Malembo". Nesta região, mais tarde, por volta de 1400 se formaria o Reino do Congo.[65]

Marina de Mello e Souza ressalta que *Ngou-Mve*, a primeira organização dos povos falantes da língua banto, deve ter sido "do tipo familiar", e os clãs como grandes unidades residenciais e linguísticas, nas quais as mulheres eram obtidas fora do grupo de parentesco e passavam a incorporar a língua dos seus maridos. Em tal caso, "uma estrutura social nascia dessa nova comunidade multiclânica e assim se formava uma etnia, baseada em uma comunidade linguística, que se consolidava pelo uso de instituições similares".[66] Esta hipótese está em consonância com o que propõe o antropólogo Claude Meillassoux:

> Sabemos que se pratica mais nessas sociedades o rapto das mulheres do que a captura dos homens. Quando o rapto é seguido de nenhuma regularização através de um casamento, a mulher raptada, tirada do seu ambiente original, privada da arbitragem que a intervenção de sua família permitiria, sem direitos sobre sua primogenitura, é atribuída à família do homem com quem ela é casada.[67]

É bem verdade que Meillassoux está se referindo ao modo pelo qual "os estranhos"[68] passam a pertencer à tribo raptora e que aqueles eram tidos por servos, mas pode-se inferir que, uma vez casadas, as mulheres deixavam a condição de servas para serem participantes da comunidade e esta é uma "solução para sua integração".[69] Assim, a expansão territorial era obtida por esta união matrimonial, na qual os costumes e a língua eram mantidos. Em torno desta célula, que era a família, o grupo se reunia. E o aumento da produção agrícola, por ter alcançado uma terra propícia ao cultivo, proporcionou que os mesmos se fixassem à terra formando vilas e cidades e, mais tarde, confederações e reinos. Todos os participantes do grupo estavam unidos pelos laços de sangue e, em última análise, pela ancestralidade.[70]

---

65 *Idem*.
66 SOUSA, Marina de Mello e, *Op. Cit.*, p. 136.
67 MEILLASSOUX, C. *Antropologia da escravidão: o ventre de ferro e dinheiro*. Rio de Janeiro: Jorge Zahar, 1985, p. 24.
68 Meillassoux está preocupado, nesta análise, no entendimento dos mecanismos que tornaram possíveis a obtenção de cativos e o seu uso e incorporação à linhagem; ao mesmo tempo ele ressalta que muitos destes cativos se tornavam escravos de fato. A noção de 'estranho' para ele está contraposta à ideia de 'parente', "o qual, por pertencer à própria tribo, não poderia ser escravizado. Sem embargo, o autor compreende que nos primórdios das etnias africanas, esta forma de obtenção de cativos, ou seja, o rapto de mulheres, era uma forma recorrente. Meillassoux, *Op. Cit.*, p. 24.
69 MEILLASSOUX, Claude, *Op. Cit.*, p. 24.
70 SOUSA, Marina de Mello e, *Op. Cit.*, p. 136.

Contudo, a forma de se qualificar a família africana banto sob os padrões antropológicos como matrilinear, patrilinear ou bilatera[71] ainda não dá conta de abarcar com precisão o sentido de parentesco e, sobretudo, de etnias, encontrado para os bantos. Para eles, a linhagem é baseada em uma ancestralidade comum que os une ao mesmo tempo que os preserva enquanto indivíduos. Desta forma, embora se diferenciassem do "outro", esta ancestralidade era revivida ou preservada no binômio família-linhagem que, para Sidney Mintz e Richard Price, seria a "herança cultural" comum a muitos povos da África Central. R. W. Slenes, ao se reportar a estes dois antropólogos, sugere que ambos supõem que esta "herança cultural" é o único instrumento capaz de abarcar a totalidade da cultura africana, fugindo, assim, da rigidez de alguns tipos de "estruturalismo/funcionalismo".[72]

Uma outra característica dos bantos, talvez adquirida depois de séculos de migração dirigida a regiões de baixa densidade demográfica, é que suas raízes não eram presas a um 'lugar' em especial, mas "num grupo de parentesco, nos ancestrais, numa posição genealógica"[73] independente do espaço que ocupavam – viam-se não como um indivíduo que deixou a sua terra e sim como "um fundador de um grupo que ainda estava por construir".[74] Em outras palavras, a noção de 'parentesco', aliada à ideia de se preservar a memória dos antepassados, da qual trataremos mais adiante, era sempre projetada para uma possibilidade futura, independente da terra que ocupavam. Novas migrações eram vistas como possibilidades futuras de uma vida feliz, desde que mantivessem acesa a chama da ancestralidade.

Voltando à questão do idioma, Bleck reconheceu que na gramática bantófone[75] os nomes são sempre antecedidos de prefixos, que distinguem o individuo, por exemplo: *Mu, Um, Am, Mo, M, ki*, e outros mais; o grupo étnico ao qual pertence, *Ba, Wa, Ua, Ova, A Ama, I, Ki, Tchi*; e a terra que ele ocupa, de onde vem, *Bu, Lu Le*, e outros; e a língua que se fala, como no caso de *Ki, Tsci, Chi, Shi, Si*, e tantas outras. Baseado nestes dados, Lopes cita o exemplo de que "um indivíduo Nkongo, (congo) por exemplo, pertence ao Bakngo (Congo) e fala o idioma Kicongo (Quicongo)",[76] e completa:

---

71 Linhagem que situa o indivíduo em uma dada sociedade sob a referência do pai ou da mãe ou de ambos progenitores.
72 Robert W. Slenes. *"Malungu, Ngoma Vem!" África coberta e descoberta no Brasil*, p. 147.
73 Idem.
74 Idem.
75 A partir deste ponto usaremos o termo 'banto' no lugar de 'bantófone' por entendermos que o sentido correto do termo 'banto' é dado aos africanos que compartilhavam o tronco linguístico banto, e não no sentido que o senso comum adotou de pensar 'banto' como uma cultura.
76 Ney Lopes, *Op. Cit.*, p. 86.

> *Nessas línguas a composição das palavras e a conjugação dos verbos se faziam por meio desses prefixos e infixos também [...] que o verbo correspondente ao ser português era frequentemente omitido na construção das frases; que sufixos, quando ocorriam, eram usados quase que apenas para indicar modalidades de ação do mesmo verbo.*[77]

Para fazer esta afirmativa, Nei Lopes se baseia na *Enciclopédia Brasileira Globo*, da edição de 1984, dados que podem ser questionados, visto que naquele momento os estudos sobre a África ainda eram incipientes. Lopes ainda informa que na língua banto, "os substantivos, adjetivos, e verbos em geral decompõem-se em prefixo, radical e sufixo; as sílabas são normalmente abertas"[78] e que o sujeito vem antes do verbo, o complemento vem após o substantivo, o verbo, antes do objeto direto, tal qual na língua portuguesa. Lopes ainda define claramente quais seriam as "raças"[79] que falariam tal idioma. Segundo ele, seriam as melano-africanas congolesas e melano-africanas zambezianas.[80] Vemos, pois, que a análise produzida por Lopes até aí não incorre em erro, já que tais grupos citados por ele ocupavam justamente a região central e austral da África. Mas a partir deste ponto, apesar de citar a confusão entre língua banto e etnia, ele mesmo incorpora esta ambiguidade, completando o raciocínio da seguinte forma:

> *Pelo uso, entretanto, e hoje, então, sob a designação de bantos estão compreendidos praticamente todos os grupos étnicos negro-africanos do centro, do sul e do leste do continente que apresentam características físicas comuns e um modo de vida determinado por atividades afins.*[81]

Apesar de identificar a confusão, ele a aceita e ressalta que "hoje", no momento de sua produção, era entendido assim por uma grande parte dos estudiosos, ou seja, não distingue o grupo linguístico das características antropomórficas nem culturais do grupo que analisa. Essa confusão, compartilhada por muitos outros, levou ao termo genérico *banto*, tal qual se conhece hoje, para se designar a todos os habitantes da África Centro-Oriental.[82]

---

77 *Idem*.
78 *Idem*.
79 Claro está que o conceito de raça, usado largamente por Lopes, ainda nos idos da década de 1980, sugere certo preconceito, ademais, o próprio conceito de raça é hoje grandemente questionado pela própria Antropologia.
80 Ney Lopes, *Op. Cit.*, p. 86.
81 *Idem*, p. 86.
82 Veja o que diz Slenes sobre isto: "trabalhos mais recentes, no entanto [...] têm mostrado que, numa vasta área da África Central, 'a cultura é menos heterogênea e mais particularista do que geralmente se supõe'. A conclusão reflete uma mudança na própria ideia de cultura" e completa que estes estudos procuram levar em conta as similaridades entre a religião e o conceito de família. Dentre estes trabalhos, o autor cita Willy de Creamer, Jan Vansina e Renée C. Fox. Conforme: Robert

Todavia, fugindo desta armadilha, buscamos entender que a "formação de uma identidade bantu" começara a partir de "um resultado complexo",[83] no qual a comunicação entre os mais variados reinos não era de todo impossibilitada, haja vista a proximidade linguística entre eles. Johnston ressalta que muitos dos vocábulos-raiz indicam, em comunidades das mais variadas, os mesmos conceitos básicos do cotidiano e necessidades comuns.[84] Logo, buscamos nas nomeações dadas às coisas e aos atos as representações do que se entendia por mundo e, se for verdade que eles usavam os mesmos vocábulos-raiz, podemos inferir que as formas pelas quais eles entendiam e se relacionavam com as coisas ao redor também eram similares.[85]

Pode-se também notar que a área da costa de Angola que, como vimos anteriormente, se mostrou como um manancial de escravos, possuía uma diversidade linguística menos pronunciada do que a da alta Guiné e menos ainda que na baixa Guiné, pois todos em costa de Angola falavam línguas do grupo banto. Thorton cita os exemplos do kicongo e do kimbundo, as línguas faladas por grande parte destes escravos, como tão similares entre si quanto o português é do espanhol.[86] E por mais que estes grupos se subdividissem em monjolos, angicos e malembos, também podiam falar o kimbundo ou kicongo. De fato, um africano tomado por escravo na nascente do rio Kuanza que, por sua vez seria um mbundo, falante do idioma kimbundo, transportado em libambos para o Congo, poderia, em questão de alguns dias, aprender o kicongo enquanto aguardava nos barracões, à espera de ser vendido.

Estes são uns dos motivos pelos quais somos levados a criticar a orientação mais antiga da antropologia, que insistia em classificar cada grupo etnolinguístico compartimentadamente em tribos isoladas, portadoras cada uma de uma cultura que tinha mais diferenças que semelhanças. Na verdade, lidamos, quando muito, com três áreas culturais diferentes, e os sete subgrupos são, em geral, bem homogêneos.[87]

Já que delimitamos melhor o povo sobre o qual nos debruçamos, ajustando nosso foco de observação sobre estes que genericamente ficaram conhecidos por bantos, podemos partir para o passo seguinte: verificar a forma pela qual estes se relacionavam com o sagrado e o além-túmulo.

No intuito de compreendermos o significado da religiosidade banto, lançamos mão do trabalho do padre jesuíta Raul Ruiz de A. Altuna, que

---
W. Slenes, *Op. Cit.*, p. 143.
83 Robert W. Slenes. "Malungu, Ngoma Vem!" *África coberta e descoberta no Brasil*, p. 11.
84 JOHNSTON, Vol. I, p. 17, *In*: Robert W. Slenes. "Malungu, Ngoma Vem!", p. 8.
85 *Idem.*
86 John Thornton, *Op. Cit.*. p. 29.
87 *Idem*, p. 262.

escreveu *A cultura tradicional banto*, publicada em 1985 pela Arquidiocese de Pastoral, em Luanda.[88] Este livro foi fruto de anos de pesquisa e nasceu, em grande parte, da experiência direta do convívio entre os africanos. Não se pode perder de vista que o discurso produzido pelo padre busca a todo o momento justificar a religiosidade banto e sua conformação aos moldes do catolicismo. Para ele, ambas não são conflitantes nem excludentes. Muito embora ele coloque a religiosidade católica em um patamar de ideal mais elevado, ele compreende que muitos elementos da cultura banto são completamente coerentes com os dogmas eclesiásticos.

No livro, depois de explicar os motivos pelos quais foi levado a escrever sobre a origem do povo banto e sua língua, o autor se ocupa da família e das linhas de parentesco. Estes pontos são os que abordaremos para alcançarmos o nosso objetivo. Antes de tudo, é preciso que se demarque bem o que o autor entende, e creio eu que ele o faz de forma satisfatória:

> *Os bantos, além do nítido parentesco linguístico, conservam um fundo de crenças, ritos e costumes similares, uma cultura com traços específicos e idênticos que os assemelha e agrupa, independentemente da identidade racial. Assim, é possível falar de um 'povo banto' ainda que subdividido em múltiplos grupos de características culturais acidentais muito variáveis e com uma história diversa e até antagônica.*[89]

Estes traços específicos, estas crenças similares, os ritos e traços culturais são o que podemos ressaltar, além da comunidade linguística, como um fato aglutinador que nos possibilita uma analise do grupo como um todo. Trabalhamos aqui mais com o semelhante do que com as diferenças. Cremos que, ao verificarmos estes traços comuns, podemos, sem querer incorrer no erro das grandes generalizações, ter uma visão mais apropriada do todo. Para o padre Altuna esta possibilidade era uma forma real de se entender os povos que chamaremos de bantos.

O saber para ele está na experiência do povo africano, na memória do mais velho, e a falta de uma escrita não se apresenta como uma barreira, já que a própria sociedade estudada tem em alta conta a oralidade:

> *Em África, quando morre um velho, desaparece uma biblioteca. Durante muito tempo se pensou que os povos sem escrita são povos sem cultura. A África negra não possui escrita, mas isto não impede que conserve o passado e que os seus conhecimentos e cultura sejam transmitidos e conhecidos.*[90]

---

88 ALTUNA, Raul Ruiz de Asús. *A Cultura tradicional banto*. Luanda: Secretariado Arquidiocesano de Pastoral, 1985.
89 ALTUNA, Raul Ruiz de Asús, *Op. Cit.*, p. 18.
90 *Idem*, p. 32.

Para o padre Altuna, a tradição oral avança em pontos desprezados pela historiografia, uma vez que ela procura captar os acontecimentos sempre da óptica do homem, ou seja, nas questões ontológicas. E isto justifica o seu próprio estudo. Em nossa opinião, deveria haver uma forma de se buscar uma aproximação entre estes dois campos de forma que se tornasse válido o acréscimo feito por ambos ao conhecimento do saber histórico, mas ainda que não queiramos discutir a questão do ponto de vista da oralidade, é preciso que entendamos o destaque que esta recebe dos africanos.

Antes que ele mesmo aborde a temática da morte, o autor destaca a importância da vida para os africanos. Ao longo do seu texto, nota-se como os bantos compreendem que a vida não está completamente dissociada da morte. A morte não é uma não-existência, porque nesta concepção "vitalista não há lugar para o completamente inerte e não existe o vazio".[91] Para o autor, o banto não pode conceber a não-existência, justamente por acreditar que todas as coisas contêm um poder vital, que o autor entende por Deus:

Para os africanos, a energia divina está presente em todas as partes da criação, de modo que os homens, as outras criaturas viventes e até os fenômenos naturais estão penetrados e acham-se, por isso, em comunhão.[92]

Com efeito, esta "energia divina" é entendida por ele como Deus, o que demonstra o seu esforço por harmonizar as duas crenças, o Deus dos Cristãos e a força vital africana. Deve-se ressaltar que outros trabalhos, talvez por estarem fora da alçada religiosa, não ousaram nem pretenderam entender esta força vital como o Deus do catolicismo. Juana Elbein dos Santos, ao se debruçar sobre a sociedade nagô, consegue operar esta divisão, no sentido de separar o *Axé,* força vital existente em todas as coisas, daquilo que os cristãos chamam de Deus.[93] Guardam-se aqui as devidas ressalvas quanto à natureza dos dois trabalhos e com os grupos aos quais se pretende estudar. O primeiro uniu o conhecimento eclesiástico e filosófico a relatos etnográficos, o segundo é estritamente acadêmico e busca a todo o momento se distanciar de um possível anacronismo; um trata dos bantos, o outro, dos nagôs. Só frisamos que o esforço de Altuna em classificar por Deus aquilo que os africanos possivelmente não entendessem como tal talvez residisse muito mais em questões políticas e religiosas do que em uma visão estritamente acadêmica, ou seja, laica.

---
91 *Idem*, p. 47.
92 *Idem*, p. 47.
93 SANTOS, Juana Elbein dos. *Os nagôs e a morte: Pàdè, Àsèsè e o culto Ègun na Bahia.* Traduzido pela Universidade Federal da Bahia. Petrópolis: Vozes, 1976, p. 47.

Altuna também destaca que esta vitalidade que é vista e sentida no viver banto está ligada à existência e à manutenção dos antepassados. O africano banto "sabe que viver exige prolongar os seus antepassados, porque de outra forma seria castigado e ele mesmo atingiria o aniquilamento. Só se concebe viver em comunidade, com a comunidade, para ela e por ela".[94] Por outro lado, o viver não é entendido como um simples "viver" e sim um "ser com vida".[95] Em outras palavras, estar vivo é ter movimento, é interagir, é contribuir para com a comunidade. Ao mesmo tempo, ser um "ser com vida" pode ser uma atribuição não só dos humanos.[96] Por outro lado, este viver em comunidade não pode ser entendido por um viver em igualdade, já que o viver está relacionado à força vital, e esta só se pode ter de acordo com o nível de proximidade com os antepassados. Dito de outra forma, quanto mais perto dos antepassados e os agradando, mais cheio de força vital se está; quanto mais afastados dos antepassados, mais fraco, debilitado e sem forças se fica. Neste sentido, a felicidade e o sucesso poderiam ser interpretados como um acúmulo desta energia vital, e os acontecimentos ruins e as privações como um decréscimo desta energia.[97]

Ainda na filosofia banto, os ancestrais seriam o elo entre a criação e o Deus único.[98] E o mundo se resumiria a um conjunto de forças hierarquizadas pela relação da energia vital, cuja origem é o próprio Criador, e que é distribuída de maneira hierárquica: primeiro aos ancestrais e defuntos; depois aos vivos, iniciando pelos reis, chefes tribais, de linhagens, pais e filhos; e por último aos animais, vegetais e minerais. É desta forma que esta força vital resolve o problema da existência da morte, do sofrimento e das atribulações da lida diária, das frustrações e infortúnios.

Seguindo este mesmo pensamento "entre os baluba, um dos ramos importantes das civilizações bantu, a palavra 'morrer', que é uma privação ao extremo da força vital, é aplicada a tudo que existe na natureza". Assim, morrer significava perder completamente a energia, ou a força que um dia fora outorgada pelo ser supremo, sendo a mesma palavra utilizada "para homens e animais".[99] Vê-se, pois, que "ser" e "força" estavam inexoravelmente interligados, e o decréscimo da segunda interferia negativamente na existência da primeira.[100] Por outro lado, um ser influencia

---

94 ALTUNA, Raul Ruiz de Asús, *Op. Cit.*, p. 55.
95 *Idem*, p. 56.
96 A natureza também é dotada de vida, os espíritos podem habitar as cachoeiras, os leitos dos rios, florestas e pedras, conforme ALTUNA, Raul Ruiz de Asús, *Op. Cit.*, pp. 47; 434.
97 TEMPELS, Placide. *La Philosofie Bantue*. Paris, Présence Africaine, 1961.
98 MUNANGA, Kabenguele. *Origem e histórico do quilombo na África*. *Revista USP*. São Paulo (28): 63-68. Dezembro/fevereiro/. 1995/96. pp. 63-68.
99 MUNANGA, Kabenguele, *Op. Cit.*.
100 "Every illnes, Wound or disappointment, all suffering, depression, or fatigue, every injustice and every failure: all these are held to be, and are spoken of by Bantu as a diminution of vital force" Cf. TEMPELS, Placide. *Banto Ontology, In*: EZE, Emanuel Chukwudi. (Edited By) *African Philosophy, An Anthropology* Oxford, Bucknell University. 1998, p. 430.

o outro com o intuito de aumentar a própria força, acarretando com isto o enfraquecimento de outro. Desta feita, "o mundo das forças mantém-se como uma teia de aranha, da qual não se pode fazer vibrar um único fio sem sacudir todas as malhas".[101] Sendo isto para os bantos uma verdade, tornar-se escravo deveria ser cair em desgraça, uma desventura causada por uma diminuição de força.

Porquanto voltamos a insistir que o culto aos ancestrais constituía uma das bases principais, mas não única, da religiosidade centro-africana e tem, dentro da cosmovisão banto, um papel fundamental na manutenção da vida e da ordenação das coisas terrenas, ao mesmo tempo que funciona como um elo entre o homem e um Deus que habita em um mundo distante. Neste aspecto, a religiosidade encontrada pelos portugueses dentro da própria visão cosmológica banto possibilitou uma aproximação de significados entre ambas. Não nos é difícil crer que africanos e portugueses, quando ainda do contato da catequese, estivessem falando de coisas semelhantes e comuns nas duas visões, mas diferentes na essência e no sentido. Contudo, o que se quer ressaltar, ao menos por hora, é o fato de que morrer longe dos seus ancestrais ou mesmo de não poder venerá-los, para os africanos, era indubitavelmente um "mal morrer".

Para o padre Altuna, assim era a cosmologia banto: no mundo invisível estava Deus, depois os antepassados, fundadores dos grupos "primitivos de famílias", os quais receberam a força vital do próprio Deus e são o elo entre Deus e o homem. Os antepassados "Não são simples defuntos", estão em um patamar mais elevado. Depois, teríamos os antigos heróis; a seguir, os espíritos dos gênios que estão nos objetos materiais, tais como rios, montes, cavernas, cachoeiras, e "Sua influência sobre os homens é muito poderosa". Finalmente, estão os "demais defuntos destes antepassados, que podem ser benéficos ou maléficos, e interferem sem cessar no mundo visível. Destacam-se os patriarcas dos grupos, chefes, caçadores e guerreiros famosos, assim como pastores e especialistas em magia notáveis".[102]

Nesta concepção africana, existe um ser poderoso, mas distante, que é o "ser supremo, o Criador" que a tudo dá vida e reina longe dos homens.[103] Tal ser não interage diretamente com os homens: para se comunicar com a sua criação, ele precisa dos ancestrais. Neste sentido, está aí uma outra semelhança entre a religiosidade banto e a católica: o papel do intermediário, que se mostrará no catolicismo como o 'santo' e na cosmogonia

---
101 MUNANGA, Kabenguele, *Op. Cit.*, p. 63.
102 ALTUNA, Raul Ruiz de Asús, *Op. Cit.*, p. 59.
103 Jan Vansina. Religious movements. *In* VANSINA, Jan. *Central Africa: a theoretical study. Comparatives Studies in society and History* 18, n 4 (out. 1976), pp. 458-475.

banto como o 'ancestral'. Ambos são mortos que intercedem junto a um ser supremo pelos seus. A diferença fundamental entre as duas é que na cosmogonia banto a ligação ao ancestral está diretamente relacionada ao parentesco, ou seja, à linhagem tribal. É ela quem vai nortear todo o grau de merecimento quanto ao papel de intercessor. Já no catolicismo, esta ligação não se dá pelo parentesco. Afinal, não se precisa ser parente do santo para dele obter uma graça. Neste caso a relação está mais no campo da afetividade e da empatia.

Mas o que seria a morte para os bantos? Segundo Altuna, para os bantos "a morte é um acontecimento brutal, contrário à natureza e à harmonia, embora permaneça sempre a esperança ontológica".[104] Compreende-se um morrer de velhice, farto em dias, cheio de filhos à volta da mesa, com uma numerosa descendência, um bem morrer, já que a morte era entendida como apenas uma viagem: "no termo voltarão a encontrar os seus, já que os laços vitais não se rompem. Vive-se morrendo e morrendo vive-se."[105] Morrer fora deste contexto, jovem, sem filhos, por suicídio, assassinado brutalmente, por ações diretas da natureza tais como relâmpagos e catástrofes naturais seria uma ignomínia, ou seja, uma má morte.

O autor destaca também que o *"umuzima"* é a união da sombra com o corpo, este é o princípio atuante que indica como se realiza a vida. "Quando este princípio se separa do corpo, vem a morte."[106] Já a vida biológica é chamada de *"buzima"*, e esta os animais também a possuem. Por outro lado, a vida espiritual é chamada *"amagara"*, ou seja, ao morrer, ela se desprende do corpo, *"buzima"* desfazendo a *"umuzima"*, deixando apenas o corpo inerte, o *"buzimo"*. Porém, se este não for sepultado dignamente, ele pode se tornar o *"muzimo"*, o qual voltará para aterrorizar a comunidade, como veremos adiante.

A maioria das mortes é atribuída à ação mágica. Quando alguém morre, busca-se a causa espiritual da qual algum feiticeiro da tribo foi o agente.[107] Logo a família recorre a um adivinho para que diga quem enfeitiçou o morto e, por conseguinte, quem é o criminoso. Então se pergunta ao próprio defunto quem o matou, que responde com um gesto brusco. É claro que a escolha sempre cai sobre os desafetos da tribo e não há apelação.[108]

---

104 ALTUNA, Raul Ruiz de Asús, *Op. Cit.*, p. 446.
105 *Idem* p. 437.
106 *Idem* p. 438.
107 Louis Vicent Thomas assevera que a ausência do corpo é dolorosa em certas sociedades africanas: "Para al que muere, porque no tenderá derecho a los funerales que se merece, y para los sobrevivientes... porque, al no poder interrogar al difunto sobre las causas de su muerte." Louis Vicent. Thomas, *El cadáver de la biología a la antropología*, pp. 65-66.
108 "O cadáver quase sempre se move, se detém diante duma pessoa e se move bruscamente. Não há dúvida, aquele indivíduo foi o feiticeiro", conforme ALTUNA, Raul Ruiz de Asús, *Op. Cit.*, p. 444.

Para termos uma visão melhor desta questão, devemos passar da observação do clérigo jesuíta ao relato mais próximo das circunstâncias em que os fatos ocorreram. Portanto, acompanhemos o relato de João Julião, um funcionário do governo português que escreve, durante o primeiro quartel do século XIX, sobre os costumes e os sepultamentos em Moçambique.

João Julião é portador de uma biografia que por si só já poderia ser objeto de estudo. Ele nasceu em 1769, em Macau, era filho de pais emigrados do Porto. Chegou a Moçambique ainda pequeno, em 1790 passou a morar na Vila de Sofala, onde iniciou sua carreira como escrivão interino da Feitoria da Fazenda Nacional. Por esta ocasião, travou contato com o arquivo no qual encontrou vários documentos antigos que versavam sobre os costumes dos povos africanos. Não obstante a convivência em solo africano, o seu poder de observação lhe conferiu a capacidade de descrever o que vira e aprendera nos velhos arquivos.

Foi tenente-coronel de Milícias do território e feira de Bandire. Fugiu da fortificação em 1832, por isto o Conselho de Guerra o culpou por traição, até ser reabilitado e galardoado pelo governo em 1842, quando, a pedido do governador de Moçambique, resolveu escrever suas memórias sobre a região de Sofala.[109] Com vistas ao nosso objetivo, escolhemos as descrições dos costumes em Quieteve, no qual ele faz um relato sobre a morte de um africano em uma das aldeias.[110]

*Depois de falecer qualquer pessoa, e enterrado, procurão os parentes pellas adevinhaçoens particulares saber os feiticeiros que fizerão aquella morte: sabendo isto; se algum destes for algum escravo, ou familiar, são logo mortos, ou segurados: e não pode isto ser sem sentença formal pronunciada pelo Gangueiro, ou mestre da Ganga que aotoriza este fim. Acaba esta cerimonia fazem vir todos os bens, e trastes do falecido sem falta algum sob pena de morrer, ou endoidecer que ocultar [sic].*[111]

---

109 João Julião era casado com a filha do Governador Manuel Antônio Baptista Monteiro, exerceu a atividade de comerciante e faleceu em 1852 com 83 anos de idade, sendo que 62 destes foram vividos em Sofala. Seu filho, Zacarias, que também escreve as memórias, fez carreira militar, depois se empregou como Feitor da Fazendo Nacional e mais tarde tornar-se-ia Tesoureiro almoxarife. A terceira geração de Julião foi representada por Guilherme, que fez carreira pública durante 38 anos como professor de instrução primária, conforme SILVA, João Julião da; SILVA, Herculano da; SILVA, Ezequiel da. *Memórias de Sofala. Etnografia e História das identidades e da violência entre os diferentes poderes no centro de Moçambique, séculos XVII e XIX.* p. 14.
110 Sofala foi uma terra importante comercialmente e ocupava a região central da atual Moçambique. Os portugueses, ao cruzarem o Cabo da Boa Esperança, tomaram conhecimento de tal comércio, ali realizado entre africanos e muçulmanos (recebiam ouro dos traficantes para comprarem panos de algodão de Cambraia vindos do mar Roxo). Mais tarde Portugal resolveu impor o monopólio comercial sobre a região e lá construiu uma feitoria. Geograficamente, a Sofala de hoje está a 1190 km. de Maputo, e é limitada ao sul por Inhambane, e ao norte por Zambeze. Ao Oeste está Manica e a Leste o Oceano Índico.
111 SILVA, João Julião da, *Op. Cit.*, p. 113.

Julião se referia, aqui, a uma prática comum entre os bantos de se consultar os adivinhos e feiticeiros, a fim de se descobrir o que causou a morte de um ente querido. De certa forma, a morte não é aceita e precisa antes de tudo de uma resposta, já que o defunto não estava no momento certo de morrer. A comunidade sente esta perda irreparável e cuida de encontrar os culpados e evitar que outras ocorram fora do tempo. O antropólogo José C. Rodrigues explica que no momento em que desaparece um membro do grupo, é preciso que se compense a "perda dos mortos". E que se reorganizem as "relações sociais de sexo, parentesco, idade, propriedade, direitos e obrigações".[112] Os bantos agiam desta forma ao buscar um culpado, e, conforme o relato de Julião, procediam a um inventário dos bens deixados pelo morto. O Gangueiro, aquele que preside esta cerimônia recolhe todos os bens do defunto e, neste momento, todos os parentes presentes ficam conhecendo-os e decidem o destino a ser-lhes dado.

Por outro lado, a culpa sempre recaía sobre um desafeto da comunidade, quando não, um feiticeiro, já que estes eram vistos como portadores de poderes maus e capazes de levar alguém à morte pela diminuição da força vital.[113] Destarte, são retirados do seio da comunidade os indesejáveis, que eram condenados à morte, ou vendidos como escravos. Não é de se espantar que tantos escravos tenham vindo para o Brasil por terem sido condenados por feitiçaria na África. E vendidos aos traficantes nos grandes mercados.

Também é importante ressaltar que esta parte do ritual fúnebre intenta, antes de tudo, separar o morto da sociedade, cortando os seus vínculos com os vivos – porque acreditam que os mesmos poderiam voltar a aterrorizá-los –, e inseri-los junto aos ancestrais. Com efeito,

*A família e a comunidade promovem o defunto à classe de antepassados, vingam-se do causador da morte, restabelecem a solidariedade e a ordem social perturbadas, ordenam a harmonia pacífica, asseguram a proteção do antepassado e reforçam a amizade entre os dois mundos.*[114]

Outras mortes devem ser impedidas e o favor dos ancestrais passa a ser uma ajuda certa. Mortes sem rituais fúnebres impedem o restabelecimento da ordem, colheitas abundantes, um futuro melhor e, sobretudo, o direito à ancestralidade.

Entretanto, nem todos recebiam os ritos fúnebres. Segundo o padre Altuna, "só recebem honras fúnebres as pessoas livres e socialmente bem comportadas".[115] Só viveria com os antepassados aquele que não tiver

---
112 RODRIGUES, José Carlos. *Tabu da Morte*. Rio de Janeiro: Achiamé, 1983, p. 75.
113 ALTUNA, Raul Ruiz de Asús, *Op. Cit.*, p. 445.
114 *Idem*.
115 *Idem*.

"desvirtuado as normas sócio-religiosas e, além disso, realizou a continuidade e fortaleceu a solidariedade vertical". Destes, o chefe merece honra especial, mas os estéreis, os com problemas mentais, leprosos, feridos por raios, ataques cardíacos ou, na linguagem de hoje, mal súbito, bem como os afogados e enforcados não eram dignos dos rituais de sepultamento.[116] Estas mortes eram terríveis e não deveriam ser ritualizadas de modo algum. Uma vida infeliz impossibilitava uma vida feliz no além, mas uma vida feliz aqui também podia implicar uma vida inglória no além desde que não houvesse o ritual de sepultamento.[117]

Os escravos também não poderiam receber os ritos fúnebres. Já que tais ritos significavam reforçar os laços de amizade para com os antepassados e inserir o morto em sua nova morada, não havia nenhuma intenção em se preservar a memória do escravo nem de alçá-lo ao patamar de antepassado. Mas isto não quer dizer que não sepultavam os mortos. Como veremos adiante, deixar um corpo exposto ou mal enterrado poderia significar um enorme perigo para a comunidade.

Por outro lado, quanto maior a posição social do morto, maior era a exuberância do ritual. Quanto maior o prestígio em vida, maior era a festa, principalmente se fosse um rei, ou grande chefe. Altuna relata que viu, nestas ocasiões, serem sacrificados até 15 bois e que as festas podiam se prolongar durante um mês.[118] "As festas poderão prolongar-se por um mês se o chefe for importante".[119]

Sebastião Xavier Botelho, que também escreveu suas memórias sobre as possessões portuguesas, relatou estes funerais realizados em Moçambique desta forma:

*É estilo dos cafres quando morre algum deles sair-se de casa um dos parentes mais chegados do defunto e começar em altas vozes a pranteá-lo; a estas vozes acode toda a aldeia, homens e mulheres dando grandes gritos, e principiam em pranto mui sentido em vozes entoadas: um dos principais parentes é que entoa o pranto, e a este respondem os outros com refrém e cadência. Se o falecido é maioral poderoso, acompanham o choro com toques de tambores, a que chamam 'xembuximué', que nenhum de nós o suportaria, ainda que houvéramos orelhas de bronze.[120]*

---
116 Idem, p. 444.
117 "Só se morre verdadeiramente quando os ritos fúnebres são realizados... o desmazelo nestes ritos fúnebres pode considerar-se como a maior infâmia contra uma pessoa e o mais grave atentado contra a solidariedade sagrada". ALTUNA, Raul Ruiz de Asús, Op. Cit., p. 446.
118 ALTUNA, Raul Ruiz de Asús, Op. Cit., p. 446.
119 Idem.
120 Sebastião X. Botelho ao descrever o ritual de sepultamento em Moçambique, Apud RODRIGUES, Jaime. De costa a costa, p. 301.

De acordo com este relato, o alto cargo ocupado pelo defunto africano é proporcional à pompa e à grandiosidade do funeral, que é acompanhado pelos alaridos das carpideiras. Este relato é antropomórfico ao de Julião, que descreve um ritual fúnebre completo. Dele podemos tirar alguns elementos importantes para a compreensão deste assunto.

> *Logo que falecer qualquer Rey ou Principe Chefes de famílias seu corpo he lavado com agua morna, (segundo a pratica geral destas terras o mesmo entre Cristãos e Mouros) e o cadaver nú he estendido em huma Sanja especie de Esteira de Varinhas groças ligadas humas ás outras e cuberto com hum pano: por baixo tem varas gamellas em ordem a receber toda a materia que depoem o cadaver, te que fiquem a ossada enxuta.*[121]

O corpo do rei era exposto, colocado em esteiras, bem parecido com o modo pelo qual eram sepultados os escravos no Brasil. Lavado, as entranhas eram retiradas, semelhantemente aos egípcios, e desta forma o restante secava ao sol até sobrarem os ossos. Tudo isto diante da comunidade atenta e observadora. O funeral só terminava com o sepultamento dos restos mortais, enquanto isto não se dava, todos da aldeia deviam ficar atentos. Este é um momento no qual o morto ainda não fora introduzido em sua nova morada, junto aos antepassados. Qualquer deslize no ritual poderia significar um infortúnio para os vivos.

Outros relatos de sepultamentos também são reveladores da forma pela qual os africanos tratavam com o Além. Os *umbundos,* em Angola, enterravam apenas parte do corpo, a cabeça ficava exposta de modo que toda a comunidade a pudesse ver. Assim, ela ficava à mostra até que caísse em uma bacia posta diante dela. Neste ínterim, o ambiente era tomado por um júbilo que tomava conta de todos os presentes. Neste momento, o túmulo era definitivamente fechado e cada um voltava para sua casa.[122] O ritual estava cumprido, o morto não ameaçava mais a comunidade; estava ao lado dos seus antepassados.

Julião continua a sua descrição do funeral do rei, e o ritual caminha para o seu desfecho e o êxito está prestes a ser alcançado: o morto deverá ser colocado em seu devido lugar e a ordem restabelecida:

> *Estão effectivamente de dia e de noite certos grandes de sua Corte de Guarda para embaraçar, que os feiticeiros não se aproveitem de algum daquelles ossos, que dizem, são de grande virtude para suas operações magicas: estando as gamelas cheias, vazão para gorguletas, e estas ficão bem tapadas. Todas*

---

[121] SILVA, João Julião da, *Op. Cit.*, p. 79.
[122] RODRIGUES, José Carlos. *Tabu da morte.* Rio de Janeiro: Achiamé, 1983, p. 105.

*as manhãs de madrugada, e ao sol posto juntão todos os Cafres daquella povoação, e dos vizinhos, com tambores, andão à roda da caza em que está depozitado o cadaver, e com cantos funebres, estão a carpir, as mulheres com chocalhos as maons fazem o mesmo.*[123]

As vísceras devem ser guardadas justamente por causa dos feiticeiros, que eram acusados de usar os restos mortais dos defuntos para praticarem sortilégios.[124] Se o corpo de um homem comum era temido, quanto mais o de um rei. As carpideiras notadas neste relato eram comuns na África. J. J. Reis registra que, em vários países da África, as mulheres assistiam aos berros à passagem dos mortos em sua comunidade. O próprio autor ressalta que, na Bahia, vários viajantes notaram este costume entre os escravos.[125] Os tambores são usados nas cerimônias e acompanham o canto entoado. Todos participam. Participar do rito, no entendimento de José Carlos Rodrigues, confere unidade à comunidade. Ele ressalta que, entre os *banbara*, existia um canto entoado durante estas cerimônias, no qual as mulheres e crianças, formando círculos, cantavam:

*Apertem-se, cheguem mais perto, Apertem-se para que a hienana (a morte) não os coma Apertem-se para que o leão (a morte) não os coma Apertem-se.*[126]

Voltando à descrição de Julião, ele fala do tempo de luto e finalmente do sepultamento do morto, depois de transcorridos oito dias:

*Os ossos são depositados num rochedo chamado Jazigo dos reis, o nome do roxedo é Mugomo. O novo rei, sendo nomeado, vai até a rocha, e confere com os saldados que as guardam se falta algum osso por menor que seja, se faltar um, o guarda é morto. Logo depois ele coloca a ossada em uma gaemela envolvida em um pano branco, mata um boi preto e com a pele ensanguentada manda embrulhar os ossos e os cozer, depois os transporta em uma liteira (pinga) e o cortejo é feito por chefes, gente armada e as mulheres preferidas do morto.*[127]

Vê-se o cuidado com os ossos e sabe-se que é medo de que caia em mãos de feiticeiros. Tanto é assim que os ossos são conferidos e guardados no túmulo dos reis. Já mais adiante, Julião fala dos ritos fúnebres no reino de Quissanga e o local de sepultamento.

---
123 SILVA, João Julião da, *Op. Cit.*, p. 79.
124 "Seus restos mortais como, por exemplo, a cabeça, era objeto de feitiçaria. Pode assim o seu detentor invocar poderes mágicos. Às vezes seus corpos eram sepultados no leito dos rios para que nenhum feiticeiro os usassem para o mal". ALTUNA, Raul Ruiz de Asús, *Op. Cit.*, p. 446.
125 João José Reis, O cotidiano da morte do Brasil oitocentista. p. 109.
126 RODRIGUES, José Carlos, *Op. Cit.*, p. 95.
127 SILVA, João Julião da, *Op. Cit.*, p. 79.

> *Crê, (os quissamãs) geralmente que ha hum Eente Supremo a quem dão o nome de Murung, Criador de tudo; cuja habitação he o Ceo que chamão de Goré e de ali he que governa tudo, e nada mais sabem. Não tem ideia alguma de Alma do homem; e sim o coração he que rege todas as suas operações, inteliligencias; e que depois de morto tudo se transforma em espirito a que chamão de Muzimo, e que está prezente eternamente na sepultura unido aos ossos' e por isso enterrão seus cadaveres em cova virgem, dentro de algum mato sombrio; e sendo de algum regulo, Inhambaço, ou grande Chefes de familias enterrão-os na mesma povoação, dentro de húa cabana, que rodeão com espinhos.*[128]

*Muzimo* ou *umuzimo*, como vimos anteriormente, é o nome dado ao que chamaríamos, talvez não tão adequadamente, de espírito do morto. Ou seja, o morto é um *muzimo*, um ser *não-vivo*, mas com inteligência; em outras palavras, ele não possui a força vital, vida, mas interage com o mundo e pode até fazer mal aos vivos. Parece que tal pensamento era compartilhado tanto por bantos como por nagôs. Este medo de que os *muzimos* retornassem foi notado por L. V. Thomas, que relatou que, em Nova Guiné, os viúvos só saíam munidos de porretes, a fim de se protegerem da sombra das mulheres mortas. Em Uganda, o *muzimo* tinha os polegares amarrados aos artelhos para que não voltassem à aldeia. Já os *Edo*, da Nigéria repetiam ao corpo do defunto em voz sisuda: "A partir de hoje, você não tem mais parentes, não tem mais filhos, você não é mais da aldeia."[129] Os bantos criam que corpos insepultos deixam que o *muzimo* se desprenda deles e atormente os viventes que não os sepultaram.

Entretanto, Julião afirma que os corpos são enterrados em covas nunca usadas antes, na mata, possivelmente afastadas. Mas se o corpo tiver pertencido a um régulo, chefe de uma tribo, o corpo deverá ficar dentro da aldeia, bem como os corpos dos *inhambaços,* adivinhos. A resposta para esta diferenciação entre locais de sepultamento é simples; como os corpos dos mortos podem conferir poderes mágicos, estes devem ser guardados dos feiticeiros e não há lugar melhor para guardá-os do que perto dos olhos de todos, daí os espinhos em volta das sepulturas.

> *Em lua cheia de novembro, fazem festa, aos seus vizimos matam vacas, carneiro, ou cabra, sacrificam e bebidas, e isto tanto para os grandes chefes mortos com muita pompa, e também em localidades mais pobres perto da sepultura deles.*[130]

---
128 Idem, p. 104.
129 RODRIGUES, José Carlos, *Op. Cit.*, p. 33: "logo depois de morrer enterram os feiticeiros com as pernas amputadas para impedi-los de retornarem a este mundo" ALTUNA, Raul Ruiz de Asús, *Op. Cit.*, p. 447.
130 SILVA, João Julião da, *Op. Cit.*, pp. 105-6.

É curioso que eles se reúnam a fim de cultuar os mortos no mesmo dia que a Igreja Católica destacou para lembrar os seus. *Vadizimo* é plural de *muzimo*, e a festa descrita aqui é semelhante à descrita pelo padre Altuna anteriormente. Nestas festas, quando há seca, os antepassados são invocados, cantam, dançam, sacrificam e fazem imprecações e, segundo Julião, depois disto, chove.[131] Vê-se, pois, que o culto aos mortos, e os rituais aos ancestrais, fazem parte da lida diária; o seu relacionamento com eles interfere nas colheitas, das quais depende a subsistência de toda a comunidade. Os antepassados estão sempre presentes.

Depois do funeral, chega o momento de enterrar o morto, não só de lhe destinar um local apropriado, como realizar todos os rituais simbólicos a fim de que o *muzimo* seja incorporado em sua nova morada.

*Logo que tiver falecido qualquer pessoa, homem ou mulher. Lavão o cadaver com agua morna: e depois de vestido dobra as pernas e o fazem deitar do lado direito com a mão direita debaixo da cabeça, na forma que costuma dormir. Se o falecido não pertencer a outrem o amortalhão com hun pano branco, e depois envolve em huma esteira, e sobre esta hum tecido de humas varinhas de páo e tudo muito bem amarrado com hum páo para levar á pinga. Se não tiver jazigo próprio; que antecipadamente tenha pago ao Inhamaçango da terra: manda com dois panos e meio medir lugar para ser enterrado.[132]*

O que nos chama atenção nesta passagem é o uso de mortalhas para se embrulhar os corpos. Estudos do J. J. Reis têm-se voltado para esta questão no Brasil.[133] Africanos vários faziam constar em seus testamentos as cores das mortalhas de acordo com a devoção do seu santo, já que cada santo possuía a sua cor e mortalha propícias. É interessante notar que esta preparação para a morte, por parte dos escravos, era uma prática comum na África. Este fato fez com que os africanos não relutassem em seguir estas normas; pelo contrário, J. J. Reis comprova um número grande de africanos sepultados em igrejas e amortalhados. Conforme o mesmo autor assegura:

*Uma amostra de mais de mil óbitos dos registros paroquiais de Salvador, em 1835 e 1836, revela que a mortalha branca foi usada por 44% dos mortos, a mortalha preta por 16% e o habito franciscano por 9%.[134]*

---

131 *Idem*, p. 106.
132 *Idem*, p. 112.
133 REIS, João José. *A morte é uma festa. Passim.*
134 REIS, João José. O cotidiano da morte do Brasil oitocentista, p. 112.

Este paramento fúnebre, que na cristandade servia para ataviar o defunto quando da sua presença diante da corte celestial, na religiosidade banto servia para inserir o morto na presença dos antepassados. A cor branca já era usada, logo não é de se estranhar que ela fosse a preferida entre escravos e forros na Bahia. Mesmo porque a própria cor branca, na cosmogonia Bacongo, representava a morte, assim como os europeus eram tidos por mortos, comedores de negros, ou seja, de vivos.[135] É o que observa Mary Karash quando traz um relato de um exemplo de "crença de canibalismo", presenciado pelo francês Dabadie, que presenciara "gritos agudos" de um "escravo novo", que gritava aterrorizado se escondendo embaixo da cama de um hotel. Espantado, o francês procurou indagar aos presentes o motivo do acontecido e, de pronto, recebeu explicações de um garçom que lhe afirmara que era comum entre os africanos recém-chegados a ideia de que seriam literalmente devorados pelos brancos. O escravo retirado de baixo da cama, ressalta o francês, "tremia da cabeça aos pés".[136] Veja o que Souza diz a este respeito:

> *O mundo visível é habitado por gente negra, que nele aparece e dele desaparece através do nascimento e da morte, e que experimenta tribulações provocadas em grande parte pela ação de forças ruins [...] o mundo do além é habitado por ancestrais e espíritos diversos, que afetam a vida das pessoas desse mundo.*[137]

Ainda sobre estas representações simbólicas, o mar que banhava a costa ocidental da África era visto como um local de travessia para o mundo do além, ou, como na língua banto, a *"kalunga"*, porque, para os kimbundos e umbundos, o sentido era basicamente o mesmo: linha divisória ou superfície.[138] Desta feita, passar por ela significava morrer, e voltar por ela, "o nascer de novo". Ela, a *kalunga*, era como um portal de passagem para o mundo espiritual habitado pelos mortos. Por outro lado, cria-se que se um africano fosse transladado para a terra dos mortos, poderia retornar à África, desde que mantivesse um coração puro e, como vimos no capítulo 1, vivesse em completa abstinência do sal. Este é o sentido da canção cantada pelos escravos, na esperança de que um dia retornassem à terra natal sobrevoando a *kalunga*.[139]

De todo modo, não só o pano branco era comum aos africanos, mas também a esteira na qual eram sepultados aqueles que morriam na Santa Casa, como o caso que vimos no primeiro capítulo. Não nos prenderemos a esta descrição, mas res-

---

135 "Em algumas culturas africanas os brancos eram considerados espíritos dos mortos, que precisavam dos vivos para seus próprios fins escusos" cf: BLACKBURNS, Robins. *A construção do escravismo no Novo Mundo: 1492-1800*; Rio de Janeiro: Record, 2003, p. 476.
136 KARASCH, Mary C., *Op. Cit.*, p. 78.
137 SOUZA, Marina de Mello e. *Reis negros no Brasil escravista*, p. 63.
138 SLENES, Robert W. "Malungu, Ngoma Vem!" África coberta e descoberta no Brasil, p. 10.
139 "O culto dos defuntos, tão característico da religião dos africanos, para quem os mortos não vivem, mas existem mais fortes do que neste mundo, tomou neste contexto um significado comovente até sublime: acreditava-se que os mortos agora libertados do látego do patrão-tirano, iam fazer em sentido inverso a infernal travessia do Atlântico. Vogando sem entraves para o continente bem-amado, iam juntar-se à assembleia venerada dos antepassados, lá longe, do outro lado da 'grande água', no 'país do Guiné. Cf. KI-ZERBO, *Op. Cit.*, p. 287".

saltamos as semelhanças entre ambas. Os escravos sepultados pela Santa Casa eram transportados em varas, o que Julião chama de pinga. Ou seja, os mortos eram colocados envoltos em panos, como se fosse uma rede; ao final eram presas varas pelas quais outros escravos a transportavam, assim como era feito na África banto.

Julião observa que, no caso do morto não ter em vida providenciado o jazigo, seria sepultado no solo na medida de dois panos e meio, que deve corresponder a cerca de um metro e meio.

*O cadaver he enterrado em terra virgem, como já fica dito e deitado do lado direito; e depois de tapada a cova aliza-a por cima com água, para saber se algum feiticeiro foi dezenterrar. Hé acompanhado o préstito por todos os parentes presentes e os vizinhos e ao voltarem antes de entrar na povoação já encontra huma pessoa com certas papas, cozinhadas com remedios, que todos porvão dellas húa dedada; depois he que enterrão e vão a caza do falecido onde estão as mulheres, e fazem novas lamentaçoens com estrondo e sendo pessoa de distincção com certo toque de tambor próprio para aquella occazião: acabada a choradeira vão todos lavar a casa, maons, e pés.*[140]

Julião traz diversos outros relatos, mas creio que não seja necessário que nos estendamos mais, no sentido de provarmos o significado da morte e dos rituais de sepultamento na África, pelos africanos. Seria por demais repetitivo fazê-lo, pois o que queremos enfatizar é o significado de tais práticas dentro da sociedade africana e as semelhanças e diferenças das que se praticavam no Brasil. Acreditamos que a verificação desta utensilagem mental compartilhada pelos bantos demonstra a óptica pela qual eles observavam o mundo e as suas respostas frente aos problemas impostos no tocante a uma religiosidade externa e à própria escravidão.

Como se vê, os elementos são recorrentes: barulhos, o medo de que roubassem o corpo do morto, a imagem do feiticeiro, os antepassados e seu culto, enfim, estes fatos são bastante peculiares, mesmo no Brasil oitocentista, e tais fatos já eram presenciados e praticados na África. O que temos aqui são duas culturas diferentes, próprias, revestidas de sentidos díspares, mas que foram amplamente reapropriadas e reelaboradas por ambas as tradições. Não se trata, pois, de simples aculturação nem assimilação de culturas, mas sim de reelaboração de significados, nos quais os símbolos antigos não são esquecidos, mas são reinventados ou unidos a um outro de sentido similar, sem que isto altere a sua essência. Uma prova disto é a de que, no início da cristianização do Congo, os ca-

---

140 SILVA, João Julião da, *Op. Cit.*, p 59.

tequistas, buscando uma analogia com a cosmogonia banto, nomearam as imagens dos santos de *inkise*. Estes eram objetos mágicos, retirados da natureza, dotados de poderes místicos, usados pelos africanos em seus rituais.

Neste caso, num antiquíssimo *inkise* oriundo da África Central Atlântica, datado da primeira metade do século XIX, temos um exemplo centenário de objeto com o qual os bantos se relacionavam com o além. Estudiosos afirmam que este curioso *inkise* seria uma representação simbólica da vida africana. Tal objeto é constituído do que seria um prato de formato oval, com duas figuras antropomórficas depositadas em seu interior, que pelas proporções aparentam ser macho e fêmea. No interior do objeto, vemos pregos fincados no fundo, amarrados uns aos outros, dispostos em linha circular que vão de um lado ao outro, no interior do *inkise*. Sobre as duas figuras, no centro do *inkise,* um pedaço de espelho. A interpretação do objeto é sem dúvida surpreendente. O historiador Tom Philips acredita que o espelho dentro do *inkise* simbolizasse o mar, a Kalunga Grande, a grande divisora entre o mundo da vida e o da morte. O formato oval do objeto, que lembra um prato, seria a representação de um navio negreiro, e os pregos amarrados seriam o caminho percorrido pelos escravos ao atravessarem a Kalunga. Com efeito, este *inkise* dotado de poderes mágicos era como um guia espiritual para aqueles que caíram no infortúnio da escravidão.[141]

Mary de Priori e Renato Venâncio acreditam que os *inkise* estavam "diretamente relacionados à necessidade de proteção de uma linhagem" e tinham por finalidade homenagear os antepassados.[142] O espírito ancestral ou da natureza podia se encarnar no *inkise* e servia para agilizar a "comunicação com o além nos momentos em que se pedia a intercessão dos espíritos para a cura, proteção e solução de problemas".[143] Não é de se estranhar por que, no Brasil, os escravos tenham assimilado as imagens dos santos católicos e seus rituais.[144] De fato, os africanos logo compreenderam que podiam adorar seus deuses, ou ancestrais, sem ter de abandoná-los e que qualquer que fosse o nome que lhes dessem, eles teriam, para os africanos, sempre o significado que lhes fora dado originalmente.

Isto se daria pelo fato da capacidade da religiosidade banto em aglutinar novos valores, sem, todavia, abandonar os seus próprios. Para o bem ou para mal, tal característica, por ser tão 'flexível', reforçou em alguns sentidos as práticas cristãs impostas, tais como aceitação de novos ritos.

---
141 PHILLIPS, Tom. (Edit By) Africa: *The art of a Continent*. London: Royal Academy of Arts; Munich; New York, Prestel, 1995, p. 256.
142 Idem.
143 Mary de Priori e Renato Venâncio, *Op. Cit.,* p. 144.
144 Curiosamente, as Missões cristãs na África denominavam as suas igrejas de "casa de inquice", cf. Mary de Priori e Renato Venâncio, *Op. Cit.,* p. 144.

Contudo, não perdeu o seu significado africano, e mais, modificou em muito a religiosidade católica praticada na América Portuguesa, além de conseguir que a devoção afro passasse despercebida aos olhos dos senhores. Neste sentido, não há rupturas, nem mudanças radicais de atitude, e sim uma capacidade de ler os novos objetos apresentados a partir do seu próprio instrumental cognitivo. Foi "vendo-se algo tão familiar no cristianismo que este foi tão prontamente incorporado".[145]

Neste capítulo, acompanhamos como a questão das culturas é reinterpretada e reelaborada através de lentes próprias que ora filtram, ora deixam passar partículas de experiências vivenciadas, sobretudo no campo religioso. Neste sentido, vimos a importância dos ritos fúnebres dentro da religiosidade banto. Sem eles, não há a própria vida em comunidade,[146] não se coloca o ente na 'galeria' dos antepassados, ao lado dos grandes guerreiros e chefes, nega-se ao morto a capacidade de ter a sua existência continuada através deste rito, manifestada na honra à sua linhagem, apagando-o definitivamente do seu porvir. Desta feita, os cadáveres insepultos representavam, antes de qualquer coisa, centenas ou milhares de *muzimos* que viriam afligir os que sobrevivessem em terras brasileiras, para completar o terror de se estar em terras de mortos.

Muitos dos escravos que atravessaram compulsoriamente o Atlântico e que, após morrerem, foram sepultados no Cemitério dos Pretos Novos, no Rio de Janeiro da primeira metade do século XIX, vieram de portos antigos e novos. Muitos destes eram oriundos de tribos distantes do litoral africano, mas que conservavam entre si a característica fundamental de serem quase em sua totalidade da África Centro-Ocidental.[147] Estes partilhavam certos traços culturais comuns, além do mesmo tronco linguístico. Vimos também que, ainda na filosofia banto, o mundo se resume a um conjunto de forças hierarquizadas pela relação da energia vital, cuja origem é o próprio Criador, e que é distribuída em hierarquia: primeiro aos ancestrais e defuntos; depois aos vivos, iniciando pelos reis, chefes tribais, de linhagens, pais e filhos; e por último aos animais, vegetais e minerais. É desta forma que esta força vital celebra a vida e resolve o problema da existência da morte, do sofrimento e das atribulações da lida diária, das frustrações e infortúnios.

---

145 SOUZA, Marina de Mello e, *Op. Cit.*, p. 68.
146 Pois "cada morte entristece o grupo, alerta-o contra possíveis repetições e, se não for violenta, agita a comunidade que emprega a terapêutica místico-mágica para remediar o encoberto", cada morte "causa uma desordem porque a participação é perturbada e a interação transtornada". ALTUNA, *Op. Cit.*, p. 436.
147 *"A sociedade dos escravos era diferente também porque a maioria deles vinha do Centro-Oeste Africano. Sem um entendimento dessas origens, pouco se compreende em relação à formação e evolução da vida e cultura escravas na cidade. Durante séculos os povos da África Central tinham lidado com a diversidade étnica, desenvolvendo tradições religiosas comuns e compartilhado formas culturais; essas habilidades, eles as transmitiram para o Brasil"* (grifo nosso) Mary C Karasch, *Op. Cit.*, p. 36.

Neste capítulo verificamos qual foi a importância dos ritos fúnebres dentro da religiosidade banto. Sem eles, não há a vida em comunidade. Ainda que nem todos tivessem o direito aos ritos fúnebres, tais como todos aqueles elencados anteriormente, inclusive os escravos, era inconcebível que os seus corpos ficassem insepultos. Deixar um corpo nesta condição significava correr o risco de que os restos mortais caíssem em mãos de feiticeiros que poderiam usá-los para toda sorte de malefícios.[148] De tais corpos se desprendiam os *umuzimos* que atormentavam os vivos e os castigavam por não terem feito o necessário para o descanso do morto.

A quantidade e a pompa do ritual funerário está diretamente relacionado à riqueza e importância do morto. Na leitura do antropólogo britânico Victor Turner, "todos os rituais de passagem" – ou mudanças de fases da vida – se baseiam nas relações entre o indivíduo e o objeto do ritual. "Quando uma pessoa morre, todos estes laços são rompidos e, quanto mais importante for a pessoa, maior o número e a variedade dos laços que existem para serem rompidos".[149]

Logo, novos tipos de relações sociais devem ser estabelecidos. A divisão da herança de líder morto, as dívidas assumidas pelos vivos, o destino da viúva, tudo deve ser reordenado por aqueles que guardavam, de alguma forma, algum tipo de laço social com o morto. A morte é o momento em que tal rearranjo é elaborado, "um período de ajuste, um intervalo durante o qual a sociedade passa da velha para a nova ordem. entre os Ndembu, este período coincide com a duração de um acampamento de luto, Chipenji ou Chimbindi".[150]

Segundo Victor Turner, "acredita-se que durante esse período a sombra do morto está mais irrequieta, sempre tentando revisitar os locais e comunicar-se com as pessoas que melhor conheceu em vida". Ou seja, o morto ainda ronda e assombra os vivos como os Ndembu, um povo situado no noroeste de Zambia, no centro-Sul da África, que "acreditam que sem o ritual de luto a sombra jamais descansaria no túmulo", antes "ela poderia trazer doenças a todas as pessoas que deveriam ter honrado sua memória fazendo um funeral, mas não o fizeram".[151]

Diante de tal conhecimento e das narrativas e relatos, tanto do padre Altuna, teólogo jesuíta, como de vários funcionários da Coroa Lusa e contemporâneos do Cemitério dos Pretos Novos, que falam praticamente dos mesmos fatos, pudemos perceber que os escravos recém-che-

---

148 Em Moçambique, bem como em grande parte da África banto, cria-se que os feiticeiros se deslocavam transportados na companhia de animais, tais como lobos, leões tigres e leopardos. Conforme a nota-de-rodapé. *In.* Julião da Silva, *Op. Cit.*, p. 110.
149 TURNER, Victor. *Floresta de Símbolos. Aspectos do ritual Ndembu*. Niterói: EDUFF, 2005. p. 38.
150 TURNER, Victor. *Op. Cit.* p. 39.
151 Ibidem, p.39.

gados deveriam ter ojeriza aos sepultamentos realizados no Cemitério dos Pretos Novos. O viajante alemão G. Freireyss relatou, além do mau estado do cemitério, que este se encontrava bem próximo dos barracões nos quais ficavam os escravos recém-chegados. Para estes escravos, ter atravessado compulsoriamente a *kalunga*, para ter de morrer e ser sepultado em um lugar como este, era uma violência simbólica cometida contra as suas práticas religiosas, um descaso para com seus ritos e o fim de uma possibilidade de continuar existindo junto dos seus que já haviam partido. Como poderiam sobreviver se não podiam cultuar os seus antepassados, como ter antepassados, se não eram sepultados nem recebiam nenhum paramento religioso? Se o fato de terem se tornado escravos fora acarretado pela diminuição da "força vital", como reverter esta situação se a forma de obtê-la era justamente cultuando-os? A resposta está clara: o significado do Cemitério dos Pretos Novos, para os escravos recém-chegados, era este: o fim da trajetória material e imaterial de suas existências.

## CONCLUSÃO

A religiosidade católica entendia e representava a morte como um momento de grandes tensões. De um lado, Satã tentava seduzir os homens na hora do derradeiro suspiro; de outro, rituais católicos compreendidos como missas, orações e sacramentos visavam a assegurar ao jacente o acesso ao Reino dos Céus. As exterioridades destes atos se refletiam no ritual, na leitura do testamento, na procissão do viático e no uso de mortalhas que encobririam o morto. Nesta representação, o local da inumação era fundamental e representativo dos sucessos alcançados em vida. Estar perto ou dentro da igreja era estar perto de Deus. Ao mesmo tempo, o cuidado com o corpo do morto era algo indispensável, uma vez que, dentro da doutrina eclesiástica, o morto haveria de ressuscitar em Cristo para a vida eterna.

Entretanto, esta religiosidade tem por premissa a distinção entre seus membros e o prestígio devido a cada um dentro de um papel estabelecido pelo criador. Tal distinção faz com que alguns sejam merecedores de um sepultamento digno, enquanto outros, segundo o crivo católico, são relegados a um sepultamento precário.

Assim, a desigualdade do espaço funerário espelha a desigualdade terrena, onde os despossuídos desta vida são sepultados tal como viveram, à margem da sociedade. Temos então uma dupla exclusão: os não participantes do "Reino de Deus", ensejado na Terra, são impossibilitados de entrar no "Reino dos Céus", esperado na Glória.

Neste grupo de excluídos, assim como os brancos pobres e párias da sociedade, estão os pretos novos, boçais, neófitos na fé e que, a despeito de terem sido "resgatados" para aprenderem o novo dogma, quando mortos são jogados à flor da terra em um cemitério mantido de forma precária, sem nenhum cuidado para com os corpos daqueles que deveriam aguardar incólumes o dia da Ressurreição dos Santos.

Os bantos, por sua vez, representavam o momento da morte como a hora do encontro com seus antigos ancestrais, uma ocasião de confraternização com os membros fundadores das tribos e clãs. Sem a tensão de julgamentos pela conduta da vida pregressa, nem a recompensa pelas suas ações, o africano seguia em direção à nova morada, desde que os rituais de sepultamento tivessem sido seguidos. Por outro lado, a não observância dos rituais o impossibilitava de se reunir aos seus ancestrais, cortando a relação de sua linhagem com o sobrenatural.

Sintetizando, poderíamos, *grosso modo*, destacar a dupla função dos rituais fúnebres praticados pelos bantos; em um primeiro momento, ele reorganiza a sociedade após a perda de um membro redistribuindo os seus bens entre os seus parentes, descobrindo a causa do falecimento ou seu possível causador, expurgando o mal de dentro da comunidade. Em um segundo momento, os funerais elevam o morto ao patamar de um antepassado, buscando, desta forma reafirmar os laços com o sobrenatural, ao mesmo tempo que ganham um aliado do outro lado da vida, uma vez que este, com o passar dos anos também será um dos antepassados, um ancestral a zelar pelo povo.

Esta sociedade bantófone exterioriza esta perda – morte – através do som, da dança, do festejo e de certo regozijo. A ocasião da crise social, que para eles é o momento no qual há a diminuição da força vital, ou seja, o tempo forte da *"morte que suspende todas as atividades quotidianas"*,[152] é ultrapassado através de ritos simbólicos que reequilibram as forças que regem o mundo.

Da mesma sorte, o zelo para com o corpo do morto era importante, já que os restos mortais insepultos representavam um perigo para toda a comunidade caso caísse em mãos mal intencionadas. Os corpos insepultos, segundo muitos grupos bantos, se transformavam em *muzimos*, "mortos vivos" que aterrorizavam a aldeia, principalmente aqueles que não o sepultaram.

Do encontro destas duas culturas e formas diferenciadas de ver o mundo, a saber: a católica e a banto, há uma junção de práticas que

---

152 LATOUR, Charles - Henry P. (Trad. Dulce Duque Estrada). A morte em sociedade africana. *Revista Litoral*: Luto de Criança. Rio de Janeiro: Companhia de Fred, 1999, p. 47.

remodelam uma nova forma de se relacionar com o sagrado, diferente do seu estado anterior. Os rituais africanos e católicos se fundem dando origem a práticas simbólicas novas, mas que guardam certas particularidades e delas não abrem mão. Contudo, pode-se dizer que o desejo último seja o mesmo, o de se preservar a memória do morto. No catolicismo se aguarda a ressurreição. Para os bantos se espera o reencontro com os ancestrais em terras africanas. No catolicismo, a exteriorização deste ato tem um sentido pedagógico, o de lembrar aos vivos a necessidade de se ter uma vida pia. No pensamento banto, este ato está representado pela alegria de retornar ao convívio dos antepassados.

É de posse deste conhecimento que podemos ter uma visão aproximada do que os pretos novos vivenciaram ao se depararem com um cemitério coletivo, o que por si só já era muito diferente das sepulturas individuais na África, e que, além disto, possuía por regra o não sepultamento dos corpos que ficavam dias à espera de serem queimados. E como se não bastasse, em um local de poucos indícios de rituais fúnebres aliado à impossibilidade de se render culto aos antepassados, assegurando assim o reequilíbrio de forças.[153]

Ainda pode ser feita uma outra leitura desta mesma cena. De forma premeditada ou não, ao sepultar pretos novos e ladinos nas covas rasas da indigência, cometia-se um duplo ato: condenava-os a uma segunda morte e os relegava ao apagamento de sua memória. Este apagamento do lugar de memória, não só dos pretos novos, mas dos escravos em geral, foi forjado ao longo do século XIX, no ensejo de se apagar os traços da escravidão africana, bem como sua cultura e tradições. Daí o aniquilamento dos vestígios do próprio Cemitério dos Pretos Novos, enquanto lugar de memória.

Em meio a este embate, os vizinhos do indesejado campo santo se esforçam por afastá-lo de suas residências: o cheiro incomodava e fazia mal. A representação que eles fizeram do lugar foi a do descaso e da mazela que, em sua visão, já deveria ter sido fechado. Assim, eles enviam suas petições demonstrando o seu poder de mobilização frente aos problemas impostos pelos tipos de sepultamentos ali realizados. Porém, se suas ações são incapazes de resolverem sozinhas a situação, não se pode negar que grande parte das ações do Estado se deu por meio da manifestação dos moradores, uma vez que foi a partir dela que as comissões de salubridade foram enviadas em visita ao Cemitério dos Pretos Novos.

---

153 Quero reafirmar o fato de que dos 6.119 óbitos realizados no Cemitério dos Pretos Novos de 1824 a 1830, não há um só caso de um escravo ou liberto mandando sepultar o outro. Talvez só este dado seja suficiente para comprovar que os africanos não viam com bons olhos o Cemitério dos Pretos Novos.

Em consequência das constantes reclamações dos moradores do Valongo, o governo foi forçado a se mover, e o fez com certa lentidão. O período joanino foi um período de grandes transformações no seio do Império. Nele, o quadro burocrático da época sentiu dificuldade ao tratar de questões complicadas e novas num momento delicado da política brasileira.[154]

Foi no enfrentamento deste estado de coisas que as questões da higiene, salubridade e sepultamentos tiveram de ser resolvidas. E o resultado disto foi o de que o poder decisório do governo, ao menos no tocante a estas questões, se mostrou incapaz de responder em tempo hábil e de forma eficaz à urgência do tema.

No trato destas questões, o governo muda seu posicionamento com relação aos sepultamentos praticados no Cemitério dos Pretos Novos, deslocando-o do tema humanista para o tema moral. Do lugar dos sentidos físicos – cheiros fétidos e miasmas –, muda-se para o espaço da estética – capital civilizada.[155] Desta forma, refinando as suas críticas aos sepultamentos precários que se arrastavam por quase uma década, Bastos, o Juiz Presidente da Câmara da Corte, em 1829, definiu o cemitério como uma imoralidade e que a cidade do Rio de Janeiro não era compatível com a visão dos corpos insepultos.[156]

Por outro lado, a pressão dos traficantes de escravos, desprezando tanto o tema humanista quanto o moral, despeja um volume cada vez maior de escravos retirados da África. Estes traficantes logicamente não estavam preocupados com os sepultamentos. O Cemitério dos Pretos Novos, para eles, era um mero lugar de descarte de corpos.

A Igreja se mostrou incapaz de zelar pelo cemitério e sepultar tantos corpos ao mesmo tempo em que o tráfico negreiro despejava um contingente cada vez maior de africanos no Brasil. Este número em constante crescimento, verificado após 1820, fez com que os corpos abarrotassem o cemitério. Mesmo após o fechamento do Cemitério dos Pretos Novos, esta forma de sepultamento continuaria a mesma, sendo largamente praticada quer fosse no cemitério da Ladeira da Misericórdia, ou na clandestinidade que o tráfico lhe impunha. Porém, a pressão da

---

154 Só para se ter ideia dos principais acontecimentos da época: no cenário externo, a Revolução do Porto em 1820. No plano interno, em 1822, o príncipe Regente decide-se por ficar no Brasil; em 1823, a dissolução da Assembleia Constituinte; em 1824, D. Pedro I outorga a primeira Constituição, e a Confederação do Equador agita Pernambuco; em 1825, a Guerra Cisplatina; em 1826, Brasil e Inglaterra iniciam o acordo para a cessação do tráfico; em 1829, o Banco do Brasil é liquidado; em 1830, é ratificado o acordo entre Brasil e Inglaterra para a cessação do tráfico, e em face de grande agitação interna, é promulgado o Código Criminal. Os protestos continuariam a crescer, culminando com a abdicação de D. Pedro em 1831. Conferir FAUSTO: Boris. *História do Brasil*. São Paulo: EDUSP, 2002. *Passim.*
155 Ver capítulo 2.
156 Ver capítulo 2.

sociedade e do poder público, verificada no final do primeiro quartel do século XIX, forçara o surgimento de um cemitério extramuros, aberto em 1839, na Ponta do Calafate, no Caju. A criação deste cemitério, sob os cuidados da Santa Casa da Misericórdia do Rio de Janeiro, foi seguida da abertura de outros que viriam posteriormente, em certa medida, nos mesmo moldes.

A secularização do fenômeno da morte retirou em parte o poder decisório que cabia à Igreja, fazendo com que esta fosse forçada a mudar de atitude em relação a sua própria concepção quanto aos cuidados fúnebres.

Finalmente, esta pesquisa pôde demonstrar que a existência do Cemitério dos Pretos Novos estava intimamente ligada à do tráfico transatlântico de escravos. Afinal, foi para isto que ele havia sido criado, em 1722. Por conseguinte, o fim legal do tráfico levou à extinção do Cemitério dos Pretos Novos. Foi-se o cemitério, mas o tipo de sepultamento continuou o mesmo.

Dito isto, cabe lembrar que a canção nagô que dizia "Oh Morte! Morte o levou consigo, Ele partiu, levantem-se e dancem, Nós o saudamos! Adeus",[157] jamais poderia ter sido entoada no Cemitério dos Pretos Novos, quer fosse pelo fato de um sepultamento precário, quer fosse porque não havia motivos de dança, nem saudações, nem como dizer adeus. Parafraseando João J. Reis, a morte só seria uma festa[158] se ela estivesse diretamente relacionada ao "bem morrer" e este, definitivamente, não era o caso do Cemitério dos Pretos Novos.

Por fim, encerramos este livro relembrando uma outra canção escrava, cantada no eito do sul escravista da América do Norte. Ela faz com que percebamos que a concepção de uma vida melhor no porvir está presente em todas as culturas, mas que são diferenciadas e reelaboradas através do seu próprio instrumental conceitual adquirido ao longo do tempo. Porquanto não se pode pressupor desta diferença nenhum tipo de hierarquia nem juízo de valor. No entanto, durante muito tempo, o desconhecimento de certas práticas serviu de base para a discriminação e o preconceito, que, por fim, lançaram no esquecimento os indícios cabais de uma cultura que possuía sobre si o único *pecado* de ser diferente. Todavia, não se pode deixar de resgatar estes indícios, até que, por fim, suplantem a discriminação e o preconceito, tão marcantes em nossa sociedade, herdados do nosso passado escravista.

---
157 Canção africana Nagô, *in* RODRIGUES. Cláudia, *Op. Cit.*, p. 163.
158 REIS. João José, 1991.

*Quando morrer, não quero ser enterrado muito fundo, Quero um pote de melado aos meus pés, Um pão inteiro nas minhas mãos, Quero encher a barriga a caminho da Terra Prometida.*[159]

---

[159] Canto de escravo norte americano - Um escravo faz um pedido antes de morrer. *In* BUTCHER. Margaret Just. *O negro na cultura americana* (sobre materiais de Alain Locke). Costa Galvão. Rio de Janeiro: Fundo de Cultura.

# Referências Bibliográficas

## 1. FONTES MANUSCRITAS

### ARQUIVO DA CÚRIA METROPOLITANA DO RIO DE JANEIRO (ACMRJ)

Breve Apostólico da freguesia de Santa Rita, 1727.

Livro de Óbitos de escravos da freguesia de Santa Rita (1812-1818).

Livro de Óbitos de escravos da freguesia de Santa Rita (1824-1830).

Livro de Óbitos da freguesia de Santa Rita de livres e escravos (1820-1832).

### ARQUIVO GERAL DA CIDADE DO RIO DE JANEIRO (AGCRJ)

#### Cemitérios

Códice 58-2.1. "Cemitério de pretos novos."

Códice 58-2.2. "Posturas sobre enterros."

Códice 58-2.7. "Proposta para cessar o enterramento."

Códice 58-2.10. "Corpos lançados ao mar."

Códice [(13) 31-1.13] [10-31-1.10] "Limpeza pública."

Códice [58-2.12] "Cemitérios mantidos pela Santa Casa."

Códice [58-2.13] "Cemitério dos Ingleses na Gamboa."

Códice [58-2.13-27] "Outros cemitérios mais novos."

Códice [58-2.28] "Proposta de se criar um cemitério para todas as religiões."

#### Construções

Cód. 344 f. 344. "Pedido de licença para obra."

Cód. 400 f. 100. "Pedido de construção."

## Escravidão

Cód. 6.1.23. (1777-1831), "mercadores de escravos."

Cód. 6.1.23. (1820-1828), "escravos ao ganho."

Cód. 6. 1.25. "escravidão."

Cód. 6.1.29. "escravidão."

Cód. 6.1.43. (1833-1885), "escravos ao ganho."

Cód. 6.1.62. (1828), "feira de leilão de imóveis e de animais e escravos."

## Livro de lançamento de imposto predial.

Doc. 2219.

Livro de registros das leis referentes à Câmara Municipal (1828-1847).

Cód. 18.1.66.

## Câmara Municipal – posturas (1830-1831).

Cód. 18.1.67

Cód. 18.1.68 (1830-1849)

Cód. 18.1.69 (1830.1858)

## Legislação do Império (1831)

Cód. 18.1.71.

## Câmara Municipal – posturas (1832-1888)

Cód. 18.1.72

Cód. 18.2.1; 18.2.2-18.2.12. Obs. Documentação quase ilegível e sem roteiro.

## ARQUIVO NACIONAL (ANRJ)

Is 42 1818/1828 – S.D.E. Fundo: Col. Série Saúde. Ministério do Reino e do Império "Provedoria da Saúde - Ofícios e Documentos Diversos."

Is 42 1824. Relatório de Francisco Manoel de Paula a João Severino Maciel da Costa, 10 de outubro de 1824, AN, maço Is 4.2.

Polícia da Corte – cód. 184. Vol. 1 e 2.

# ARQUIVO DA SANTA CASA DA MISERICÓRDIA DO RIO DE JANEIRO (ASCRJ)

Livro de Óbitos de São Francisco Xavier, 1851.

Misericórdia, janeiro de 1833, lata 1.

# 2. OBRAS IMPRESSAS
## BIBLIOTECA NACIONAL DO RIO DE JANEIRO (BNRJ)

**JOBIM**, José Martins da Cruz. *As moléstias que mais afligem a classe pobre do Rio de Janeiro*. Rio de Janeiro: Typogrphia Fluminense de Brito e Companhia. 1835.

**VIDE**, Sebastião Monteiro da. *Constituiçoens primeyras do Arcebispado da Bahia feytas, & ordenadas pelos illustrissimo, e reverendissimo senhor D. Sebastião Monteyro da Vide... Propostas, aceytas em o Synodo Diecesano que o dito senhor celebrou em 12 de junho do anno de 1707.* (sic) Coimbra: No Real Collegio das Artes da Comp. de Jesus, 1720.

## JORNAL *AURORA FLUMINENSE*

598; II-34, 26, 3.

nº 145 de 23 de Janeiro de 1829. "Sobre o depósito de pretos novos e a necessidade de um cemitério." Loc. Pr- sor 36(2), 1829.

## JORNAL DO COMMERCIO

V, VI, n. 406, de 17 de fevereiro. 1829. Cemitérios, conservação e restauração.

Ofício de João Inácio da Cunha a José de Bonifácio: I-4, 30, 4.

Proibição de sepultamentos nas igrejas: I-31, 21, 20.

# 3. FONTES IMPRESSAS
## ARQUIVO HISTÓRICO DO ITAMARATY

Catálogo do Arquivo Histórico do Itamaraty. Parte III. 33. Comissões de tribunais mistos; A) Tráfico de negros e bloqueios; B) Guerra da Independência. Ministério das Relações Exteriores. Departamento de Administração, seção de publicações.

## BIBLIOTECA DO MINISTÉRIO DA FAZENDA

Anais da Câmara dos Deputados, de 1826-1831.

## 3.1. REFERÊNCIAS

**ABREU**, Maurício Almeida. *A evolução urbana do Rio de Janeiro*. Rio de Janeiro: IPLANRIO/Zahar, 1987.

**ALENCASTRO**, Luís Felipe de. *O trato dos viventes: formação do Brasil no Atlântico Sul, séculos XVI e XVII*. São Paulo: Companhia das Letras, 2000.

\_\_\_\_(Org.). *Natureza e sociedade no Rio de Janeiro*. Rio de Janeiro: Secretaria Municipal de Cultura, 1992. (Coleção Biblioteca Carioca, v. 21.)

**ALTUNA**, Raul Ruiz de Asús. *A cultura tradicional banto*. Luanda: Secretariado Arquidiocesano de Pastoral, 1985.

**AKINJOGBIN; DIANE, HAGAN** et al. *El concepto del poder en África*. Paris, Unesco, 1983.

**ARIÈS**, Philippe. *História da morte no Ocidente: desde a Idade Média aos nossos dias*. Rio de Janeiro: Francisco Alves, 1997.

\_\_\_\_\_. *O homem diante da morte*. Rio de Janeiro: Francisco Alves, 1989 (2 v.)

**BARREIRO**, José Carlos. *Imaginário e viajantes no Brasil do século XIX: cultura, cotidiano, tradição e resistência*. São Paulo: Ed. Unesp, 2002.

**BARROS**, José de D'Assunção. *O campo da história: especialidades e abordagens*. Petrópolis: Vozes, 2004.

**BARTH**, Fredrik. *O guru, o iniciador e outras variações antropológicas* (organização de Tomke Lask). Rio de Janeiro: Contra Capa, 2000.

**BASTIDE**, Roger. *As religiões africanas no Brasil. Contribuição a uma sociologia das interpretações de civilizações*. São Paulo: Pioneira, 1989.

**BENTES**, Rodrigo. *O rei no espelho*. São Paulo: Hucitec, 2002.

**BERGER**, Paulo. *Dicionário histórico das ruas do Rio de Janeiro. I e II Regiões administrativas (Centro)*. Rio de Janeiro: Olímpica, 1974.

**BIRMINGHAN**, David. *A África central até 1870*. Trad. Jorge M. Fragoso. Luanda: ENDIPIU/UEE, [1978?]

**BLACKBURNS**, Robins. *A construção do escravismo no Novo Mundo: 1492-1800*. Trad. Beatriz de Medina. Rio de Janeiro: Record, 2003.

**BOSCHI**, Caio. *Os leigos e o poder*. São Paulo: Ática, 1986.

**BOXER**, C. R. *O império marítimo português. (1415-1825)*. Lisboa: Edições 70, 1994.

_____. *A idade de ouro do Brasil. Dores de crescimento de uma sociedade colonial*. 3. ed. Trad.

Nair de Lacerda. Rio de Janeiro: Nova Fronteira, 2000.

**BUTCHER,** Margaret Just. *The Negro in American Culture*. Nova York: Knoff, 1956.

**CARDOSO,** C.F.S. *A Afro-América: a escravidão no Novo Mundo*. São Paulo: Brasiliense, 1984.

**CARTROGA,** Fernando. *O céu da memória. Cemitério romântico e culto cívico dos mortos em Portugal, 1756-1911*. Coimbra: Minerva, 1999.

**CAVALCANTI,** Nireu Oliveira. Desembarques, In FLORENTINO, Manolo (Org.). *Tráfico, cativeiro e liberdade. Rio de Janeiro, século XVII-XX*. Rio de Janeiro: Civilização Brasileira, 2005.

**CHALOUB,** Sidney. *Cidade Febril: cortiços e epidemias na corte imperial*. São Paulo: Companhia das Letras, 1996.

_____. *Visões da Liberdade - uma história das últimas décadas da escravidão na Corte*. São Paulo: Scwarcz. 1990.

**CHARTIER,** Roger. *História cultural: entre práticas e representações*. Lisboa: Difel; Rio de Janeiro: Bertrand Brasil, 1990.

_____. *À beira da falésia. A história entre certezas e inquietudes*. Porto Alegre: Ed. UFRGS, 2002.

**CERTEAU.** Michel de. *A escrita da história*. Trad. Maira de Lourdes Menezes. Rio de Janeiro: Forense Universitária, 2002.

**COMITINI,** Carlos. *África, o povo*. Rio de Janeiro: Achiamé, 1982.

**CONRAD,** Robert E. *Tumbeiros. O tráfico de escravos para o Brasil*. São Paulo: Brasiliense, 1985.

**COSTA,** Jurandir Freire. *Ordem médica e norma familiar*. 2. ed. Rio de Janeiro: Graal, 1983.

**DARNTON,** Robert. *O beijo de Lamourette: mídia, cultura e revolução*. São Paulo: Companhia das Letras, 1995.

**DAVIS,** David Brion. *O problema da escravidão na cultura ocidental*. Trad. Vanda C. Brant. Rio de Janeiro: Civilização Brasileira, 2001.

**DELUMEAU,** Jean. *História do medo no Ocidente, 1300-1850*. São Paulo: Companhia das Letras, 1989.

**EZE,** Emanuel Chukwudi (Ed.). *African Philosophy, an anthropology*. Oxford: Bucknell University, 1998.

**FERRAND,** Henri. In: *Revista Nova*. São Paulo, ano I, v. 1, nº 45, 15 de dezembro de 1931. (Traduzido do nº 10-X-931 de "La vie intelectuelle".)

**FERREIRA,** Roquinaldo Amaral. *Dos sertões ao Atlântico: tráfico de escravos e comércio lícito em Angola, 1830-1860*. 1997. 262 f. Dissertação de mestrado em História. Rio de Janeiro: Universidade Federal do Rio de Janeiro, IFCS.

**FLORENTINO,** Manolo Garcia. *Em costas negras: uma história do tráfico atlântico de escravos entre a África e o Rio de Janeiro (séculos XVII e XIX).* Rio de Janeiro: Arquivo Nacional, 1995.

_____. (Org.). *Tráfico, cativeiro e liberdade: Rio de Janeiro, século XVII-XX.* Rio de Janeiro: Civilização Brasileira, 2005.

**FLORENTINO,** Manolo & **MACHADO,** Cacilda (Orgs.). *Ensaios sobre escravidão.* Belo Horizonte: UFMG, 2003,

**FRAGOSO,** João & **FLORENTINO,** Manolo Garcia. *O arcaísmo como projeto: mercado atlântico, sociedade agrária e elite mercantil no Rio de Janeiro, c.1790-1840.* 2ª ed. Rio de Janeiro: Sete Letras, 1986.

**GEERTZ,** Clifford. *A interpretação das culturas.* Rio de Janeiro: Guanabara, 1989.

**GENOVESE,** Eugene. *A economia política da escravidão.* Rio de Janeiro: Pallas, 1976.

**GERSON,** Brasil. *História das ruas do Rio e da sua liderança política no Brasil.* 5ª ed. Rio de Janeiro: Lacerda, 2000.

**GINZBURG,** Carlo. *Olhos de madeira: nove reflexões sobre a distância.* São Paulo: Companhia das Letras, 2001.

_____. *O queijo e os vermes. O cotidiano e as ideias de um moleiro perseguido pela inquisição.* Trad. Maria Betânia Amoroso. São Paulo: Companhia das Letras, 1987.

**KARASCH,** Mary C. *A vida dos escravos no Rio de Janeiro (1808-1850).* São Paulo: Companhia das Letras, 2000.

**KI-ZERBO,** Joseph. *História da África Negra.* 2ª ed. Trad. Américo de Carvalho. Lisboa. Europa-América, 1972 (2 v.).

**KLEIN,** S. Herbert. *O comércio atlântico de escravos: Quatro séculos de comércio escravagista.* Trad. Francisco Agarez. Lisboa: Replicação, 2002.

_____. *O tráfico de escravos africanos para o porto do Rio de Janeiro, 1825-1830.* In: *Anais de História.* Assis: Deptº. de História, FFCLA, ano V, 1975.

**LAMARÃO,** Sérgio Tadeu de Niemeyer. *Dos trapiches ao Porto: um estudo sobre a área portuária do Rio de Janeiro.* Rio de Janeiro: Secretaria Municipal de Cultura, 1991 (Biblioteca Carioca, v. 17.)

**LATOUR,** Charles-Henry P. de. (Trad. Dulce Duque Estrada). A morte em sociedade africana. *Revista Litoral.* Luto de criança. Rio de Janeiro: Companhia de Freud, 1999.

**LE GOFF,** Jacques. *O nascimento do Purgatório.* Lisboa: Estampa, 1993.

**LOPES,** Ney. *Bantos, Malês e identidades negras.* Rio de Janeiro: Forense Universitária, 1983.

**MACGAFFEY,** Wyatt. *Religion and society,* In: *Central Africa. The Bakongo of Lower Zaire.* Chicago: The University of Chicago Press, 1986.

_____. Dialogues of the deaf: Europeans on the Atlantic coast of Africa, In: SCHWARTZ, Stuart B. (Ed.). *Implicit Understandings. Observing, reporting, and reflecting*

on the encounters between Europeans and other peoples in the Early Modern Era. Cambridge: Cambridge University Press, 1994.

_____. The West in congolese experience, In CURTIN, Philip D. (Ed.). Africa & The West. Madison: University of Wisconsin Press, 1972.

_____. Kongo and the King of the Americans. Journal of Modern African Studies, 6, 2, 1968.

_____. Fetishism revisited: Kongo nkisi in sociological perspective. Africa & The West, 47(2), 1977.

_____. The eyes of understanding Kongo Minkisi. Astonishment and power: Kongo Minkisi & The art of Renée Stout. National Museum of African Art. Washington, D. C.: Smithsonian Institution, 1993.

**MACHADO**, Lília Cheuiche. Sitio Cemitério dos Pretos Novos. Análise Biocultural. Interpretando os Ossos e os Dentes Humanos. In: DIAS, O. CARVALHO, E.; e ZIMMERMANN, M. Estudos Contemporâneos de Arqueologia. Palmas, Fundação Universidade do Tocantins-UNITINS/ Instituto de Arqueologia Brasileira, s/d.

**MAESTRI**, Maria. O escravismo no Brasil. São Paulo: Atual, 1994.

**MARIA,** Júlio. A Igreja e a República. Brasília: Ed. UnB, 1981.

**MAROTO**, R. P. Felipe. Instituições de Direto Canônico. Madrid: Editorial del Corazón de Maria, 1919 (2 v.)

**MATTOSO**. K. Ser escravo no Brasil. 2. ed. São Paulo: Brasiliense, 1988.

**MEILLASSOUX,** Claude. Antropologia da escravidão: o ventre de ferro e dinheiro. Rio de Janeiro: Jorge Zahar, 1995.

**MELLO** Barreto, Filho; LIMA, Hermeto. História da polícia do Rio de Janeiro: aspectos da cidade e da vida carioca, 1565-1831. Rio de Janeiro: A Noite, [1930].

**MILLER,** Joseph C. Way of death. Merchant capitalism and the Angolan Slave Trade, 1730-1830. Wisconsin: The University of Wisconsin Press, Madison, 1988.

**MONTEIRO,** Rodrigo Bentes. O rei no espelho. A monarquia portuguesa e a colonização da América, 1640-1720. São Paulo: Hucitec, 2002.

**MORRIS,** Ian. Death – Ritual and social structure in classical antiquity. Cambridge: Cambridge University Press, 1992.

**MUNANGA,** Kabenguele. Origem e histórico do quilombo na África. Revista USP, São Paulo (28): 63-68, dez-fev., 95/96.

**OLIVEIRA,** Mário Antônio de. Alguns aspectos da administração de Angola em época de reforma (1834-1851). Lisboa: Universidade Nova Lisboa, 1981.

**OLIVEIRA,** Pedro A, Ribeiro de. Religião e dominação de classe. Gênese, estrutura e função do catolicismo romanizado no Brasil. Rio de Janeiro: Vozes, 1985.

**PHILLIPS,** Tom. (Edit By) Africa: The art of a Continent. London: Royal Academy of Arts; Munich; New York, Prestel, 1995.

PRIORE, Mary Del; VENÂNCIO, Renato Pinto. *Ancestrais: uma introdução à história da África atlântica*. Rio de Janeiro: Elsever, 2004.

RAMINELLI, R. J. Império da Fé. In João Fragoso; Maria Fernanda Bicalho; Maria de Fátima Gouvêa (Org.). *Antigo Regime aos Trópicos*. Rio de Janeiro: Civilização Brasileira, 2001.

REIS, João José. *A morte é uma festa. Ritos fúnebres e revolta popular no Brasil do século XIX*. São Paulo: Companhia das Letras, 1991.

_____. O cotidiano da morte no Brasil oitocentista. Revista Brasileira de História. In: ALENCASTRO, L. F. de. *História da vida privada no Brasil/Império*. São Paulo: Companhia das Letras, 1997.

REVEL, Jacques (Org.). *Jogos de escala: A experiência da microanálise*. Rio de Janeiro: Fundação Getúlio Vargas, 2000.

RIBEIRO, Lourival. *O barão do Lavradio e a higiene no Rio de Janeiro*. Belo-Horizonte-Rio de Janeiro: Itatiaia, 1992.

RIBEIRO, Márcia Moisés. *A ciência nos trópicos*. São Paulo: Hucitec, 1997.

RODRIGUES, Claudia. *Lugares dos mortos na cidade dos vivos: tradições e transformações fúnebres no Rio de Janeiro*. Rio de Janeiro: Secretaria Municipal de Cultura, DGDI, 1997.

RODRIGUES, Jaime. *O infame comércio. Propostas e experiências no final do tráfico de africanos para o Brasil (1800-1850)*. Campinas. SP: Ed. Unicamp/Cecult, 2000.

_____. Cultura marítima: marinheiros e escravos no tráfico negreiro para o Brasil (sécs. XVII e XIX.). *Revista Brasileira de História*, São Paulo, v. 9, nº 38, p. 15-53, 1999.

_____. *De costa a costa: escravos, marinheiros e intermediários do tráfico negreiro de Angola ao Rio de Janeiro (1780-1860)*. São Paulo: Companhia das Letras, 2005.

RODRIGUES, José Carlos. *Tabu da morte*. Rio de Janeiro: Achiamé, 1983.

_____. Sentidos, sentimentos. *Alceu*, Revista de Comunicação, Cultura e Política, v. 1, jul/dez, 2000.

SALVADOR, José Gonçalves. *Os magnatas do tráfico negreiro*. São Paulo: Pioneira e EDUSP, 1981.

SANTIAGO, Tiago Xavier. *A descoberta portuguesa da África – a questão do outro*. Rio de Janeiro. 1994. Dissertação de mestrado em Sociologia. Rio de Janeiro: Universidade Federal do Rio de Janeiro, IFCS.

SANTOS, Juana Elbein dos. *Os nagôs e a morte: Pàdè, Àsèsè e o culto Ègun na Bahia*. Trad. Universidade Federal da Bahia. Petrópolis: Vozes, 1976.

SCHOUPPE, F. X. (Pd. da Companhia de Jesus) *Curso abreviado de religião ou verdade e realeza, apologética, dogmática e moral*. Trad. portuguesa do Pd. Manoel Joaquim de Mesquita Pimentel. 3ª ed. Porto: Chadron, 1875.

SCHORSKE, Carl E. *Pensando com a história*. Trad. Pedro Maia Soares. São Paulo: Companhia das Letras, 2000.

**SILVA,** Marilene Rosa Nogueira da. *Negro na rua: a nova face da escravidão*. São Paulo: Hucitec; Brasília: CNPq, 1988. (Série Estudos Históricos.)

**SILVA,** João Julião da; **SILVA,** Herculano da; **SILVA,** Ezequiel da. *Memórias de Sofala. Etnografia e História das identidades e da violência entre os diferentes poderes no centro de Moçambique, séculos XVII e XIX*. Lisboa: Comissão nacional para as comemorações dos descobrimentos portugueses, África, 1998. (Coleção Cadernos África).

**SLENES,** Robert W. "Malungu, Ngoma Vem!" África coberta e descoberta no Brasil. In: *Cadernos do Museu da Escravatura*, n. 1. Ministério da Cultura. Luanda, 1995.

_____. *Na senzala uma flor: as esperanças e as recordações na formação da família escrava*. Rio de Janeiro: Nova Fronteira, 1999.

**SOARES,** Mariza de C. *Devotos da cor. Identidade étnica, religiosidade e escravidão no Rio de Janeiro no Século 18*. Rio de Janeiro: Civilização Brasileira, 2000.

**SOUZA,** Laura de Mello e. *O diabo e a terra de Santa Cruz*. São Paulo: Companhia das Letras, 1986.

_____. *Reis negros no Brasil escravista: história da festa da coroação do rei Congo*. Belo Horizonte. Ed. UFMG, 2002.

**TEMPELS,** Placide. *La Philosofie Bantue*. Paris: Présence Africaine, 1961.

**THOMAS,** Louis-Vicent. *El Cadáver de la biología a la antropología*. Trad. Juan Damonte. México: Fondo de Cultura Económica, 1989.

**THORNTON.** John. *A África e os africanos na formação do mundo atlântico, 1400-1800*. Trad. Marisa Rocha Mota. Rio de Janeiro: Elsevier, 2004.

**VAINFAS,** Ronaldo. *A heresia dos índios*. São Paulo: Companhia das Letras, 1995.

_____. *Os protagonistas anônimos da história*. São Paulo: Campus, 2002.

**VOVELLE,** Michel. *Ideologias e mentalidades*. São Paulo: Brasiliense, 1987.

**ZIEGLER,** Jean. *Os vivos e a morte: uma sociologia da morte no Ocidente da diáspora africana no Brasil e seus mecanismos culturais*. Rio de Janeiro: Zahar, 1997.

**WILSON,** Sherrill D. *African Burial Ground Project*. Classroom Study Guide & Glossary, New York, 2004.

## 3.2. RELATOS DE VIAJANTES E MEMORIALISTAS

**ARAUJO,** José de Souza Azevedo (Monsenhor Pizarro) *Memórias históricas do Rio de Janeiro*. Rio de Janeiro: INL, 1993.

**DEBRET,** Jean Baptiste. *O Brasil de Debret*. Belo Horizonte: Vila Rica, 1993.

**EBEL,** Ernst. *O Rio de Janeiro e seus arredores em 1824*. São Paulo: Companhia Editora Nacional, 1972.

**GRAHAM,** Maria. *Viagem ao Brasil*. São Paulo: Companhia Editora Nacional, 1956.

**FAZENDA,** Dr. José Vieira. Antiqualhas e memórias do Rio de Janeiro. *Revista do IHGB*, Rio de Janeiro, Imprensa Nacional, 1927, v. 147, t. 93.

**FREIREYSS,** G. W. *Viagem ao interior do Brasil*. Belo-Horizonte: Itatiaia; São Paulo: EDUSP, 1982.

**KIDDER,** Daniel Parish. *Reminiscências de viagens e permanência nas províncias do Sul do Brasil: Rio de Janeiro e São Paulo: compreendendo notícias históricas e geográficas do Império e das diversas províncias.* (Trad. Moacir N. Vasconcelos; notícia biográfica Rubens Borba de Morais.) Belo Horizonte: Itatiaia; São Paulo: EDUSP, 1980.

**LAVRADIO,** Marques do. Relatório. Rio de Janeiro, *Revista do IHGB*, v. 4, 1842.

**RUGENDAS,** Johann Moritz. *Viagem pitoresca através do Brasil*. Belo Horizonte: Itatiaia; São Paulo: EDUSP, 1989.

**SANTOS,** Noronha. *Crônicas da cidade do Rio de Janeiro*. Rio de Janeiro: Padrão; INELIVRO, 1981.

**WALSH,** Robert. *Notícias do Brasil*. Belo Horizonte: Itatiaia; São Paulo: EDUSP, 1985.

## 4. ROMANCES

**ASSIS,** Machado de. *Memorial de Aires*. São Paulo: Ática, 1976.

**BARRETO,** Lima. *O cemitério dos vivos*. São Paulo: Brasiliense, 1956.

**ECO,** Umberto. *O nome da Rosa*. Trad. Aurora Batista e Homero F. de Andrade. Rio de Janeiro: Nova Fronteira, 1983.

## 5. MULTIMEIOS

Exposição Multimídia Memorial dos Pretos Novos. Rio de Janeiro, Prefeitura da Cidade do Rio de Janeiro, SMC/AGCRJ.

# Anexos

Figura 1. Jean Baptiste Debret. O Viático. *Viagem pitoresca ao Brasil*; E. 12. p. 16.

Figura 2. Jean Baptiste Debret. Enterro de uma negra. *Viagem pitoresca ao Brasil*; E. 13. p.16.

Figura 3. Hildebrant. O largo de Santa Rita. 1846. Óleo sobre tela 43:62, 5 cm.

Figura 4. Igreja de Santa Rita, situada ao Largo de Santa Rita s/nº, Centro. Rio de Janeiro.

À flor da Terra: o cemitério dos pretos novos no Rio de Janeiro | 191

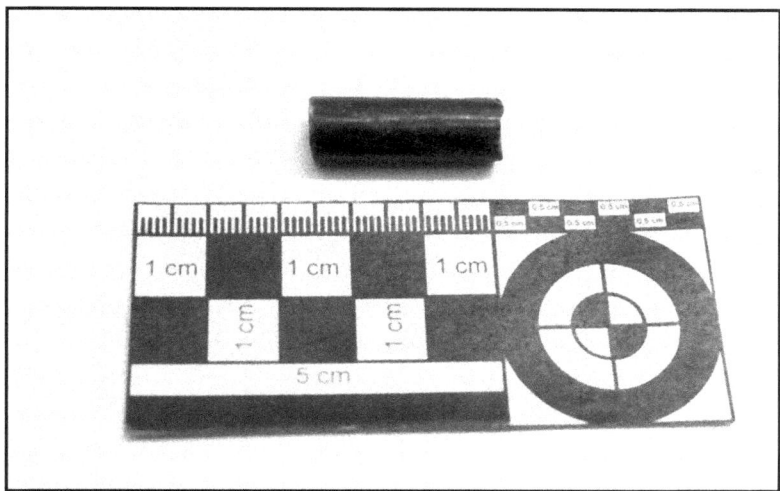

Figura 5. Conta encontrada no Cemitério dos Pretos Novos. (foto: Reinaldo Bernardes)

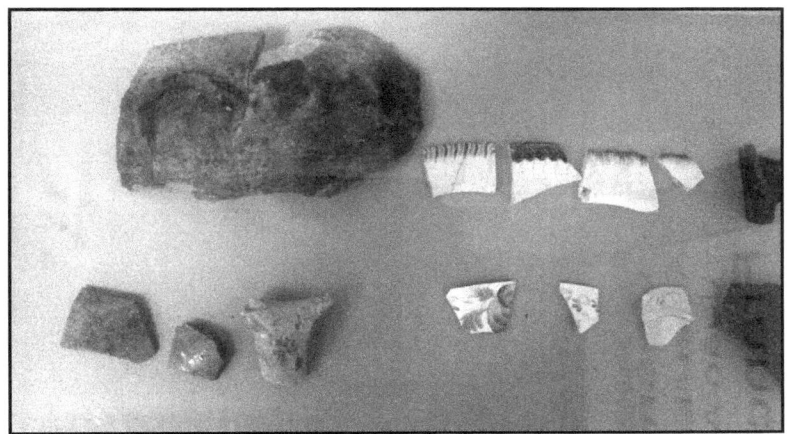

Figura 6. Artefatos encontrados no Cemitério dos Pretos Novos. (foto: Reinaldo Bernardes)

Figura 7. Ossadas do poço de sondagem nº 3, encontradas no Cemitério dos Pretos Novos. (foto: Reinaldo Bernardes)

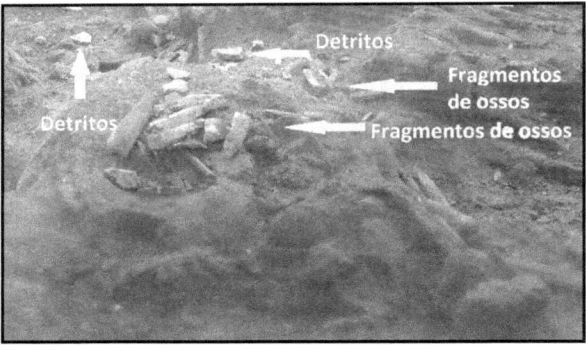

Figura 8. Ossadas do poço de sondagem nº4, encontradas no Cemitério dos Pretos Novos. (foto: Reinaldo Bernardes)

Figura 9. Vista lateral de fragmentos de ossos, na exposição do Memorial Pretos Novos. (foto: Reinaldo Bernardes)

À flor da Terra: o cemitério dos pretos novos no Rio de Janeiro | 193

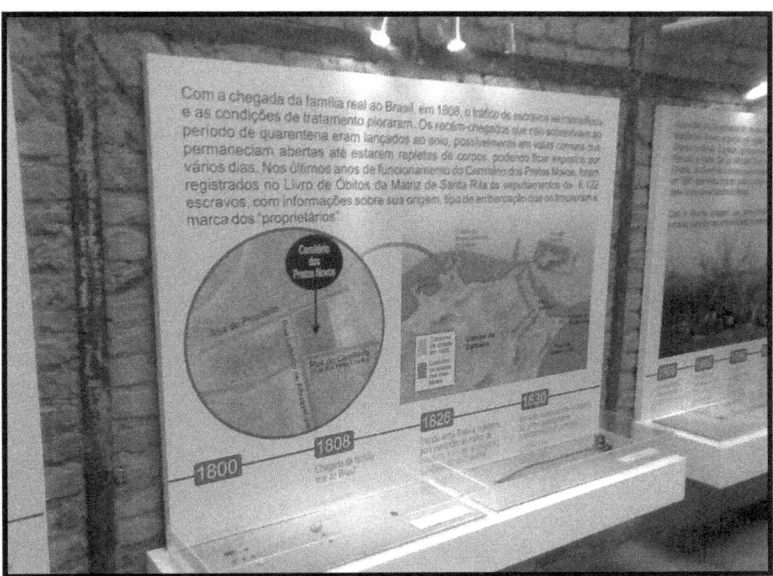

Figura 10,11. Vista lateral da exposição Memorial dos Pretos Novos. (foto: Júlio César Medeiros da Silva Pereira)

Esta obra foi produzida no Rio de Janeiro, no verão de 2015, pela editora Garamond. A tipologia empregada foi Swift. O papel utilizado para o miolo é offset 90 g/m2. Impresso em São Paulo pela Prol.